David Eberhard
Kinder an der Macht

David Eberhard

Kinder an der Macht

**Die monströsen Auswüchse
liberaler Erziehung**

Aus dem Schwedischen von Lone Rasmussen-Otten

Kösel

Die schwedische Originalausgabe erschien 2013 unter dem Titel
»Hur barnen tog makten« im Verlag Bladh by Bladh, Stockholm.

Der Kösel-Verlag weist ausdrücklich darauf hin, dass im Text
enthaltene externe Links vom Verlag nur bis zum Zeitpunkt der
Buchveröffentlichung eingesehen werden konnten. Auf spätere
Veränderungen hat der Verlag keinerlei Einfluss. Eine Haftung
des Verlags für externe Links ist stets ausgeschlossen.

Verlagsgruppe Random House FSC® N001967
Das für dieses Buch verwendete FSC®-zertifizierte Papier
Munken Premium Cream liefert Arctic Paper Munkedals AB,
Schweden.

Copyright © 2013 David Eberhard
Copyright für die deutsche Ausgabe © 2015 Kösel-Verlag,
München, in der Verlagsgruppe Random House GmbH
Published by agreement with Jenny Rosson International
Rights Agency
Umschlag: Weiss Werkstatt
Umschlagmotiv: plainpicture / Leander Hopf
Redaktion: Silke Uhlemann
Druck und Bindung: GGP Media GmbH, Pößneck
Printed in Germany
ISBN 978-3-466-31040-1

Weitere Informationen zu diesem Buch und unserem
gesamten lieferbaren Programm finden Sie unter
www.koesel.de

An alle meine Kinder (es sind ja schon ganz schön viele geworden). Und an meine wunderbare Frau, Charlotte, die mir ja wahrscheinlich noch ein Kind schenken wird (eine Zukunft, die sowohl fantastisch als auch ein wenig beängstigend ist). Ich habe nun seit 25 Jahren Kinder erwartet. Ich bin seit 17 Jahren Vater von Kleinkindern und habe mir genauso lange Sorgen gemacht. Ich hoffe, es wird noch eine Weile so weitergehen, denn Kinder sind ja der Sinn des Lebens. Für mich heißt dieser Sinn Arvid, Cornelia, Ella, Ludvig, Otto und Nils. Für Sie hat er andere Namen. Dieses Buch ist auch Ihren Kindern gewidmet –, aber nicht ganz so sehr wie meinen, denn man ist den eigenen Kindern doch am nächsten.

These are my principles. If you don't like them I have others.
Das sind meine Prinzipien. Mögen Sie sie nicht, habe ich noch andere.

Groucho Marx

Inhalt

11 Vorwort

15 Verkehrte Rollen, verkehrte Welt
15 Die perfekten Eltern
18 Wer bestimmt in Mamas Bauch?
23 Das lebensgefährliche Leben
26 Der kleine Familientyrann
33 Dein kleiner Freund
35 Die Eltern mit dem Bade ausschütten
37 Gleiche Rechte
40 Müssen wir Kinder in Watte packen?
43 Die Relativierung des Leidens
45 Der intergalaktische Mr. Spock
47 Ist Erziehung Sache der Kinder?

49 Eine Frage kindlicher Reife
49 Die optimale Erziehung
50 Nur der Zufall ist gewiss
56 Das repetitive Gehirn
61 Wie stoppt man ein Bobbycar?
64 Kleine Erwachsene oder einfach nur Kinder?
67 Wie Kinder lernen
71 Ein unbeschriebenes Blatt?
72 Freiheit ohne Verantwortung
74 Teenager sind anders

77 **Erziehung ist relativ**
77 Was sagt die Wissenschaft?
84 Ist die Kita an allem schuld?
85 Die Sprache als Spiegel
88 Das Baby an der Brust – eine Vorsichtsmaßnahme
90 Zwei plus zwei ist nicht immer gleich vier
92 Kinder brauchen Erziehung
95 Wenn du lieb zu mir bist, bin ich auch lieb zu dir
99 Gefahren realistisch einschätzen
100 Die allgemeine Relationstheorie und die Datenflut
104 Gekauftes Glück

107 **Die Realität sieht anders aus**
107 Die Schüler-Lehrer-Beziehung
109 Reife und Klasse
113 Erwartungslosigkeit schafft Opfer
115 Vom Verschwinden der Eltern
117 Der beste Freund deines Kindes
119 Bildschirmfreie Tage

121 **Graue Theorie oder wissenschaftlich fundiert?**
121 Das Kind als Nabel der Welt
123 Das Dogma der Verletzlichkeit
127 Machtmissbrauch mit Worten
129 Dürfen sich Kinder benehmen, wie sie wollen?
131 Spielt es überhaupt eine Rolle, was und wie man es macht?
133 Nichts bleibt folgenlos
136 Der allwissende Experte
138 Elternliebe – Kinderliebe
142 Die Rolle der Kinder
144 Positive Verstärkung als Strafe?
148 Die Illusion des kompetenten Kindes

151 Das gesellschaftliche Klima
151 Freie Wahl ohne Verantwortung
155 Herr im Haus
159 Disneyfizierung
161 Die bedingungslose Liebe
163 Die verborgene Wirklichkeit
166 Mit Kindern spielen
168 Müssen Kinder in die Kita gehen?
174 Die umgekehrte Bindung

177 Wenn der Staat die Erziehung übernimmt
177 Der Organismus Staat
178 Elternschaft in der Krise?
182 Die globale Elternbildung
183 Die erwartungsfreie Utopie

187 Kulturelle und geschlechtsspezifische Unterschiede
187 Das Leben ist gefährlich
189 Tigermütter
192 Der Teufelskreis der Helikopter-Eltern
194 Konsequenz ohne Konsens
197 Das plastische Gehirn
199 Was wäre die Tigermutter ohne Disziplin?
200 Überbehütet
205 Das freie Spiel
206 Gibt es den Unterschied der Geschlechter?

217 Eltern – so cool wie ihre Kids?
217 Die Eltern-AG
221 Nichts darf der Selbstverwirklichung im Wege stehen
223 Der Peter-Pan-Papa
225 Sind Eltern die besten Freunde ihrer Kinder?
227 Das geschiedene Gewissen
236 Mangel an Zeit?
237 Die unsolidarischen Eltern

239 Kinder sind nicht aus Zucker
239 Die niedliche Wahnvorstellung
242 Das zerbrechliche Kind
244 Erziehen Sie Ihresgleichen
246 Risikolose Kindheit
248 Kapitalistische Alarmisten
251 Wie gefährlich ist das Leben wirklich?
253 Elternschaft kann nur misslingen
255 Die Elternrolle
256 Diagnoseflut
263 Was passiert, wenn …?
265 Es kommt, wie es kommt

267 Schule im 21. Jahrhundert
267 Das pädagogische Gehirn
276 Warum gehe ich überhaupt in die Schule?
280 Was ist guter Unterricht?
281 Was ist ein guter Lehrer?
284 Die ungerechte Schule
285 Sich langweilen
288 Sind psychische Störungen ein westliches Phänomen?
289 Wer sind die besten Eltern?

291 Anhang
291 Literaturverzeichnis
292 Dank
293 David Eberhard im Internet
294 Anmerkungen

Vorwort

Wenn Sie dieses Buch lesen, haben Sie wahrscheinlich selbst Kinder. Vielleicht haben Sie vor kurzem Ihr erstes bekommen oder dessen Geburt ist schon mehrere Jahre her. Manche von Ihnen sind vielleicht schon Großeltern. Vermutlich schauen Sie dann zurück und versuchen zu beurteilen, wie Ihre Kinder – nun selbst Eltern – mit den eigenen Kindern umgehen. Wieder andere erwarten vielleicht gerade jetzt ihr erstes Kind. Oder Sie haben beruflich mit Kindern zu tun.

Wie Sie sicher festgestellt haben, gibt es eine Unmenge schlauer Leute, die nur zu gerne dazu bereit sind, Ihr Leben und das Leben Ihrer Kinder auf die richtige Spur zu lenken. Dieses Buch soll Ihnen eine kleine Hilfe sein, damit Sie nicht allzu sehr auf diese Menschen hören, unabhängig davon, ob es sich hier um Benjamin Spock, Penelope Leach oder Jean Piaget handelt. Sie alle vertreten eher ihre eigenen Ansichten, als dass sie Experten wären. Echte Experten, die die Fähigkeiten und das Wohlbefinden von Kindern studieren, erforschen, wie das Gehirn funktioniert. Oder wie unterschiedliche Gruppen von Menschen gemeinsam agieren. Alternativ beschäftigen sie sich mit psychologischen Prozessen. Wer nicht professionell auf diesem Gebiet arbeitet und Ihnen trotzdem Ratschläge erteilen will, sollte sich sehr gut in der einschlägigen Fachliteratur auskennen oder zumindest in der Erforschung der Gehirnentwicklung ziemlich belesen sein.

Zu diesen Experten gehören Frank Furedi, Steven Pinker, Jerome

Kagan oder Judith Rich Harris. Auch möchte ich Herbert Renz-Polster, Torkel Klingberg oder Martin Ingvar erwähnen. Im Allgemeinen sind diese Experten nicht von Angst geleitet. Sie glauben nicht, dass Kinder ständig durch alles und jeden Schaden nehmen. Sie können uns stattdessen dabei helfen, die Erkenntnisse, die heute den Blick auf die Erziehung von Kindern prägen und dabei so viel Unruhe verbreiten, infrage zu stellen.

So waren etwa John Bowlby und Mary Ainsworth, die Begründer der leider nur wenig hinterfragten Bindungstheorie, ziemlich ängstliche Leute. Sie glaubten, dass wir unseren Kindern Schaden zufügen, wenn wir nicht ständig als ihre Beschützer auftreten. Nun können Eltern ihren Kindern sicherlich Schaden zufügen, aber es ist für normale Eltern heute gar nicht so einfach, den Kindern sonderlich viel Elend aufzubürden, obwohl es hin und wieder doch vorkommt. Die Vertreter der Bindungstheorie (und in noch höherem Maße ihre Nachfolger) müssen wirklich nicht so besorgt sein. Und sie hätten ihre Ängste vielleicht gar nicht an Sie weitergeben müssen. Sie brauchen sich um Ihre Kinder nicht zu sorgen. Kinder sind robuste Wesen und sie überstehen unbeschadet die meisten Hindernisse, denen sie auf ihrem Weg begegnen. Wäre dies nicht der Fall, hätten wir Menschen es wohl kaum geschafft, Tausende und Abertausende von Strapazen bis in unsere heutige Zeit zu überleben.

Das Buch *Kinder an der Macht* beschreibt, wie wir es schaffen, wieder selbstsichere Eltern zu werden, die an das glauben, was wir tun. Es gibt in der Tat wissenschaftliche Belege, die uns dabei helfen können. Hierauf konzentriert sich dieses Buch und es bedient sich dabei der Wissenschaft als Basis für einige qualifizierte und freie Überlegungen – Gedanken, die Ihnen hoffentlich in Ihrer erwachsenen Elternschaft nützlich sein werden. Das Wichtigste ist, dass es Spaß macht, Kinder zu bekommen, da soll es doch auch Spaß machen, sie großzuziehen. Die Freude daran, Eltern zu werden, überstrahlt fast alles andere. Gibt es eigentlich etwas Schöneres?

Haben Sie keinen Spaß daran, Ihre Kinder großzuziehen, liegt es vermutlich daran, dass Sie es als anstrengend, fordernd, arbeitsintensiv, beunruhigend, frustrierend und überhaupt furchtbar schwierig erleben. Sie haben vielleicht Kinder, die nicht hören wollen, die schreien, streiten, die frech sind und sich im Allgemeinen nicht so benehmen, wie Sie es möchten. Wenn Sie all Ihren ursprünglichen Vorsätzen und Absichten zum Trotz daher im Moment nicht der Meinung sind, dass Kinder großzuziehen das Tollste überhaupt ist, oder wenn Sie nicht wirklich das Bedürfnis haben, noch einen Erziehungsratgeber zu lesen, dann haben Sie vermutlich Recht. Es gibt so viele schöne Dinge im Leben, und ein Kind anbrüllen zu müssen, weil es nicht hört, wird kaum einen Platz auf der Top-Ten-Liste einnehmen. Legen Sie das Buch trotzdem nicht gleich wieder weg. Es wird hoffentlich Ihre Bürde leichter statt schwerer machen. Es könnte sich also lohnen weiterzulesen.

Auch wenn die allermeisten von Ihnen in der Tat schon die weltbesten Eltern für eben Ihre Kinder sind.

Verkehrte Rollen, verkehrte Welt

Die perfekten Eltern

Was sind perfekte Eltern? Gibt es sie überhaupt? Und wenn es sie gibt, wie gelingt ihnen diese Leistung? Sind es die Eltern, die sich am intensivsten für die Freizeitaktivitäten ihrer Kinder engagieren? Sind es diejenigen, die besonders erfolgreiche Kinder bekommen? Vielleicht die Eltern eines Nobelpreisträgers? Sind die Eltern perfekt, deren Kinder sich um sie kümmern, wenn sie alt und krank werden? Oder aber sind perfekte Eltern womöglich einfach diejenigen, deren Kinder sie lieben?

Die perfekten Eltern gibt es vielleicht gar nicht. Die Eltern, die einst hoch angesehen waren, werden 50 Jahre später vermutlich als Nullen gelten – bestenfalls. Wahrscheinlich belegt man sie aber mit noch schlimmeren Namen. Verfolgt man heute die öffentliche Debatte in der westlichen Welt, wie man am besten mit Kindern umgehen sollte, wird man schnell feststellen, dass niemand der Meinung zu sein scheint, dass unsere Großeltern besonders gute Erzieher waren. Trotzdem haben sie eine stattliche Anzahl glücklicher und erfolgreicher Kinder großgezogen: unsere Eltern. Eine Generation, die nun wiederum auch als Eltern infrage gestellt wird. Genauso wird es auch uns selbst ergehen – und nach uns unseren Kindern und unseren Enkelkindern.

Aus biologischer Sicht ist es dagegen leicht, eine ganz allgemeine Antwort auf die Frage zu geben, wer die perfekten Eltern sind. Die besten Eltern sind natürlich diejenigen, die die Natur dafür vorgesehen hat: also ein junges Mädchen und ein junger Mann im Alter von 17 oder 18 Jahren. Rein biologisch ist es nicht vorgesehen, dass der Mensch beim Sex verhütet. Auf ganz natürliche Weise schon als Teenager Kinder zu bekommen ist historisch betrachtet daher eine Selbstverständlichkeit. Es ist kaum im Sinne der Natur, etwa 15 Jahre zu warten, bevor wir unser erstes Kind bekommen. Logischerweise erholen sich jüngere Frauen nach einer Schwangerschaft schneller als ältere; ein Indiz dafür, dass man es kaum als unnatürlich betrachten kann, in jungen Jahren Kinder zu bekommen. Ein solch junges Paar würde in unserer heutigen Gesellschaft jedoch kaum als Vorbild gelten. Vermutlich wäre es eher ein interessanter Fall für die Sozialbehörden.

Mein erstes Kind kam auf die Welt, als ich 21 Jahre alt war. Unser kleines Mädchen, Prisma, starb bei der Geburt. Danach habe ich beharrlich weitergemacht, und heute bin ich Vater von sechs gesunden Kindern. Nils ist noch ein Neugeborener, der – obwohl als Jüngster einer langen Geschwisterreihe auf die Welt gekommen – aus heutiger Sicht keinen besonders uralten Papa hat. Es gibt, wie gesagt, jede Menge andere betagte Leute, die in meinem Alter ihr *erstes* Kind bekommen. Mein ältester Sohn, Arvid, der in diesem Jahr 17 wird, hält sich zurzeit für zwölf Monate in Japan auf. Er hat nach heutigen Maßstäben einen ziemlich jungen Vater. Vor 100 Jahren wäre hingegen *er* heute der Vater und ich der Opa gewesen. Aber heutzutage werden weder Cornelia (14), Ella (7), Ludwig (6) noch Otto (2) in Verdacht geraten, mit Opa in der Stadt unterwegs zu sein, wenn ich mit ihnen im Schlepptau einkaufen gehe.

In unserer Gesellschaft ist es nicht ungewöhnlich, dass beide Eltern etwa 40 Jahre alt sind, wenn ihr erstes Kind auf die Welt kommt, und vielleicht sogar über 50 sind, wenn Nummer drei unterwegs ist. Sie sind also in einem Alter, in dem man vor 200 Jahren meistens längst Oma oder Opa oder – noch wahrscheinlicher – schon tot gewesen wäre.

Was kann man diesen lebenserfahrenen Erstgebärenden von heute noch beibringen? Welches Wissen könnten Männer, die erst in ihrem Lebensherbst Väter werden, noch gebrauchen? Es scheint so, als würde die Selbstsicherheit in Bezug auf die neue Mutter- bzw. Vaterrolle nicht mit dem Alter steigen, wenn man dann endlich loslegt. 45-jährige Erstgebärende neigen dazu, sich sehr viele Sorgen um ihren Nachwuchs zu machen. Das ist vielleicht gar nicht so merkwürdig. Denn das gilt in der Tat für die meisten Bereiche des Lebens: Es wird eben oft schwieriger, je später man anfängt.

Viele der heute »betagten« Erstgebärenden sind natürlich ganz fantastische Eltern. Man kann bestimmt vieles von ihnen lernen. Dennoch scheint es, dass viele von ihnen das Vertrauen in ihre eigenen Fähigkeiten als Eltern verloren haben. Ältere Menschen werden oft nachdenklicher und weniger impulsiv. Ein Nebeneffekt dieser Entwicklung ist leider, dass sie häufig auch ängstlicher werden. Das mag zu einem Teil erklären, warum sich Eltern heute so viele Sorgen rund um ihre Erziehungsverantwortung machen. Eine weitere Ursache der gestiegenen Unsicherheit ist die Tatsache, dass man weniger Kinder bekommt. Man hat sozusagen alles auf eine Karte gesetzt. Der Verlust, falls etwas schiefgeht, ist deshalb ins Endlose gestiegen, wenn man es mit früheren Generationen vergleicht, bei denen das Risiko noch viel breiter gestreut war.

Weitere Faktoren, die zur Unsicherheit bei den Eltern führen, sind kulturell bedingt. Eine Kultur wie die unsere, die das Ziel verfolgt, jedes Risiko zu minimieren, in der die Rechte des Einzelnen immer größer werden und jegliche Schuld systematisch ignoriert wird, kann ein Klima erzeugen, in dem es nicht gerade leicht ist, Kinder großzuziehen. In der westlichen Welt (vor allem in den angelsächsischen/skandinavischen und übrigen nordeuropäischen Ländern) ist eine extrem kinderfixierte Elternkultur entstanden. Vorherrschend ist hier die Vorstellung, dass die Mütter und Väter, die ihren Kindern materiell das meiste zu bieten haben, die besten Eltern seien. Noch verbreiteter ist die Auffassung, dass diejenigen, die den Kindern gegenüber niemals laut werden, ihnen nie widersprechen und den Kleinen immer auf ihrem Niveau »begegnen«, die besten Eltern seien. Diese Kultur hat Erwachsene hervorgebracht, die wie ihre Kinder sein wollen. Auf diese Weise trägt sie dazu bei, die bereits schwierige Elternschaft weiter zu erschweren.

Wer bestimmt in Mamas Bauch?

Schon während sich das Kind noch im Bauch der Mama befindet, beginnt die Gesellschaft damit, die werdenden Eltern zu warnen. Eine Schwangere sollte keinen Blauschimmelkäse essen. Sie sollte nicht zu weite Strecken gehen – aber auch nicht zu kurze. Sie sollte das Fahrradfahren vermeiden. Autofahren ist auch gefährlich, sie könnte ja in einen Unfall verwickelt werden, und auch die öffentlichen Verkehrsmittel können überaus gefährlich sein – mit den vielen ansteckenden Krankheiten, die man sich dort unterwegs im Gedränge einfangen kann. Eine Freundin von mir bekam den Rat, sich drei Monate lang nicht zu bewegen – ja, am besten sogar neun Monate … Manche warnen vor Süßwasserfischen oder Meeresfischen. Oder zumindest vor den Süßwassermeeresfischen. Und dann müssen Schwangere auch noch dafür sorgen, dass sie niemals mit Menschen in Berührung kommen, die an irgendwelchen Infektionen erkrankt sind. Und an einem Glas Alkohol sollten sie nicht einmal schnuppern. Den Alarmisten zufolge kann Alkohol – genauso wie auch Kaffee – zu einer Fehlgeburt führen. Oder, wie im Mai 2013 in einer schwedischen Zeitung stand, das Risiko, dass das Kind sich irgendwann zum Psychopathen entwickelt, erhöhen.[1]

In anderen Teilen der Welt hat man hingegen Angst vor anderen Dingen. In Frankreich warnt man davor, die werdende Mutter könnte eine Depression bekommen, wenn sie keinen Wein mehr trinken darf. Dort verdünnt man also den Wein nur ein wenig mit Wasser. Wenn sie ganz darauf verzichten würde, könnte das Kind ja Schaden nehmen, heißt es. Und in den USA wird den werdenden Eltern vermittelt, dass es überaus wichtig sei, schon während der Schwangerschaft mit dem Kind in Mamas Bauch zu reden, weil es so einen höheren IQ entwickeln würde. Eine Auffassung, die sich nun auf der ganzen Welt verbreitet.

Ein Wunschkind zu erwarten ist für viele Menschen das Allergrößte, was sie jemals erleben werden. Zumindest in den Teilen der Welt, in denen die Not im Großen und Ganzen eliminiert ist. Vielleicht ist es deshalb gar nicht so merkwürdig, dass man sich über etwas Bedrohliches, das passieren könnte, Sorgen macht. Uns wird beigebracht, dass jede zehnte Schwangerschaft mit einer Fehlgeburt endet. Eine sehr hohe Zahl, die auf Schwangere bedrohlich wirkt. Dass die allergrößte Mehrheit dieser Fehlgeburten ganz früh in der Schwangerschaft stattfindet und dass die meisten von ihnen unvermeidbar sind, welche Vorsichtsmaßnahmen auch getroffen werden, macht uns nicht wirklich weniger besorgt. Obwohl wir es eigentlich sein sollten. Denn es ist sinnlos, sich über etwas zu beunruhigen, das man ohnehin nicht ändern kann.

Als meine erste Frau, Margareta, und ich unser erstes Kind erwarteten, machten wir uns überhaupt keine Sorgen. Tatsächlich sind wir kaum jemals auf den Gedanken gekommen, dass ein Kind sterben könnte. Als unsere Tochter dann starb, waren wir vollkommen unvorbereitet. Wir hätten ihren Tod nicht verhindern können, selbst wenn uns die Unabänderlichkeit des Todes viel bewusster gewesen wäre und wir auf alle Dinge, die zu Missbildungen oder Fehlgeburten führen können, geachtet hätten. Weder die Einnahme von Folsäure oder Fischölkapseln noch Eisen oder irgendeine andere Mirakelkur hätte uns helfen können, das zu vermeiden, was dann geschah.

Wir Menschen haben uns in unserer Entwicklung so weit vom Natürlichen entfernt, dass wir den Tod vergessen haben. Ganz verdrängt haben wir ihn aber noch nicht. Es gibt ihn, und er lauert immer bedrohlich im Hintergrund unserer aller Leben. Er macht uns in vielen Fällen unsicher. Mittlerweile versuchen wir nicht nur den Tod auszutricksen. In fast jeder Hinsicht versuchen wir unsere Chancen zu verbessern. Mithilfe unzähliger Tricks strengen wir uns an, damit unsere Kinder einen höheren IQ, mehr Musikalität, eine größere Muskelmasse oder andere Vorteile entwickeln, um im Vergleich mit anderen besser abzuschneiden. Eltern lesen dem Kind, das noch in der Gebärmutter liegt, französische und englische Texte vor, und Bücher und Ratgeber, die alle Register der Bauernfängerei ziehen, verkaufen sich wie warme Semmeln. Alles muss schon während des fötalen Lebens seinen Anfang nehmen; eine Entwicklung, die ein ganz klares Indiz dafür ist, wie fantastisch gut es uns geht.

Die meisten Ratschläge, die Schwangeren vermittelt werden, handeln mittlerweile nicht davon, was man tun kann, damit es dem ungeborenen Kind gut geht, sondern von all den Dingen, die man unbedingt vermeiden sollte. In Australien erschien vor einem Jahrzehnt ein Buch, das heute immer noch den inoffiziellen Weltrekord an Gefährlichkeitswarnungen hält. Das Buch warnte vor fast allem. Nicht zuletzt davor, in der Nähe von Fernsehgeräten und anderen elektrischen Apparaten zu sitzen.[2] Diese Art bizarrer Warnungen ist meistens nicht in den Richtlinien der Gesundheitsbehörden enthalten, aber auch dort gilt vor allem das Vorsichtsprinzip. Die Listen europäischer Lebensmittelbehörden, die empfehlen, was man essen sollte und was nicht, sind nur ein Beispiel für die enorme Vorsicht, die heutzutage in den Industrienationen vorherrscht. Es wird vor allem Möglichen gewarnt und es gibt genaue Instruktionen dazu, was die Menschen im Allgemeinen essen sollten.

Empfehlungen staatlicher Behörden weist man nicht so leicht von sich. Wie soll eine werdende Mutter ahnen, dass es sich hier um übertriebene Vorsichtsmaßnahmen handelt? Viele Empfehlungen werden von der EU bestimmt und in ähnlicher Form überall in den europäischen Ländern propagiert. Das Interessante dabei ist allerdings, dass sie nicht überall identisch sind. Denn sie basieren nicht auf Tatsachen, die mit Sicherheit als gefährlich eingestuft werden können, sondern darauf, was die Behörden der einzelnen Länder für wichtig erachten.

Aus wissenschaftlichen Studien weiß man, wie wir Menschen uns in verschiedenen Gefahrensituationen verhalten und dass wir dazu neigen, vor allem diejenigen Gefahren zu überschätzen, die besonders katastrophale Auswirkungen haben könnten. Gleichermaßen überschätzen wir auch gerne Gefahren, die wir selbst nicht beeinflussen können. Diffuse Todesdrohungen sind folglich das, was uns am allermeisten Angst macht. Die Warnungen der Behörden funktionieren ähnlich wie Warnungen vor Magnetfeldern, Waldgeistern, Druden, Zwergen und Trollen. Es gilt, alles Gefährliche zu vermeiden, und der beste Weg dazu ist scheinbar, eben jede denkbare Gefahr zu umgehen.

Dabei basieren die behördlichen Warnungen auf sehr aussageschwachen Analysen. Man weist oft darauf hin, es gäbe statistisch signifikante Zusammenhänge, die das Maß der Zuverlässigkeit ausmachen. Doch wird oft vergessen, dass selbst wenn ein Zusammenhang statistisch gesehen nachgewiesen werden kann, dieser nicht zwangsläufig irgendwelche Auswirkungen haben muss. Noch weniger bedeutet es, dass die vermeintliche Gefahr in einer konkreteren Wirklichkeit in der Tat gefährlich ist. Wenn eine Substanz das Risiko einer Krankheit in einer statistisch signifikanten Weise erhöht, kann es sich um ein Risiko handeln, das nur in Bezug auf die gesamte Bevölkerung ein Risiko darstellt. Für jeden einzelnen Menschen aber kann das Risiko gegen null tendieren.

Stellen Sie sich eine schwangere Frau vor, die den Rat bekommt, Folsäure einzunehmen. Diese Empfehlung basiert auf dem statistischen Nachweis, dass werdende Mütter durch die Einnahme von Vitamin-B$_9$, also Folsäure, vor und während der Schwangerschaft das Risiko einer Fehlbildung des Rückenmarks beim Fötus senken können. In Schweden weisen ca. 100 Föten pro Jahr Fehlbildungen des Rückenmarks auf. Bei etwa 80 von diesen Schwangerschaften kommt es zu einer Fehlgeburt. Heute kommen jährlich 2 von 10 000 Kindern von den insgesamt etwa 120 000 Kindern, die jedes Jahr in Schweden geboren werden, mit Fehlbildungen des Rückenmarks auf die Welt. Man ist der Meinung, dass diese Zahl um ein Drittel reduziert werden könnte, wenn man im ganzen Land ausschließlich mit Folsäure angereichertes Weizenmehl verkaufen würde. Die statistische Wahrscheinlichkeit, dass Sie ein Kind mit einer solchen Fehlbildung bekommen, liegt ohne angereichertes Mehl bei max. 1:5 000 – es kann also vorkommen, aber es ist äußerst selten.

Die schwedische Lebensmittelbehörde verordnet aber die Folsäureanreicherung von Weizenmehl nicht, da noch spekuliert wird, ob Folsäure andere, negative Wirkungen haben könnte. Das Ergebnis dieser Überlegungen ist, dass die Behörde einerseits vor einem Mangel an Folsäure warnt, andererseits aber auch Warnungen gegen Folsäure ausspricht, die vermutlich überhaupt nicht belegt sind. Obwohl der Rückgang der Fälle durch die erhöhte Einnahme von Folsäure sehr gering ist – es handelt sich hier in der Tat nur um einen Fall pro 15 000 Geburten –, kann man ja der Meinung sein, dass es trotzdem gut ist, das Risiko zu senken, und Folsäure gehört ja doch eher zu den ungefährlicheren Themen. Es könnte also leichtsinnig sein, sich nicht nach der Empfehlung zu richten, wenn man den Rat schon bekommen hat.

Genau darin liegt der Nährboden für die vielen diametral gegensätzlichen Richtlinien der verschiedenen Länder. Würde es um wissenschaftlich belegte Wahrheiten mit deutlich erkennbarem Zusammenhang gehen, wäre es unwahrscheinlicher, dass verschiedene Länder unterschiedliche Richtlinien herausgeben – wie es heute der Fall ist. Die Tatsache, dass man in verschiedenen Ländern auf ganz unterschiedliche, statistisch signifikante Zusammenhänge hinweist, bewirkt, dass diese vermeintlichen Zusammenhänge keinen Sinn mehr ergeben. Vielleicht sollte man stattdessen über einen anderen, engeren Begriff sprechen: die allgemeine Relevanz.

Das lebensgefährliche Leben

Endlich ist es da, das lang ersehnte Kind! Ein Ereignis, das das Leben der frischgebackenen Eltern für immer verändert. Aber was ist zu tun? Das Kind schreit. Die Windel ist voll. Das Kind macht *nicht* das, was man erwartet. Und wen kann man fragen? Das Baby ist ja noch so *klein*. Die Nervosität und die Unsicherheit, die die frisch gewordenen Eltern überwältigen, sind oft tief und erschütternd. Alles andere wäre merkwürdig.

Die meisten Eltern brennen für etwas, das sie gerne mit Freunden und Bekannten teilen. So werden dann auch Ratschläge zur Gesundheit aller Babys weitergegeben. Sicherlich werden Eltern aus dem Freundeskreis ganz klare Ansichten zum Thema Impfen oder Nicht-Impfen darlegen. Es wird endlos viele Empfehlungen zu allen möglichen Sicherheitsvorkehrungen geben. Welchen Helm sollte das Kind beim Fahrradfahren tragen? Sollten die Kinder auf dem Rodelberg Knie- und Ellbogenschützer tragen? Welche Marke hat bei den Kinderautositzen die besten Noten bekommen? Wie sichert man Fenster und Türen, wenn man im siebten Stock wohnt? Und welcher Kinderwagen ist für das Kind eigentlich am besten? Die vielen Ratschläge werden Sie verwirren. Es scheint, dass man frischgebackene Eltern auf alle Ratschläge achten sollte. Und am besten alle befolgen …

Das stimmt nicht! Es wird alles gut werden. Das Kind schafft das meiste von allein. Sie brauchen nicht auf die Menschen aus Ihrer Umgebung zu hören, die anscheinend alles besser wissen. Sie müssen solche Ratschläge gut sortieren. Hauptsächlich um Ihrer selbst willen, aber in manchen Fällen auch wegen Ihres Kindes.

Noch viel öfter bekommt man zu hören, wie man als gesund lebende Eltern das kleine Baby ernähren soll, und oft scheint es, als ob eine Spezialdiät oder andere unsinnige Maßnahmen unumgänglich seien. Häufig wird vorgeschlagen, dass man das Kind so ernährt, wie man sich selbst am liebsten ernährt. LCHF (Low Carb High Fat)-Mütter lassen ihre Kinder keine Kohlenhydrate essen,

Vegetarierinnen geben ihren Kindern kein Fleisch, und Mütter, die ständig abnehmen wollen, geben ihren Kindern zu wenig zu essen. Solche Eltern geben eher unangebrachte Ratschläge. Das Gehirn braucht Kohlenhydrate – und das gilt ganz besonders bei Kindern. Kinder brauchen Vitamine, die man nur schwer oder fast unmöglich mit rein vegetarischer Kost in ausreichender Menge zu sich nehmen kann. Das Risiko, an Anorexie zu erkranken, ist unter Vegetariern deutlich erhöht (auch wenn schwer zu sagen ist, was in diesem Fall das Huhn bzw. das Ei ist).

Extreme Ratschläge kommen auch oft von der bisweilen radikalen Stillmafia. Von dort ertönen vollkommen grundlose Warnungen gegen das geringste Tröpfchen Muttermilchersatz, der für das Kind gar mit Lebensgefahr verbunden sein soll. Ersatznahrung störe nicht nur die Bindung zwischen Mutter und Kind. Sie mache das Kind auch anfälliger gegenüber Infektionen und Allergien, so heißt es. Einige Extremisten auf der anderen Seite des Atlantiks gehen sogar so weit zu behaupten, dass Kinder, die Ersatznahrung bekommen, einen niedrigeren IQ haben als gestillte. Die Wahrheit ist, dass man ein Kind vollkommen problemlos mit Muttermilchersatz ernähren kann.

Die Zahl der Gefahren, die beim Großziehen von Kindern lauern, ist gewissermaßen endlos. Es gibt nicht nur den Straßenverkehr und die gefährlichen Männer, die hinter Büschen lauern. (Darauf kommen wir später zurück.) Heutzutage müssen gebildete Eltern auch alles im Griff haben, wenn es darum geht, wie oft und wie lange das Kind den Schnuller haben darf und ob man die mathematische Intelligenz des Kindes fördert, wenn man es beim Lösen von Sudokus zuschauen lässt. Man muss das Kind nicht nur in den Schlaf wiegen, man soll auch noch ganz früh im Leben des Kleinen mit ihm singen und Bücher lesen. Darüber hinaus soll man lachen und fröhlich sein. Sonst ist alles für die Katz gewesen.

Im Februar 2013 konnte man in der schwedischen Tagespresse lesen, dass werdende Mütter beim Genuss von Kaffee sehr vorsichtig sein sollten.[3] Eine Studie habe gezeigt, dass Babys von Kaffee trinkenden Müttern bei der Geburt kleiner sein könnten als bei anderen. Kleinere Kinder zu bekommen sei den Experten zufolge immer mit einem erhöhten Komplikationsrisiko verbunden. Wenn man das liest, erscheint alles ganz logisch. Zu viel Kaffee führt zu kleineren Kindern, kleinere Kinder führen zu mehr Komplikationen.

Auf der anderen Seite scheinen manche Dinge besonders ungefährlich zu sein. Unwissenheit zum Beispiel. In demselben Monat konnte man zufälligerweise auch darüber lesen, wie ein Professor der Biotechnologie, Kultur und Gesellschaft seine Mitbürger darüber aufklärt, dass man in der heutigen Gesellschaft keine besonders guten Mathematikkenntnisse brauche. Deshalb solle man damit aufhören, die Schulkinder mit Mathehausaufgaben zu belasten.[4] Abgesehen davon, dass man mit dieser Argumentation die Schule komplett abschaffen und sie mit der Aufforderung an die Kinder, doch mal bei Wikipedia nachzuschauen, ersetzen könnte, gibt es andere, ernsthaftere Einwände, die durch das Beispiel mit dem Kaffee illustriert werden. Denn wenn man keine Mathematik lernt, wird man Schwierigkeiten haben, einfache und logische Zusammenhänge zu begreifen. Man wird dann auch von Kovarianz keine Ahnung haben: Kaffeetrinker rauchen mehr und trinken mehr Alkohol als andere. Vielleicht sind sie auch gestresster und schlafen weniger. Deshalb müsste man die Zahlen der Studie diesbezüglich dieser Variablen korrigieren, bevor man übereilte Schlussfolgerungen in Bezug auf die Ursächlichkeit zieht. Die Zusammenhänge müssten breiter untersucht und korrigiert werden, unter anderem in Bezug auf den Alkoholkonsum der werdenden Mütter, ihre Rauchgewohnheiten, ihr Stressniveau, ihre Schlafgewohnheiten, Freizeitbeschäftigungen, genetischen Veranlagungen, ihren sozialwirtschaftlichen Hintergrund u.v.m. Die überwältigende Mehrheit solcher Warnungen ist nach einer solchen Analyse ohne jede allgemeingültige Relevanz. Sie treffen einfach nicht auf alle zu.

Es gibt fast genauso viele Warnungen, wie es auf der Welt Themen gibt. Die allermeisten davon sind irrelevant. Das schwedische Fernsehen zeigte im Sommer 2013 eine Reportage darüber, wie gefährlich es ist, wenn Kinder Sand aus der Sandkiste essen, weil Katzen diesen mit Toxoplasmose verseucht haben könnten. Eine Nachricht, die viele Eltern beunruhigt hat. Jeder weiß ja, dass Kinder alle möglichen unpassenden Sachen in den Mund stopfen. Auf die Tatsache, dass Kinder, die von diesen Parasiten befallen werden, keine Symptome zeigen und dass die europäische Bevölkerung sie größtenteils in sich trägt, gingen die Reporter kaum ein.[5]

Die statistischen Zusammenhänge, die man durch Ermittlung des Vorkommens in einer bestimmten Bevölkerungsgruppe dokumentieren kann, nennt man Epidemiologie. Die Schlussfolgerungen, die man aus weltweit durchgeführten epidemiologischen Untersuchungen ziehen kann, sind in diesem Zusammenhang marginal. Der eigentliche Zweck solcher Untersuchungen ist, neue Erkenntnisse zu gewinnen, die man weiter erforschen kann. Wenn man liest, dass ein Kind, das einen Schnuller nuckelt, einen niedrigeren IQ aufweist, oder dass Kinder, die Mozart hören, bessere mathematische Fähigkeiten entwickeln als andere, sollte man sich mit einer guten Portion Skepsis wappnen.

Man kann aber ganz sicher sein, dass solche Aussagen zwei Auswirkungen haben werden: Erstens werden sie die Eltern, die sich in dem Zusammenhang unzulänglich fühlen, mit Schuld belasten. Zweitens werden diverse Schwindelpakete vermarktet, die man sowohl den Eltern als auch den Kindern unterschieben will. Ramschwaren, die als schützend, erziehend, entwickelnd oder gar lebensnotwendig propagiert werden.

Der kleine Familientyrann

Es gibt viele, die an unseren Kindern Geld verdienen wollen, wahrscheinlich weil sie zur wichtigsten Zielgruppe der Marketingabteilungen geworden sind. Wir Eltern sind dankbare Opfer, weil wir den Kindern alles geben wollen, aber warum fühlen wir uns als Eltern immer unsicherer, obwohl wir immer mehr Geld für sie ausgeben? Eine denkbare Erklärung ist, dass wir den Kindern ganz einfach gefallen wollen. Im Frühjahr 2011 konnte man in der schwedischen Tageszeitung *Svenska Dagbladet* einen Artikel darüber lesen, wie die Kinder in den Familien die Finanzmacht übernommen haben.[6] Die Kernaussage des Artikels war, dass die Erwachsenen nicht mehr darüber entscheiden, was die Familie kauft. Es scheint fast so, als hätten Erwachsene gar nichts mehr zu sagen. Was auf den Mittagstisch kommt, wird von den Kindern entschieden. Was man sich im Fernsehen anschaut, bestimmen zum größten Teil auch die Kinder. Ich habe viele erwachsene Freunde, die ganz ernsthaft Kindersendungen aussuchen, damit diese wie bei einem großen Kindertreffen zusammen mit den Eltern geschaut werden können.

Und jetzt entscheiden die Kinder also auch, was gekauft werden soll. Selbstverständlich nehmen die Eltern darauf Rücksicht, welche Kleidung ihre Kinder tragen sollten. Denn wenn Emilie, viereinhalb Jahre alt, im Kindergarten so süße Kleider trägt, muss dies auch Amina, dreieinhalb Jahre alt, ermöglicht werden. Dass man in der Schule teure Markenschuhe trägt, kann ja ganz entscheidend dazu beitragen, ob man als cool angesehen wird oder eben nicht. Deshalb lassen die Eltern sich darauf ein. Denn wer möchte schon, dass das eigene Kind leidet? Somit wird es für die Eltern extrem wichtig, das Kind richtig zu kleiden. Eine hässliche Gabardinehose – in den 1970er-Jahren wurde ich gezwungen, eine solche zu tragen – würde laut dieser Logik dazu führen, dass das Kind für immer und ewig am posttraumatischen Stresssyndrom leiden wird. Während der Kindheit und Jugend gemobbt zu werden, hat selbstverständlich negative Nachwirkungen über Jahre hinweg, aber die Frage ist, ob man deswegen in Kleidungsfragen so nachgiebig sein sollte. Das Resultat ist doch, dass jedes Kind eine selbst gewählte Uniform tragen muss, so als würde es sich um eine Vorschrift handeln. Wer die teuersten und schicksten Klamotten hat,

hat eben die beste Uniform. Es ist also nicht verwunderlich, dass immer mehr Eltern sich die altmodische, gleichstellende Schuluniform zurückwünschen. In vielen Ländern, z. B. Japan, tragen alle Kinder in der Schule die gleiche Kleidung. Darüber wird kein Aufheben gemacht. Sicherlich werden die Schulkinder andere Wege finden, um sich gegenseitig ihren Status zu verdeutlichen. Das tun Kinder in allen Gemeinschaften – genau wie wir Erwachsene auch –, sie werden aber nicht die Macht über die Wahl ihrer Kleidung übernehmen, und kein Kind wird gemobbt, nur weil es nicht die passenden Klamotten trägt. Mein Sohn, Arvid, beschreibt es wie folgt: »In Tokyo gibt es eine ganz klare Aufteilung der Menschen in verschiedene Gruppen, dies zeigt sich durch die distinkte Kleiderwahl. Man sieht bei den meisten Menschen an deren Kleidung sofort, welcher Gruppe er oder sie angehört. Auch die japanischen Gymnasialschüler sind extrem modebewusst, aber dies zeigt sich nicht in der Schule – neben der Schuluniform sind dort nur gewisse Accessoires erlaubt.«

Bei uns und in vielen anderen europäischen Ländern, z. B. auch in Deutschland, begnügt sich der kleine Familienökonom nicht damit zu entscheiden, dass er im Bikini in den Kindergarten gehen wird. Zuhause am Küchentisch haben die Verhandlungen gerade erst begonnen. Nun sollen auch die Urlaubsziele festgelegt werden.

Als ich klein war, mussten wir fünf Kinder artig mitkommen, wenn unsere Eltern, was ganz selten vorkam, einen Familienurlaub organisierten. Ich hatte noch Glück. Einerseits stand meine Familie finanziell ganz gut da, andererseits lebten wir in Südschweden. Wir hatten es deshalb nicht so weit, wenn wir ins europäische Ausland reisen wollten. Ich erinnere mich an meine erste Auslandsreise. Da war ich sechs Jahre alt und durfte mit meinem Vater und meinem großen Bruder mit der Fähre in die damalige DDR fahren. Dort angekommen, glaubte ich, dass wir in den 1950er-Jahren gelandet seien. Ich musste weinen, als mir ein vergorener Saft serviert wurde, eine Erfahrung, die mir eine neue

Perspektive aufs Leben eröffnete. Wir reisten weiter an der Küste entlang nach Westdeutschland via Rostock und Wismar nach Hamburg und schließlich nach Lübeck. Von Travemünde fuhren wir mit der Fähre zurück nach Schweden. Um ein Abenteuer und eine Zeitreise reicher geworden. Weder mein Bruder noch ich hatten das Reiseziel ausgesucht. Wollte unser Vater nach Ostdeutschland, fuhren wir dort hin. Einige Jahre später wollten meine Eltern eine größere Sightseeingtour in den damaligen Ostblock machen, und somit war erneut das Reiseziel festgelegt. Heute ist das ganz anders. Wollen wir nach Thailand oder auf die Kanaren? Das entscheidet William, viereinhalb Jahre, oder Ebba, dreieinhalb Jahre alt.

Im besten Fall findet heutzutage eine Familienkonferenz mit Abstimmung zum Thema statt. Das haben wir Eltern nämlich gelernt – wir müssen den Kindern zuhören. Dass die Kinder im Urlaub dann gar keine Ahnung haben, dass sie sich gerade auf Mallorca, auf den Kanarischen Inseln oder in Bangkok befinden, spielt keine Rolle. Es ist in unserer enormen Mittelklasse zu einem festen Bestandteil der Kinderrechte geworden, dass sie an spannende Orte reisen dürfen, auch wenn sie kaum einen Fetzen einer Erinnerung daran haben werden, wenn sie groß sind.

Dass die Kinder die Reiseziele der Familie bestimmen, ist sicherlich nicht so schlimm, solange man sich nicht selbst total verbiegen muss oder sich in Schulden stürzt, nur weil man nicht möchte, dass das Kind gemobbt wird. Hier geht es letztlich nur darum, nicht zugeben zu müssen, dass man sich eine Reise nach Thailand eigentlich nicht leisten kann, wo doch der beste Freund des Sohnes schon da war.

Aus einem anderen Blickwinkel betrachtet, ist es nur ein Symptom eines viel größeren Phänomens. Es beweist, dass das Kind in der Tat alles bestimmt. »Was wollen wir heute zu Mittag essen?« Die Eltern überlegen und meinen, dass man etwas abwechslungsreicher essen sollte. Die Nudeln mit Hackfleischsauce werden gegen einen Hackbraten ausgetauscht.

»Kann man Hackbraten mit Nudeln essen?« Mama und Papa schauen sich verschmitzt an: »Vielleicht sollten wir mal ganz verrückt sein und heute Fisch essen?!« »Ja!«

Heute isst die Familie also Fisch. Er muss aber in Form von Fischstäbchen aus der Fertigpackung serviert werden. Und wenn das nicht der Fall ist, muss der Fisch zumindest so zubereitet werden, dass er genauso aussieht. Sonst könnten die Kinder vielleicht nebenbei etwas anderes essen? Denn es ist davon auszugehen, dass sie das Essen der Erwachsenen eklig finden und da sie schon für sich selbst entscheiden dürfen, kann man sie ja nicht zwingen, etwas zu essen, das sie nicht mögen. Es ist also am einfachsten, eigens für die Kinder zu kochen. So läuft das heute in den meisten Familien und sogar in der Schulmensa. Die Zeit ist längst vergangen, als die Schüler das essen mussten, was auf den Tisch kam, ob sie es nun mochten oder nicht. Heutzutage können sich die Schulkinder à la carte etwas aussuchen, wie in einem Restaurant.

Ein Kind zum Essen zu zwingen wird in der heutigen Gesellschaft mit Kindesmisshandlung gleichgesetzt. Ich persönlich verstehe an und für sich nicht, warum man in Nord- und Westeuropa die Kinder überhaupt dazu zwingen sollte, etwas zu essen, was sie nicht mögen. Sie werden ja auf keinen Fall verhungern. Dass es eine reine Grausamkeit sei, von den Kindern zu verlangen, das zu essen, was auf den Tisch kommt (oder eben hungrig zu bleiben), ist meiner Meinung nach eine merkwürdige Auffassung. Ich selbst ziehe es vor, die Kinder nicht zum Aufessen zu drängen. Es wird aber bei uns nichts anderes serviert, wenn sie sich gegen das, was serviert wird, entscheiden. Und stört ein Kind alle anderen am Tisch, muss es ohne Essen vom Tisch aufstehen. Selbstverständlich wird es dabei nicht »belohnt«, indem es beispielsweise Fernsehen schauen oder einer anderen Beschäftigung nachgehen darf.

Die meisten Familien kennen sicherlich das Problem, dass ein Kind nur ein Teil des Essens mag, den Rest aber nicht anrührt. Da gilt es als Eltern hartnäckig zu sein und nicht immer weiter Fleischbällchen zu servieren, wenn das Kind die ersten schon aufgegessen hat. »Wie schwer kann das denn sein?«, fragt man sich. Es kann in der Tat sehr schwer sein. Das Kind zu ernähren ist ein so primäres Bedürfnis, dass es oft stark mit Gefühlen aufgeladen wird und somit auch gefühlsmäßig belastend wirken kann. Außerdem sind die Eltern bei der abendlichen Mahlzeit häufig müde und lenken oft schon bei der kleinsten Schwierigkeit ein. Besonders wenn die Eltern sich nicht einig sind, wie man auf die kindliche Verweigerung reagieren sollte. Dann wählt man oft die einfachste Lösung und geht auf die Wünsche des Kindes ein. Man hat uns ja auch beigebracht, dass man auf die Kinder hören soll.

Bei tyrannischen Kindern ist es überaus schwierig, eine abwechslungsreiche Kost aufzutischen. Umso mehr, wenn sie immer mitreden und entscheiden dürfen. Wenn sie ihr Veto gegen alles, was nicht Nudeln oder Pizza heißt, einlegen, hat man keine großen Variationsmöglichkeiten mehr.

Und so geht es immer weiter. Der Fernseher muss von morgens bis abends laufen, und solange die Kinder klein sind, wollen sie nur KikA schauen. Wenn sie größer werden, wechselt ihre Vorliebe von KikA zu privaten Fernsehkanälen wie Nickelodeon oder Super RTL. Gerne schauen sie sich Filme mit frechen Jungs und zuckersüßen Mädchen an, in die sie sich alle hineinversetzen können. Und möchte man als Eltern mal einen Erwachsenenfilm schauen (hier meine ich keinen Porno, sondern alles, was kein Kinderfernsehen ist), dann müssen die Kinder auch dabei sein dürfen und mitgucken. Stehen die Nachrichten und *Let's Dance* zur Wahl, dann wird das Tanzen gewinnen. Das wollen die Kinder sehen, und wir tanzen alle nach ihrer Pfeife. Und wenn wir es nicht tun, sind wir schlechte Eltern!

In den 1970er-Jahren kam das Buch *Als die Kinder die Macht übernahmen*[7] heraus. Es handelt sich um eine absurde Geschichte, in der die Kinder einer Kindertagesstätte eines Tages genug davon hatten, wie die Erwachsenen mit ihnen umgingen. Sie übernahmen einfach mit Gewalt die Macht über die Kita. Meine Frau las vor einigen Jahren meinen Kindern Ella und Ludvig das Buch vor, und sie lachten, bis sie fast platzten. Aber je weiter man in dem Buch liest, umso trauriger wird es. Denn die Kinder können sich in der Tat nicht um sich selbst kümmern. Genau das macht ja ein Kind aus.

Wenn heute von den 1970er-Jahren die Rede ist, scheint das Jahrzehnt häufig ein wenig lächerlich. Damals waren die Leute anscheinend naiv und gutgläubig. Sie hatten ganz tolle, aber unrealistische Pläne für die Gesellschaft. Alle sollten sich lieben und wie in einem großen Kollektiv leben. Die heutige Gesellschaft wird oft als das genaue Gegenteil beschrieben. Sie wird als stressiger, kälter und inhumaner geschildert. Es heißt, dass die Leute nur noch an sich selbst und die Verwirklichung ihrer großartigen Pläne denken. Und schafften sie das nicht, könnten sie zumindest dafür sorgen, dass ihre Kinder ihre Träume verwirklichten. Das kann große Auswirkungen auf das Leben der Kinder haben. Besonders extreme Varianten eines solchen Verhaltens findet man aber in Schweden (oder Europa) kaum.

Als ich im Mai 2012 an der Fernsehtalkshow *Betnér Direkt* teilnahm, diskutierte ich mit einer Frau namens Jelena Leppänen. Sie hatte Anfang 2012 an der TV-Serie *Mütter und ihre Minimodels* teilgenommen. Offensichtlich war sie wohl als echtes Symbol der extremen Elternschaft eingeladen worden. Sie hatte ihr ganzes Leben ihrer damals elfjährigen Tochter Katja, die Model werden sollte, gewidmet. Auf penetrante Weise pochte sie sowohl in der TV-Serie als auch in der Talkshow darauf, dass sie das Leben ihrer Tochter so steuere, dass alles so werde, wie Mama es wolle.

In der Talkshow behauptete sie, dass das Modelleben ihrer Tochter nur ein harmloses Hobby sei. Die Behauptung hatte keine Überzeugungskraft. Ihr großes Erziehungsprojekt wurde hinter all ihren Argumenten deutlich sichtbar. Und die Schweden verschluckten sich an ihrem Abendessen. Diese Mutter war nach schwedischen Maßstäben wirklich extrem. Aber verglichen mit den Tigermüttern aus Asien und Teilen der USA war sie wohl eher zahm. Wo sind die großen Unterschiede zwischen Jelena Leppänen und anderen Eltern zu finden, wenn es um Erziehung geht? Es gibt in der Tat mehr Übereinstimmungen als Unterschiede. Ein großer Teil der modernen Eltern überschätzen ihre eigene Bedeutung und versuchen ihr Kind zu lenken, indem sie sich selbst aufopfern. Ist Jelena somit – als Paradebeispiel einer schwedischen Tigermama – nicht nur eine etwas härtere Variante von dem, was die meisten Eltern heute versuchen zu erreichen?

Dass die heutige Kindererziehung sich mehr in Richtung Selbstverwirklichung bewegt als früher und dass man versucht, sowohl die eigene Entwicklung als auch die der Kinder voranzutreiben, ist für jeden offensichtlich. In dieser Hinsicht ist alles anders als in den 1970er-Jahren. Besonders deutlich wird das Streben nach Selbstverwirklichung gerade, wenn es um die Erziehung geht. Da braucht man sich nur die übertriebenen Tiraden der Besorgnis, mit der die allermeisten Durchschnittseltern kokettieren, anzuhören. Heutzutage steht überall geschrieben, wie wir mit unseren Kindern umgehen müssen und sollen. Wir müssen die Kinder in den Mittelpunkt stellen. Wir dürfen die Bindung an sie nicht vermasseln. Wenn wir die nicht ausreichend gut hinbekommen, werden sie zukünftig sicherlich jede Menge Probleme bekommen. Wir müssen auf sie achten – ihnen Helme aufsetzen und sie überall vor Unbill schützen. Wir dürfen ihnen nicht widersprechen. Sie nicht infrage stellen, wenn sie falsche Behauptungen von sich geben, und sie nicht hungrig ins Bett schicken, wenn sie am Abendbrottisch eine Szene gemacht haben.

Dein kleiner Freund

Als wenn das alles nicht schon genug wäre, müssen wir sie auch noch gegen Klimaveränderungen, Umweltverschmutzungen, Ungerechtigkeiten und Gewalt schützen. Damit sie sich nicht übergangen und unbeachtet fühlen, sollten wir sie am besten auch ab einem Alter von zweieinhalb Jahren an verschiedenen Überlegungen und Diskussionen über die Gewalt im Nahen Osten teilhaben lassen. Und spätestens ab dem Kindergartenalter sollten sie an einer sportlichen Aktivität, die »entwicklungsfördernd« ist, teilnehmen. Deshalb spielt jeder kleine Junge entweder Fußball oder Eishockey. Sie wissen nicht, wie man einen Pass spielt, aber sie wissen, dass man Tore machen muss, und deshalb rennen sie alle in einer Traube dem Ball hinterher, während die Eltern an der Seitenlinie sitzen und zuschauen und *ihrem* Kind zujubeln. So als wäre Fußball ein Sport für Einzelkämpfer. Und es wird noch absurder. Wenn der Schiedsrichter gegen den kleinen Finn sein Urteil fällt, fängt Finns Papa an, laut zu schimpfen und den Schiedsrichter zu beleidigen. Er wettert darüber, wie sehr sein Sohn benachteiligt wird. Seine Flüche werden sogar von drohenden Fäusten begleitet. Wenn man das sieht, versteht man, dass sich alles in die falsche Richtung entwickelt hat.

Als ich klein war, standen beim Fußballtraining keine Eltern am Spielfeldrand. Und es kamen auch nur wenige, wenn es Punktspiele gab. Es ist viel darüber diskutiert worden, dass Kinder in immer jüngerem Alter gegeneinander antreten. Man hat in vielen Fällen versucht, die sich aus hartem Wettbewerb ergebenden Probleme zu lösen, indem man Konkurrenzsituationen ganz abschaffte. Das ist aus meiner Sicht die falsche Taktik. Die logische (und auch stillere) Lösung wäre, die Eltern vom Platz zu verbannen. Viele Kinder konkurrieren gerne miteinander, und wenn die Eltern nicht dabei sind, können sie meist problemlos damit umgehen. Heute wollen Eltern aber ihren Nachwuchs während des Trainings nicht allein am Sportplatz zurücklassen. Sie stellen sich vor, der Trainer könnte pädophil sein. Aus demselben Grund können nen Kinder auch nicht allein zum Training laufen. Oder überhaupt irgendwohin. Deshalb werden sie hierhin und dorthin gefahren, damit keiner kommt und sie entführt.

Außerdem sagen viele selbst ernannte Experten, dass es gut für die Bindung sei, wenn die Eltern den Kindern bei jedem Wind und Wetter beim Ballspielen zuschauen. Darum applaudieren wir, wenn die Kinder ihre Tennisbälle ins Netz hauen, und lauschen kritiklos falsch singenden Chören, in denen niemand jemals unter Druck steht, üben zu müssen. Wir stellen als Eltern keine Anforderungen mehr, denn wir sind stattdessen die Freunde unserer Kinder geworden.

Die Eltern mit dem Bade ausschütten

Heute belächeln Eltern mittleren Alters – eine Generation, der ich selbst angehöre – gern das Ideal des weichen Mannes aus den 1970er-Jahren. Dabei sollten wir uns klarmachen, wie stark uns diese Zeit bis heute geprägt und verändert hat. Denn es gibt wohl kaum eine Generation, die das Wissen ihrer eigenen Eltern im Hinblick auf Erziehungsfragen so offensichtlich mit dem Bade ausgeschüttet hat. Es scheint sich dabei übrigens um ein ziemlich internationales Phänomen zu handeln. Nach dem Aufruhr in Paris 1968 und der Hippiegeneration sah die Welt eben ganz anders aus. Was ja auch gar nicht so merkwürdig ist. Ich werde an anderer Stelle noch auf das Buch *Ist Erziehung sinnlos?* von Judith Rich Harris zurückkommen.[8] Sie beschreibt, wie wir von Gleichaltrigen beeinflusst werden. Sie haben einen viel größeren Einfluss auf uns als unsere Eltern. Im Jahre 1968 haben die Genossen in der Tat eine ganze Kultur verändert. Diese Generation bestimmte die Agenda darüber, was man von diesem und jenem halten sollte, wenn man ein gebildeter, intellektueller Mensch der westlichen Welt sein wollte. Nichts hat diese kulturelle Veränderung von damals wieder rückgängig machen können.

Die Vorstellung, dass alle gleich sind, samt einer idealisierten Respektlosigkeit allen Autoritäten gegenüber, bewirkte, dass Disziplin als etwas Schreckliches betrachtet wurde. Diese Einstellung hat sich in der ganzen Gesellschaft verbreitet, vor allem innerhalb der Schulwelt. Im März 2013 schrieb der damalige Chefredakteur der schwedischen Tageszeitung *Dagens Nyheter*, Hans Bergström, einen Artikel darüber, wie die schwedische Schule in den letzten 40 Jahren immer schlechter geworden ist:

»In der Schule standen die Schulleiter und Lehrer im Vordergrund. Seit 1968 wurde vor allem darauf abgezielt, ihre Autorität, ihren Status und ihre Gehälter zu verringern. In der neu entstandenen Gesellschaft sollten alle per Du sein. Es sollte keine Erwachsenenautorität mehr geben. Rektoren, die immer noch eingreifen, um für Ordnung zu sorgen, sind in den vergangenen Jahren immer häufiger von der Schulaufsichtsbehörde gerügt worden. Etwas von den Schüler zu fordern, wurde als reaktionär abgetan.«[9]

Diese Denkweise endet aber nicht in der Schule. Sie erlaubt nicht, dass überhaupt irgendwer autoritär auftreten darf. Nicht einmal die Eltern. Aber wie sollen wir unsere Kinder dann erziehen? Wir müssen uns selbstverständlich mit ihnen hinsetzen und über alles reden und verhandeln. Es geht nicht an, den Kindern zu sagen, dass sie machen müssen, was wir von ihnen verlangen. Und Gnade Gott den Eltern, die sich etwas gönnen, ohne das Kind daran teilhaben zu lassen. Nimmt man sich z. B. ein Stückchen Schokolade zum Kaffee, ohne dem Kind etwas anzubieten, bricht das große Chaos aus. Darauf folgen stundenlange Diskussionen darüber, warum das Kind keine Schokolade bekommen hat. Wahrscheinlich sind Alkohol und Tabak die einzigen Genussmittel, denen wir uns als Eltern noch hingeben können, ohne den Kindern etwas abgeben zu müssen. Alles andere muss gerecht geteilt werden – denn wir leben ja in einer Gesellschaft, in der alle gleich sind.

Es ist nicht verwunderlich, dass keiner weiß, wie Elternschaft heute funktioniert. In unserer antiautoritären Welt gehören die früheren Generationen der Vergangenheit an. Sie werden höchstens als schlechtes Beispiel angeführt. Aber wenn niemand aus unserer Vergangenheit etwas richtig gemacht hat, stehen wir ziemlich einsam und allein da. Der Einfluss der 68er-Bewegung betraf vor allem die allgemeine Lebenseinstellung. Man wollte auf keinen Fall ein Nachfolger einer veralteten Generation sein. Eine Entwicklung, die durch den Einzug des Punks in die Weltpolitik noch verstärkt wurde. Seit Ende der 1950er-Jahre bis heute ist der erstrebenswerteste Charakterzug eines jungen Menschen die Rebellion. Eine Einstellung, die man auch später in die Elternschaft mitnimmt. Da muss man sich nicht wundern, dass sich Erziehung heute in einen unfairen Kampf verwandelt hat, bei der es darum geht, wer der coolste Papa ist oder wer das kumpelhafteste Verhältnis zu seinem Kind hat. Sich selbst als Vater oder als Mutter zu definieren, würde ja heißen, dass man sich wie ein Relikt aus der Vergangenheit verhält. In der heutigen Elternschaft geht es darum, dem Kind auf Augenhöhe zu begegnen. Kurz gesagt: Man muss sich wie ein Kind verhalten.

Musste es wirklich so weit kommen? Und warum scheint es heute für Eltern so viel schwieriger zu sein, ihre Kinder zu erziehen, als es jemals gewesen ist? Es müsste doch viel leichter sein, wo man doch mit den Kindern so gut befreundet ist.

Eine der vielen Erklärungen für diesen scheinbaren Widerspruch ist die Tatsache, dass man von Älteren keine Ratschläge annimmt. Man reagiert eher wie ein trotziges Kind. »Ich kann das schon alleine«, schreien die infantilen Eltern im Chor. Anstatt Entlastung bei den eigenen Eltern zu suchen, befreit man sich von der alleinigen Verantwortung, indem man sich an andere erwachsene Instanzen wendet. Dabei darf der Staat gerne in der Kita die Erziehung übernehmen, während man selbst Karriere macht. Und wenn nötig, werden noch externe Experten eingeschaltet.

Gleiche Rechte

Ein anderes Problem, das infolge der von infantilen Eltern angestrebten Selbstverwirklichung entsteht, ist die Überbehütung. Wenn Eltern, die eigentlich schon Großeltern sein könnten, endlich ihr erstes Kind bekommen, sind sie zu alt, um zu riskieren, dass ihrem lang ersehnten Spross etwas zustoßen könnte.

Hinzu kommt, dass alle überall auf die Rechte des Individuums pochen. Die allumfassenden Rechte gelten selbstverständlich auch für die ganz Kleinen. Wenn nicht alle immer alles bekommen, tun sie uns leid, weil sie doch das *Recht* dazu haben. Und tut ein Mensch uns leid, stellt man ihn nicht infrage – eine Auffassung, die als die Eingangslüge des subjektiven, relativierten Leidens angesehen werden kann. In der Erziehung wird dies besonders signifikant, da es die Kinder sind, die uns unwillkürlich am meisten leidtun. Und es wäre sowohl gemein als auch unfair, ein Opfer anzugreifen. Eine solche Logik führt dazu, dass man einem kleinen Kind ganz einfach nicht widersprechen kann.

Im Zeitalter der Gekränktheit ist die Opferrolle eine Gottheit. Es ist ganz normal geworden, sich über den Egoismus der heutigen Zeit zu beschweren, während man gleichzeitig sein eigenes Recht einfordert, ohne bereit zu sein, irgendeine Gegenleistung zu erbringen. Erziehung wird auf diese Weise zu einer Solidaritätshandlung. Alle müssen zur Gemeinschaft dazugehören, keiner darf außen vor bleiben. Intoleranz wird nicht toleriert. Alle müssen einheitlich erzogen werden. Und paradoxerweise sollen alle gleichzeitig einzigartige Individualisten innerhalb der Gemeinschaft sein.

Obwohl wir alle glauben, dass wir von der naiven Mentalität der 1970er-Jahre in keinster Weise geprägt sind, scheint unwiderlegbar zu sein, dass nichts anderes unsere Kultur mehr verändert hat. Wir wollen alle so großartig sein wie die Menschen, die in den 1970er-Jahren erfunden wurden. Wir wollen weiterhin daran glauben, dass Kinder unbeschriebene Blätter sind, die wir mit süßen kleinen Botschaften über die Gleichwertigkeit der Menschen füllen können. Wir glauben mehr als jemals zuvor daran, dass wir alle gleich sind, auch wenn wir rhetorisch die Eigenart des Individuums befürworten. Es gilt das Gebot, dass niemand je gemein zu einem anderen sein darf. Deshalb müssen wir unseren Kindern jederzeit und überallhin folgen und sie überwachen. Sie könnten ja sonst gelegentlich gemein zueinander sein.

Die heutige Gemeinschaft beharrt also noch deutlicher als die damaligen jungen Erwachsenen in den 1970ern auf einer Gleichstellung aller kleinen Kinder, und das in jeder denkbaren Hinsicht. Deshalb dürfen wir nicht *auf die ungelernten Kräfte herabsehen* oder Menschen, die sich wirklich anstrengen, um etwas zu lernen, den Vorrang geben vor denen, die das nicht tun, denn sonst *sehen wir den ganzen Menschen nicht.*

Wie sehr wir uns an den vorherrschenden Zeitgeist anpassen, sieht man beispielsweise an unserer Vorstellung von der Entwicklung unserer modernen Gesellschaft. Wir glauben ernsthaft daran, dass sie von der Gemeinschaft aller erschaffen wurde, obwohl deren Entwicklung in Wahrheit vom Erfindungsreichtum einiger weniger, außergewöhnlicher Individuen abhing. Ohne die Genialität dieser einzelnen Menschen hätten wir heute keinen Strom, keine Autos und keine Flugzeuge. Auch keine Fernseher oder Computer, nicht einmal Glühbirnen. Wir übersehen, dass diese Genies nicht austauschbar sind, und verwechseln ihren Einsatz für uns und unsere Kinder mit einer Art allgemeinen »Leistung«. Es wäre schön, wenn Kinder angeregt würden, etwas Neues zu entwickeln, Dinge zu erfinden und zu erschaffen. Heutzutage wird leider mehr Wert darauf gelegt, Blogger und Rockstars zu kreieren.

Die Liste der Beispiele dafür, dass viele normative Klischees aus früheren Zeiten unser Denken und Handeln noch heute prägen, ist lang. Wenn wir also nächstes Mal darüber nachgrübeln, was früher denn so viel besser war, sollten wir vielleicht eher an die Zukunft denken. Wir sollten die Ideen der vergangenen Generationen mit den Ideen noch früherer Generationen vermischen. Die Antithese, in der wir uns befinden, hat ihren Ursprung in der Zeit, als wir gegen alles, was die vorangegangenen Generationen gemacht hatten, protestierten. Wir werden aber erst dann etwas Neues erschaffen können, wenn wir Gedankengänge und Ideen klug mischen. Gegenwärtig haben wir keine Verbindung mehr zu den Überzeugungen, die vor den 1970er-Jahren herrschten, da die Protestgeneration sich alle Erziehungsideologien sozusagen patentieren ließ. Wir verhalten uns nur in einer einzigen Weise zu den früheren Ideen: Wir verurteilen die Großelterngeneration, die vor 1950 geboren wurde. »Was wissen die schon über Kindererziehung?«, denken wir. Sie hatten ja eine ganz andere Auffassung vom Menschen. Die völlig erschöpften, frischgebackenen Mütter und die dazugehörigen, bemühten Väter des 21. Jahrhunderts sind schnell empört. Vielleicht kann aber die ältere Generation den Müttern, die heute glauben, dass man Kinder schmerzfrei gebären kann, und die der Meinung sind, dass sie bei drohenden Schmerzen das Recht (ja, fast schon die Pflicht) haben, einen Kaiserschnitt zu verlangen, noch etwas beibringen. Den einen oder anderen sinnvollen Vorschlag haben sie sicherlich auf Lager.

Müssen wir Kinder in Watte packen?

Wahrscheinlich wird es sehr schwierig sein, die heute vorherrschende Norm zu verändern. Zumindest wenn man die Proteste liest, die im Herbst 2012 auf einen Artikel von der Chronistin Hanne Kjöller in der Tageszeitung *Dagens Nyheter* folgten, blickt man diesbezüglich nicht gerade optimistisch in die Zukunft. Kjöller vertrat die Meinung, dass Eltern ein krankes Kind zur Einnahme von Medizin zwingen müssen, sollte es sich weigern. Sie beendete ihren Artikel wie folgt:

> »Fragen Sie nicht. Erklären Sie Ihrem Kind, was stattfinden wird. Und bereiten Sie vorher alles vor. Geben Sie ihm keine Zeit, darüber nachzudenken, welche Unannehmlichkeiten auf es zukommen könnten. Und vor allem gilt: Übertragen Sie niemals die medizinische Verantwortung auf Minderjährige.«[10]

Hanne Kjöller wurde aufgrund dieser Aussage als Befürworterin von Gewalt gegen Kinder dargestellt. Es tauchten unzählige Kommentare in den Medien und in verschiedenen Elternblogs auf, in denen es hieß, dass ihre Methode bei den Kindern lebenslange, traumatische Spuren hinterlassen würde. Man kann sich über diese übertriebenen Reaktionen auf die leichten Zwangsmaßnahmen, die im Interesse des Kindes durchgeführt werden, lustig machen. Kindererziehung gibt ja häufig Anlass genug zum Lachen. Auf lange Sicht ist die Protesteinstellung der Eltern aber verheerend. Die Unsicherheit darüber, was als normales Verhalten gilt, verbreitet sich wie ein Lauffeuer. Schließlich wissen ganz normale Eltern nicht mehr, was sie glauben sollen. Vielleicht prägt man ja tatsächlich den eigenen Nachwuchs fürs ganze Leben, wenn man ihm einen Teelöffel voll Antibiotikum hineinzwingt?

Es müsste eigentlich für alle ganz selbstverständlich sein, dass Kinder gegen viel schlimmere Widrigkeiten bestens gerüstet sind. Wäre dies nicht der Fall, wäre der Mensch als Spezies schon längst ausgestorben. Es verursacht kein Trauma, wenn man dazu gezwungen wird, eine Dosis Medizin einzunehmen. Es wird auch kein Trauma zur Folge haben, wenn der Lehrer in der Schule das Kind auf den Flur hinausschickt, weil es sich unmöglich benommen hat.

Ist man der Ansicht, dass das Geschilderte dem Kind seelischen Schaden zufügt, sollte man ernsthaft darüber nachdenken, wer zuerst da war: das Huhn oder das Ei? Ein Mensch, der unter solchen Kleinigkeiten wirklich leidet, wird wahrscheinlich schon vorher in irgendeiner Weise Probleme haben. Die Lösung kann nicht darin bestehen, dass sich alle anderen anpassen. Stattdessen sollte der Betroffene lernen, wie man sich in der Gemeinschaft zurechtfindet. Lassen Sie mich ein ganz anderes Beispiel dafür anführen, dass sich die gemeinschaftlichen Beziehungen nicht demjenigen unterordnen sollten, der am lautesten ruft.

Martin ist sechs Jahre alt. Er möchte mit anderen Kindern spielen. Aber es gibt nur wenige, die ihrerseits mit ihm spielen wollen.

Er selbst fasst es so auf, dass er gemobbt und ausgestoßen wird. Deshalb wendet er sich an seine Mama und beklagt sich. Sie reagiert sehr verstört und findet, dass das Personal in der Vorschule energisch eingreifen müsste.

Vivianne, die seit 14 Jahren mit Kindern arbeitet, reagiert zurückhaltend. Sie und die anderen Angestellten des Kindergartens sind nämlich der Meinung, dass das Problem ganz woanders liegt. Zuerst haben sie versucht, alle Kinder dazu zu bewegen, mit Martin zu spielen. Die folgten dieser Aufforderung aber nur ungern – darin hat Martin Recht. Die Erzieherinnen können dennoch ganz gut steuern, wer mit wem spielt, und deshalb spielt Martin trotz allem jeden Tag mit den anderen Kindern.

Der Grund, warum die anderen Kinder nicht mit Martin spielen wollen, ist der Tatsache geschuldet, dass er sie schlägt und gemein zu ihnen ist. Martin ändert die Spielregeln immer zu seinem eigenen Vorteil. Er mobbt einige Spielkameraden und sorgt dafür, dass sie nicht mitspielen dürfen. Seine Spiele geraten auch oft außer Kontrolle. Er wird den anderen gegenüber gewalttätig. Als Vivianne Martins Mutter davon erzählt, reagiert diese beleidigt. Sie fühlt sich gekränkt und zeigt überhaupt kein Verständnis. Martin ist – in ihren Augen – ein so süßer Junge, und die Erzieherin sollte sich schämen, etwas anderes zu behaupten.

Obwohl Martin sich also schlecht benommen hatte, durfte er trotzdem die ganze Zeit dabei sein. Es hatte eine eingehende Überwachung vonseiten der Erwachsenen erfordert, um ernsthafte Verletzungen und Schäden zu vermeiden, wenn er in Fahrt kam. Martin hat dabei keinen Ärger bekommen und auch keine anderen Unannehmlichkeiten erfahren. Es war ihm sogar gelungen, ein paar andere Kinder dazu zu bewegen, bei den Gemeinheiten gegen andere mitzumachen. Dies passiert leider oft, wenn ein Kind sich nicht angemessen benimmt. Seine Mitläufer hatten es aber bereut und sich gegen Martin gewendet. Schlussendlich war er bei den meisten Kindergartenkindern nicht gerade beliebt. Martin behauptete, dass er darunter litte. Das tat er vermutlich auch. Er war aber nicht dazu bereit (oder wahrscheinlich gar nicht dazu fähig), sein Verhalten zu ändern. Das ist die eine Sache. Auf der anderen Seite war aber auch die Mutter nicht dazu bereit, Maßnahmen zu fördern, die dazu hätten beitragen können, dass er sein Verhalten ändert. Stattdessen war sie der Meinung, dass ihr und auch Martin Unrecht getan wurde. Letztendlich wurde es immer schwieriger, die anderen Kinder dazu zu bewegen, sich ihm anzupassen, damit Martin tun und lassen konnte, was er wollte.

Dies ist kein ungewöhnliches Beispiel. Zwar ist Martin besonders raubeinig und unfair anderen gegenüber, aber es ist doch geradezu absurd, dass ihm trotzdem niemand klarmacht, dass er sein Verhalten ändern muss. Seine Mutter hat deutlich gemacht, dass dies nicht notwendig sei. Wir können nur hoffen, dass die anderen Kinder doch irgendwie Einfluss auf sein Verhalten haben werden. Es gibt ja einiges, das dafür spricht. Die Gefahr ist aber leider sehr groß, dass sich ein Kind mit einem solchen Verhalten eher zu Gleichaltrigen, die sein Verhalten verstärken statt ihm Grenzen zu setzen, hingezogen fühlen wird.

Die Relativierung des Leidens

Die Problematik der modernen Kindererziehung entspricht mehr oder weniger der Entwicklung, die überall in unserer Gesellschaft beobachtet werden kann. Ich nenne sie die Relativierung des Leidens.

In einem Wohlfahrtsstaat geht es den Menschen immer besser. Dies bedeutet für die meisten von uns überwiegend etwas Positives. Parallel dazu gibt es aber Ereignisse, die nicht unbedingt zu etwas Gutem führen. Die Menschen versuchen, sich gegen alle möglichen noch so kleinen Gefahren zu schützen, weil sie ganz einfach keinen echten Gefahren mehr ausgesetzt sind. In der Tat wird unser Leben immer ungefährlicher, aber relativ gesehen fühlt es sich gefährlicher an. Tatsächlich hat es kaum jemals so wohlmeinende Gesellschaften gegeben, wie wir sie heute in der westlichen Welt erleben dürfen. Und doch fühlen sich die Menschen oft in ihren Rechten verletzt, obwohl die echten Ungerechtigkeiten immer seltener werden.

Die Relativierung des Leidens tritt genauso deutlich hervor, wenn es um das psychische Wohlbefinden geht. Vor 50 Jahren war unsere Gesellschaft in fast jeder Hinsicht etwas härter. Dennoch ist das relative psychische Leiden heute viel größer, zumindest wenn man verschiedene Symptome psychischer Erkrankungen betrachtet.

Junge Mädchen fügen sich viel häufiger selbst Schäden zu als in früheren Generationen.[11] Und die Jungen kommen in der Schule schlechter zurecht als früher.[12] Die Anzahl der Jugendlichen, die unter Angstzuständen leiden, hat sich in den letzten zwanzig Jahren verdoppelt.[13] Die Kinder schlafen immer weniger, wahrscheinlich weil die Eltern sich nicht trauen, etwas dagegen zu unternehmen. Der Anteil der Kinder, die eine ADHS-Diagnose bekommen, ist glattweg explodiert, was vielleicht zum Teil darauf zurückzuführen ist, dass eine solche Diagnose früher nicht möglich war. Es gibt aber auch andere Erklärungen für diese Phänomene und Überlegungen, die man nicht außer Acht lassen sollte. Ein zeitlicher Zusammenhang, der sich in Schweden herauskristallisiert hat, zeigt sich darin, dass der Anstieg der Fälle von Selbstverletzungen ganz klar der ersten Kita-Generation zuzuordnen ist. In anderen Ländern ist dieser Zusammenhang nicht ganz so deutlich. Dort hat kein so bedeutender Paradigmenwechsel stattgefunden, Kindertagesstätten sind erst nach und nach flächendeckend eingeführt worden. Es wäre überaus interessant, wenn zu diesem Thema eine internationale Untersuchung durchgeführt würde, denn eine solche hat es noch nie gegeben.

Schweden wird von vielen anderen Ländern als Vorreiterland betrachtet. Ist denn die staatliche Erziehung gut für unsere Kinder? Und was sagen all diejenigen, die an die Bindungstheorie glauben, dazu, dass die allgemeine Entwicklung der letzten Jahrzehnte negative Auswirkungen auf das seelische Wohlbefinden unserer Kinder hat? Ich werde später darauf zurückkommen …

Die Erziehung hat in den vergangenen fünfzig Jahren eine Revolution durchlaufen. Im Guten wie im Schlechten. Die Angst davor, dass dem Kind etwas widerfahren könnte, ist so groß geworden, dass viele Behörden und Ämter allenthalben Übergriffe entdecken. Es ist schon fast so weit gekommen, dass die Erziehung an sich als schädlich bzw. gefährlich betrachtet wird. In konkreten Zahlen ausgedrückt, ist es Kindern noch nie besser ergangen, aber relativ gesehen werden heute schon kleinere Zurechtweisungen und Ermahnungen mit Kindesmisshandlung und Übergriffen gleichgesetzt.

Der intergalaktische Mr. Spock

Ab den 1950er-Jahren und in den folgenden Jahrzehnten war das amerikanische Buch *Säuglings- und Kinderpflege* von Benjamin Spock das Standardwerk für frischgebackene Eltern. Lange Zeit wurde es von Eltern als eine Art Bibel betrachtet. Für mich, der ich in den 1970er-Jahren aufgewachsen bin, war Mr. Spock eine Figur aus der TV-Serie *Raumschiff Enterprise*. Sein Kennzeichen war die Unfähigkeit, menschliche Gefühle zu empfinden, da er vom Planeten Vulcan kam und dort solche Gefühle keinen Wert hatten. Er versuchte die ganze Serie hindurch vergebens, Gefühle zu zeigen. Ob Mr. Spock aus der TV-Serie seinen Namen von dem Autor und Kinderarzt Benjamin Spock »geerbt« hat oder es ein Zufall war, dass die beiden Namensvettern sind, weiß ich nicht. Interessant ist aber, dass der Autor, der damals in den Augen junger Eltern eine echte Autorität darstellte und dem sie voll vertrauten, sich wenige Jahrzehnte später in einen vermeintlich gefühlskalten Außerirdischen verwandelte …

Heutzutage ist es fast unmöglich, einen der alten Elternratgeber von Dr. Spock aufzutreiben. Das Buch, das ihn berühmt machte, genießt immer noch einen sehr hohen Status in den angelsächsischen Ländern. Dr. Spock galt zu seiner Zeit als sehr radikal. Er ähnelte in der Tat in keinster Weise dem intergalaktischen Mr. Spock. Er war von der Verhaltenstherapie beeindruckt und befürwortete eine viel weniger autoritäre Erziehung als diejenige, die bis dato üblich gewesen war. Der Inhalt des Buches ist aber laufend verändert worden, und der ursprüngliche Verfasser lebt nicht mehr. Seine Ideen wurden mit der Zeit immer radikaler. In vielen der neueren Auflagen empfiehlt er z. B. vegetarische Kost für Kleinkinder. Es war also nicht verwunderlich, dass er den Beinamen »Hippie-Doktor« verliehen bekam.

Das Buch erscheint auch heute noch, nach dem Tod von Dr. Spock. Als Co-Autor der heutigen Auflagen wird Dr. Robert Needleman genannt – er scheint auch ein weicher, umweltbewusster, konsequent verantwortungsdelegierender und zeittypischer Fürsprecher der Kinder zu sein. Die Empfehlung, Kinder vegetarisch zu ernähren, gibt es weiterhin, obwohl sie aus rein wissenschaftlicher Perspektive äußerst fragwürdig ist, aber es hört sich ja so sympathisch an. Das Buch spiegelt unsere Gegenwart. Dr. Spock und Dr. Needleman sind ganz einfach gute Menschen. So gut, wie wir heute sein sollten.

Der alte Dr. Spock wurde schon beim ersten Erscheinen seines Buches als ein weicher Mann betrachtet. Er ist vermutlich der Erste, der die Idee hatte, dass die Erwachsenen den Kindern auf ihrem Niveau begegnen sollten. Die Art und Weise, wie er diese Idee vor einem halben Jahrhundert präsentierte, würde modernen Eltern allerdings nicht gefallen. Denn ihrer Durchschlagskraft zum Trotz stehen seine Ideen nunmehr für längst veraltete Verhaltensweisen. Würde man heute versuchen, Teile seines ursprünglichen Buches zu vermarkten, würden die meisten frischgebackenen Eltern ihn wie einen Außerirdischen betrachten. Niemand würde auf die Idee kommen, seine Ratschläge aus den 1950ern zu befolgen.

Ein Mensch aus der damaligen Zeit könnte genauso gut auf dem Planeten Vulcan zur Welt gekommen sein. Auf Vulcan waren die Eltern nicht mit ihren Kindern befreundet. Auf Vulcan war es nicht Ziel der Erziehung, dass die Kinder entscheiden sollten, was die Familie isst, was sie im Fernsehen schaut oder wo man im Urlaub hinfährt.

Vielleicht sollten moderne Eltern das Band mal ein Stück zurückspulen. Wäre es möglich, dass man aus der Zeit, die es nicht mehr gibt, doch etwas lernen könnte? Zumindest könnte es sicherlich nützlich sein, eine andere Perspektive auf die Kindererziehung und darauf, wie man es anders machen kann, zu bekommen. Gelingt es einem dabei, neue Erkenntnisse über die rein biologische Entwicklung der Kinder zu integrieren, wird man in der Tat als Eltern besser gerüstet sein. Und bekommt man es nicht hin, sollte man möglicherweise die eigenen Großeltern fragen.

Ist Erziehung Sache der Kinder?

Bezüglich des heiklen Themas moderner Erziehung gibt es eine große Bandbreite an Meinungen, aber in einer Hinsicht sind sich alle einig: Eine Rückkehr zu den Ansichten früherer Generationen kommt nicht infrage. Ähnlich wie beim steigenden Sicherheitsbedürfnis ist es schier unmöglich, die immer weichere Haltung der Eltern infrage zu stellen. Entscheidend ist nicht, was für die Kinder wirklich am besten wäre, sondern was bei den anderen Erwachsenen gut ankommt, denn Eltern beobachten ihre Umgebung sehr genau, wenn es um Fragen der Erziehung geht. Oder, was immer häufiger der Fall ist: Wenn es um das Fehlen von Erziehung geht ...

Die Frage ist doch, ob es menschenwürdiger ist, die Kinder sich selbst zu überlassen oder sie mit mehr oder weniger fester Hand von Anfang an auf den richtigen Weg zu bringen und auf diese Weise auf das Erwachsensein vorzubereiten. Es stellt sich auch die Frage, wie früh man mit dieser Vorbereitung aufs Erwachsenenleben beginnen sollte und wie streng man dabei sein darf. Es ist schwierig, genaue Regeln aufzustellen, was sich auch in der gängigen Literatur spiegelt. Es geht hier ja nicht um unwiderlegbare, mathematische Formeln. Stattdessen scheinen die meisten einer Maxime zu folgen, die ein Forscher im Bereich computergesteuerter Neurowissenschaften so beschreibt: »In der Praxis funktioniert es gut, wenn man sich das bisher Dagewesene ansieht, und es dabei vermeidet vorauszusetzen, man würde das Ergebnis schon kennen. Ich verstehe nun, dass dies die Faustregel meines Vaters war. Immer wenn er darüber nachgrübelte, was er als Vater tun sollte, überlegte er, was sein eigener Vater getan hätte – und machte daraufhin genau das Gegenteil. Es funktionierte perfekt, weil sein Vater in der Tat kein guter Vater war.«

In diesem Fall war das sicherlich ein guter Tipp. Es scheint aber, dass dieser gute Tipp zum Credo einer ganzen Gesellschaft geworden ist. Es können aber doch nicht alle Eltern schlecht gewesen sein. Wäre dem so, müsste ja in den letzten 50 Jahren eine katastrophale Generation herangewachsen sein. Vor allem, wenn Kinder wirklich kleine Zuckerpüppchen wären, wie uns die heute gängige Meinung glauben lassen will. In einem solchen Szenario würden ja nicht nur unsere Eltern ihr Leben lang an ernsthaften seelischen Erkrankungen leiden und im Übrigen als Eltern untauglich sein, sondern auch wir würden als Folge davon ziemlich verstört durchs Leben gehen. Auch wenn der oben genannte Rat treffend und wohl formuliert war, dürfte er heute bei den meisten von uns sicherlich nicht zutreffen.

Eine Frage kindlicher Reife

Die optimale Erziehung

Es ist schwierig, Erziehung zu messen. Erstens gibt es eine fast unendliche Menge an Parametern, die man untersuchen müsste. Besonders wenn – wie manche behaupten werden – jede kleine Nuance und jeder besondere Tonfall einen entscheidenden Einfluss auf die Entwicklung eines Kindes hat. Wenn man bedenkt, dass sich jeder Mensch aus einer einzigen Zelle, die sich billionenfach teilt, entwickelt, werden die Variationen der potentiellen Ursachen und Fehlerquellen rein biologisch gesehen unüberschaubar. Wenn man dann noch mitberechnet, dass die jeweilige Wirkung keineswegs eindeutig ist, wird es noch problematischer. Was ist eigentlich eine gelungene Wirkung? Und was ist überhaupt messbar? Man kann Eigenschaften und Temperament definieren, aber eine menschliche Eigenschaft kann zu vielen verschiedenen Verhaltensmustern führen. Biologische Veränderungen und variierende Nuancen im psychologischen Zusammenspiel sind außerdem abhängig von den vererbten, genetischen Veranlagungen. Hinzu kommt, dass sich alle parallel in verschiedenen Umgebungen aufhalten; in der Familie, in der Schule, unter Freunden nach der Schule und so weiter und so fort.

Wenn man im Nachhinein versucht, solche Wirkungen auszuwerten, muss man auch die seitdem vergangene Zeit berücksichtigen. Nachwirkungen können sich noch nach 20 Jahren zeigen oder gar das ganze Leben lang. Somit ist es fast unmöglich, zu einem klaren Ergebnis zu gelangen. Daraus lässt sich schlussfolgern, dass sogenannte »Experten« in der Tat behaupten können, was sie wollen. Die Wettbewerbssituation in diesem Bereich bewirkt aber, dass es erstrebenswert ist, so human wie möglich zu erscheinen. Je netter sich alles anhört, umso erfolgreicher wird der »Experte« sein. Man kann also behaupten, was man will (außer wenn es darum geht, die Menschen vor ganz konkreten Gefahren zu schützen). In der heutigen, selbstverwirklichten Welt hat das »Gute« einen sehr starken Marktwert.

Der eine Therapeut beschreibt die Kinder als ganz empfindliche Blümlein. Der nächste beißt sich an der Bindungstheorie fest und schließt daraus, dass man stillen sollte, bis das Kind sieben Jahre alt ist. Hinzu kommt noch ein dritter, der von der Bedeutung der bedingungslosen Liebe spricht. Ein weiterer beharrt darauf, dass die Eltern eine Therapie machen sollten, bei der sie sich bis in ihre jüngste Kindheit zurückversetzen und über ihre damaligen Gefühle reden. Es gibt relativ wenige Eltern, die sich trauen, sich gegen diese Wirklichkeit aufzulehnen, aber es gibt auch Experten, die der Meinung sind, dass man die Kinder nicht mit Samthandschuhen anfassen muss. Und schließlich gibt es diejenigen, die behaupten, dass es kaum eine Rolle spielt, wie man sich verhält. Es sei doch alles von Anfang an biologisch vorprogrammiert.

Nur der Zufall ist gewiss

Kinder zu erziehen ist keine leichte Sache. Mit Hinblick auf die vielen Parameter weiß man als Eltern eigentlich nur eines: Wie man es auch macht, macht man es wahrscheinlich falsch. Und die Strafe dafür wird kommen – das ist unvermeidbar. War man zu beschützend, werden die Kinder das Gefühl haben, sie müssten übermäßig vorsichtig durch die Welt gehen, und sie werden ihren Eltern die Schuld dafür geben. Sind die Kinder dagegen übermütig und erlebnishungrig, werden auch daran die Eltern schuld sein. Dann heißt es, dass sie dem Kind nie etwas erlaubt haben, deshalb kompensiert es diese Erfahrung als Erwachsener und probiert alles aus. Haben die Eltern ihre Kinder jedoch wenig überwacht, sind diese davon überzeugt, dass genau das ihr Wesen geprägt haben muss. Der nach Sensationen gierende Mensch gibt seinen Eltern ebenso die Schuld für das eigene halsbrecherische Leben wie der ängstliche Mensch für sein übervorsichtiges Verhalten.

Und die Kinder haben Recht. Augenscheinlich werden viele Kinder genauso wie ihre Eltern. Aber es ist auch überaus faszinierend zu beobachten, dass andere überhaupt nicht so werden wie ihre Eltern und auch nicht so, wie diese es sich gewünscht hätten. Als einen entscheidenden Faktor dafür, wie gut die Kinder im Leben zurechtkommen, kann man ausmachen, wie sehr die Eltern an ihre eigenen Erziehungsmethoden glauben. Kann man den Kindern Sicherheit vermitteln, werden sie sich möglicherweise geborgener und sicherer fühlen. Diese Sicherheit kann man jedoch auf viele verschiedene Arten vermitteln.

Man kann autoritär sein und den Weg mit ausgestreckt zeigendem Arm vorgeben. Die Kinder werden damit klarkommen, und wenn sie sich gleichzeitig geliebt fühlen, werden sie ihren Eltern dafür dankbar sein. Man kann aber auch räsonierend und argumentierend erziehen, sodass sie sich keinen Autoritäten unterordnen müssen. Diese Kinder werden wahrscheinlich – wenn sie sich dabei geliebt gefühlt haben – auch dafür dankbar sein. Es kann gut ausgehen, egal wie man es macht.

Manches weiß man aber heute ganz genau. Die Persönlichkeit und das Temperament (d.h. die Eigenschaften), die das Kind als Erwachsenen auszeichnen, sind in etwa zur Hälfte genetisch vorbestimmt. Bei der anderen Hälfte hängt es viel weniger von den Erziehungsmethoden ab als von irgendwelchen anderen Faktoren, die man eher dem Zufall zuordnen kann. Das heißt: Man weiß nicht, worauf diese Hälfte zurückzuführen ist, aber man weiß, dass es nicht die psychosoziale Gemeinschaft der Familie ist.

Um herauszufinden, was sich durch Vererbung erklären lässt und was von Umwelteinflüssen abhängt, ist es ideal, eineiige Zwillinge zu untersuchen, da sie genetisch identisch sind. So kann man, wenn man Vergleiche zu zweieiigen Zwillingen zieht (die genetisch genauso ungleich sind wie Geschwister im Allgemeinen), differenzieren, was vererbt wurde und was durch Prägung aus der Umgebung, in der man aufgewachsen ist, entstand. Bei einer solchen Untersuchung wird vorausgesetzt, dass alle, die in derselben Umgebung aufwachsen, die gleiche Prägung erleben. Dieser Ansatz wird häufig kritisiert, da man ja nicht notwendigerweise die Umgebung in der gleichen Weise erlebt, auch wenn man in ein und derselben Familie aufwächst.

Vielleicht wachsen eineiige Zwillinge in der Tat in einer »gleicheren« Umgebung auf, weil sie eben von vornherein so gleich sind. Es handelt sich dann eventuell um einen sekundären genetischen Effekt. Das heißt, dass sich die Umgebung den Kindern und deren Verhalten anpasst. Die Folge ist, dass eineiige Zwillinge sich aufgrund der Prägung durch ihre Umgebung noch ähnlicher werden. Um diese Folgewirkung zu umgehen, werden auch Studien an Adoptivkindern durchgeführt. Dabei untersucht man Ähnlichkeiten zwischen dem adoptierten Kind und seinen Adoptiveltern bzw. seinen biologischen Eltern. Die Ergebnisse solcher Untersuchungen zeigen, dass adoptierte Kinder ihren Adoptiveltern in Bezug auf Persönlichkeit und Temperament nicht mehr ähneln als jedem anderen beliebigen Menschen auf der Straße. Das bedeutet, dass Adoptiveltern gar keinen Einfluss darauf haben, wie ihre adoptierten Kinder mal werden.

Merkwürdig! Dann ist wohl doch die Genetik vorrangig. Anscheinend ist alles genetisch vorprogrammiert. Wenn nur nicht die Zwillingsuntersuchungen zeigen würden, dass die Eigenschaften von eineiigen Zwillingen sich nur in etwa zur Hälfte gleichen. Nicht zu hundert Prozent, was ja der Fall sein müsste, wenn alles von der Genetik bestimmt wird. Es muss also etwas anderes geben, das diese Ungleichheiten erklären kann.

Um mehr darüber zu erfahren, worauf diese Ungleichheiten beruhen, und um den Kritikern, die behaupten, dass Zwillingsuntersuchungen gar nichts beweisen, widersprechen zu können, hat man die Technik weiterentwickelt. Man hat eineiige Zwillinge, die zusammen aufwachsen, mit eineiigen Zwillingen, die z. B. aufgrund von Adoptionen getrennt aufwachsen, miteinander verglichen. Was man dabei herausgefunden hat, ist besonders interessant. Die Zwillinge, die an verschiedenen Orten aufwachsen, gleichen sich in etwa zur Hälfte in Bezug auf ihre Eigenschaften. Genau das Gleiche gilt für die Zwillinge, die zusammen aufwachsen. Das heißt, dass ungefähr die Hälfte ihrer Persönlichkeit und ihrer Eigenschaften genetisch erklärt werden kann. Aber wie erklärt man die andere Hälfte? Einen Hinweis darauf bekommt man, wenn man die eineiigen Zwillinge, die zusammen aufgewachsen sind, miteinander vergleicht. Sie waren ja auch zur Hälfte gleich, sodass die eineiigen Zwillinge, die getrennt aufwachsen (die also in unterschiedlichen Umgebungen aufwachsen), und die eineiigen Zwillinge, die zusammen aufwachsen (also in derselben Umgebung), gleichermaßen ungleich sind. Oder um es anders auszudrücken: gleichermaßen gleich. Wenn die Umgebung innerhalb der Familie eine entscheidende Rolle spielen würde, müssten die eineiigen Zwillinge, die zusammen aufgewachsen sind, sich mehr ähneln als die anderen. Das ist nicht der Fall. Daraus lässt sich schlussfolgern, dass die Kindererziehung eine sehr kleine Rolle in Bezug auf die Persönlichkeitsentwicklung spielt. Aber etwas anderes spielt eine Rolle. Die Persönlichkeiten sind ja – unabhängig von der Umgebung und der Erziehung – bei allen Menschen gleichbleibend verschieden. Man kann diesen Faktor auch Zufall nennen. Und er liegt demnach bei 40 bis 50 Prozent.[14]

Circa 50 Prozent unserer zukünftigen Persönlichkeit sind genetisch bedingt. Circa 10 Prozent hängen von der Umgebung und der Erziehung der Eltern ab, und 40 Prozent beruhen auf dem allgemeinen Einfluss der Umgebung oder dem Zufall. Es gibt also weitere Faktoren, die die Entwicklung beeinflussen, die wir aber nicht erklären und folglich nur schwer beeinflussen können. Vielleicht geht es hier um Mutationen. Im menschlichen Körper läuft auf dem Weg vom Embryo zum erwachsenen Menschen eine fast unendliche Zahl an Zellteilungen ab. Aber vielleicht liegt die Erklärung in einer nicht wahrgenommenen, kosmischen Strahlung oder einer unentdeckten chemischen Substanz. Oder vielleicht machen sich irgendwelche psychosozialen Phänomene, die man innerhalb der Familie erlebt, bemerkbar. Eine sehr denkbare Theorie ist, dass vieles vom Gruppendruck unter den Gleichaltrigen, mit denen das Kind aufwächst, abhängt.

Was spielt nun wirklich eine Rolle, wenn es darum geht, wie wir werden? Die einfache Antwort ist, dass wir es nicht wissen. Außer dem Anteil, der genetisch erklärt werden kann, ist alles ziemlich unklar. Und auch, wie die Genetik funktioniert, wissen wir nicht hundertprozentig genau. Versucht man eine komplexere Antwort auf diese Fragen zu geben, endet man schließlich in reinen Spekulationen. Die Epigenetik untersucht übrigens, wie gewisse Gene bei manchen Menschen durch Umwelteinflüsse ein- bzw. ausgeschaltet werden können. Hier könnte die Erklärung zu finden sein, warum manche Unterschiede in der Entwicklung einzelner Menschen tendenziell immer größer werden, obwohl deren genetische Unterschiede am Anfang minimal waren.[15]

Außerdem haben wir von Kindesbeinen an unterschiedliche Freundeskreise, vielleicht gehen wir auf unterschiedliche Schulen und nehmen unterschiedliche Positionen in der Geschwisterreihe ein. Es gibt jedoch nur wenig Belege dafür, dass die Position innerhalb der Geschwisterreihe einen Einfluss darauf hat, wie wir später werden. Untersucht man innerhalb einer Familie die Unterschiede zwischen dem Erstgeborenen und dem mittleren Kind, wird man immer zu dem Schluss kommen, dass es klare Charakterunterschiede gibt. Die kleineren Geschwister beschreiben das Erstgeborene als herrisch. Und die Kleineren werden von den älteren Geschwistern als verweichlicht charakterisiert. Diese Unterschiede treten allerdings nicht hervor, wenn man objektivere Untersuchungen und Persönlichkeitstests macht. Werden Geschwister im Hinblick auf ihre Persönlichkeit von neutralen Personen – also nicht von den Eltern bzw. den Geschwistern – eingeschätzt, gibt es keine Unterschiede, die auf die Position in der Geschwisterreihe hinweisen.[16] Wie wir von unseren gleichaltrigen Freunden geprägt werden, ist viel komplizierter und spannender. Darauf komme ich später zurück. Der reine Zufall ist aber immer noch der bedeutendste Umweltfaktor. Daher ist es fast unmöglich zu bestimmen, welche Faktoren welche Auswirkungen auf unsere Entwicklung zum erwachsenen Menschen haben.

Was bringt also überhaupt die Erziehung? Wenn wir bestenfalls nicht wissen, was wir tun, und dies schlimmstenfalls keine besonderen Auswirkungen auf die Eigenschaften und die Persönlichkeit unserer Kinder hat? Es gibt aber zwei Dinge, von denen ich zutiefst überzeugt bin: Erstens sind eine gute Erziehung und gutes Benehmen nicht mit der Persönlichkeit bzw. den Eigenschaften eines Menschen gleichzusetzen. Auch wenn man die Persönlichkeit nicht durch Erziehung erwirbt, ist das Verhalten des Einzelnen doch sehr von dem geprägt, was man als Kind gelernt hat. Lernt man als Kind beispielsweise, dass man alles auf einem Silbertablett serviert bekommt, wird man – unabhängig von der Persönlichkeit und den grundlegenden Eigenschaften – auch als erwachsener Mensch erwarten, dass das so bleibt. Solche Phänomene lassen sich aber noch schwerer durch psychologische Tests auswerten, als wenn es um reine Eigenschaften geht.

Zweitens: Die Kinder werden sich an ihre Kindheit erinnern und daran, wie sich die Eltern ihnen gegenüber verhielten. Die Wahrscheinlichkeit, dass sie als Erwachsene ihren Eltern wohlgesonnen sind, ist wesentlich größer, wenn die Eltern sich ihren Kindern gegenüber gut benommen haben. Sich gut zu benehmen ist der Dreh- und Angelpunkt bei allem, was mit Erziehung zu tun hat. Was mit gutem Benehmen gemeint ist, kann jedoch, wie wir inzwischen wissen, sehr unterschiedlich sein.

Kinder nicht sonderlich zerbrechlich. Sie überstehen das meiste. Sie überstehen Ermahnungen und Zurechtweisungen und passen sich der Gesellschaft an. Man sollte versuchen, sie zu Individuen zu erziehen, die in der Erwachsenenwelt klarkommen. Zu Menschen, die auf alles, was das Leben ihnen bieten mag, vorbereitet sind. Zu Geschöpfen, die das Offensichtliche hinterfragen, die aber auch akzeptieren, dass man nicht immer alles genau so bekommen kann, wie man es sich wünscht. Es geht nicht darum, welche Persönlichkeit ein Kind in Bezug auf bestimmte Eigenschaften wie soziale und verbale Fähigkeiten, allgemeines Intelligenzniveau, Empathie und Emotionalität entwickelt. Unter der Voraussetzung, dass man als Eltern ein Kind nicht seelisch schwer misshandelt, wird es zu einer gesunden Persönlichkeit heranwachsen und gut zurechtkommen. Das heißt, dass man als Eltern durchaus weniger ängstlich an die Sache herangehen kann, als es die heutigen Eltern tun. Einer meiner Kollegen hat es mal folgendermaßen zusammengefasst: »Das Einzige, das man den Kindern beibringen kann, sind Tischmanieren. Alles andere ist genetisch bedingt.«

Wenn man den Zufall und die Genetik zusammenlegt, ist man in der Tat damit ganz nah an der Wahrheit.

Das repetitive Gehirn

Um etwas zu lernen, muss man Eindrücke sammeln. Je mehr Eindrücke man gesammelt hat, umso einfacher ist es für das Gehirn, das, was man sieht, hört, riecht, schmeckt oder spürt, zu verarbeiten. Alles wird im Gehirn verarbeitet. Wir *sind* unser Gehirn. Das Gehirn besteht wiederum aus verschiedenen Teilen. Auf manche Dinge reagiert das Gehirn automatisch. Wir Menschen haben ein reiches, inneres Leben, das wir nicht immer bewusst wahrnehmen. Wir erleben Unbehagen, ohne dass wir genau sagen können, warum. Wir haben das Gefühl des Wiedererkennens an Orten, an denen wir niemals waren, und wir meinen, dass sich gewisse Situationen wiederholen, obwohl wir dergleichen noch nie erlebt haben. Manchmal verarbeitet das Gehirn gewisse Eindrücke so rasend schnell, dass wir auf die täuschend echten Wahrnehmungen hereinfallen. Wenn wir schlussfolgern, dass wir etwas schon Hunderte oder gar Tausende Male vorher erlebt haben, schaltet das Gehirn sofort weiter. Wir denken somit nicht jeden Gedanken zu Ende, bevor wir eine Entscheidung treffen, sondern reagieren rein intuitiv. Manchmal fallen wir auf unsere eigene Intuition herein. Andere Male lassen wir uns von scheinbar rationalen Situationen täuschen.

Unsere Eindrücke werden verarbeitet und geordnet und mit schon Erlebtem verglichen. Ganz kleine Kinder haben keine Vergleichsbasis. Stattdessen arbeitet das Gehirn während der frühsten Entwicklung daran, Eindrücke zu entkoppeln und sie in geordneter Form zu festigen. Da finden weder Verarbeitung noch Vergleiche statt.

Wenn der kleine, neugeborene Oskar sprechen lernen soll, muss es um ihn herum eine Sprache geben, die sich in seinem Gehirn einprägen und festigen kann. Anders wird er nicht sprechen lernen können. Damit Oskar das Sprechen erlernen kann, ist es von Vorteil, wenn er die gleichen Eindrücke immer wieder erlebt. Es wird ganz einfach leichter für das Gehirn, das Wort »Mama« zuzuordnen, je öfter es dem Kleinen vorgesagt wird. Wenn das unreife Gehirn sich erst einmal auf eine Sache konzentrieren kann, wird die Verarbeitung am geschmeidigsten ablaufen. Prasseln zu viele Geräusche auf einmal auf das System ein, wird das Gehirn vom unwesentlichen Input überfordert. Auch wenn man diesen Input später braucht, um differenziertere Wahrnehmungen hinzubekommen und Dinge aus verschiedenen Perspektiven betrachten zu können. Aber dafür ist Oskar noch viel zu klein. Deshalb fokussiert das Gehirn am Anfang auf einige wenige Details. Perspektivisches Wahrnehmen ist noch nicht möglich.

Das Kind muss anfänglich verschiedene Arten von Fertigkeiten erlernen. Die grundlegendsten Fähigkeiten sind beispielsweise, die Arme und Beine zu bewegen, zu lächeln, zu krabbeln und später zu gehen und zu sprechen. Obwohl ein zweijähriges Kind schon recht gut laufen kann, würde niemand von ihm erwarten, dass es an einem Triathlon teilnehmen könnte. Das Kind kann ja weder schwimmen noch Fahrrad fahren. Und außerdem würde es nicht einmal die verlangte Laufstrecke schaffen. Wenn Sie sich trotzdem überlegen, ob so etwas irgendwie möglich wäre, kann ich Ihnen nur davon abraten. Und ich glaube auch gar nicht, dass jemand von Ihnen überhaupt auf die Idee kommen würde. Denn gerade bei solchen Dingen ist eine gewisse Reife die Voraussetzung dafür, dass man die gestellte Aufgabe begreifen und erfüllen kann. Ein Kleinkind wäre aber sehr wohl bereit, Ihnen zu glauben, wenn Sie ihm erklären, dass es ein Triathlon schaffen könnte und auch sollte. Ein erwachsener Mensch würde nur denken, dass Sie einen Scherz machen. Denn Erwachsene haben gelernt, was Ironie ist. Kinder können jedoch nur begrenzt damit umgehen.

Um fortgeschrittene Formen von Ironie verstehen zu können, muss das Gehirn das Empfangene in mehrere Schichten und Bilder zerlegen und bearbeiten. Es wird etwas gesagt, aber etwas ganz anderes gemeint, und genau damit kann das unreife Gehirn noch nicht umgehen. Sie können es selber gerne ausprobieren und beobachten, was passiert, wenn Sie ironisch mit einem Kleinkind reden. Es wird die Ironie nicht verstehen. Wenn Sie Ihre Kinder daraufhin testen, sollten Sie nicht allzu gemein sein. Es besteht die Gefahr, dass Ihr Kind auf alles, was Sie sagen, blind vertraut …

Es gibt Beispiele dafür, dass Erwachsene das Vertrauen der Kinder rechtlich ausgenutzt haben. In den 1990er-Jahren war es üblich, bei Gerichtsverhandlungen sogenannte Zeugen-Psychologen einzusetzen. Indem sie einem Kind Suggestivfragen stellten, gelang es ihnen oft, in ihm Erinnerungen zu implantieren – etwas, das ganz einfach ist, wenn man nur ein bisschen Einfallsreichtum aufbringt. Wenn solche eingepflanzten Eindrücke mit der reichen Fantasie eines Kindes kombiniert werden, kann dies ganz verheerende Folgen haben und Angeklagte bis ins kleinste Detail als sadistische Außerirdische oder Hexen bzw. Magier dastehen lassen.

Dass das Kind keine Ironie versteht, ist ja die eigentliche Pointe bei der Entwicklung des Gehirns. Das Kind muss noch auf die Wiederholung der Eindrücke fokussieren, damit es eine Sache nach der anderen lernt. Das funktioniert am besten, wenn das Bild nicht von Unmengen an verschiedenen Eindrücken verwischt wird. Um auf raffiniertere Weise Scherze machen zu können, ist es erforderlich, dass das Gehirn reif genug ist, um verschiedene Aspekte eines Sachverhaltes auseinanderzuhalten. Manche Witze begreifen schon fünf- bis siebenjährige Kinder. Es ist aber schwierig, einem noch jüngeren Kind das Lustige an diesen Witzen zu vermitteln, weil ihr Gehirn noch nicht so weit ist. Und noch ältere Kinder finden diese Witze albern, weil sie sie schon etliche Male gehört haben.

Hier liegt der Schlüssel zum Lernen. Dinge hören, sehen, spüren und erleben. Und sie wiederholen.

Das Gehirn ist normalerweise richtig gut darin, Dinge, die es als unwesentliche Information auffasst, auszusortieren. Es ist eine in vieler Hinsicht lebenswichtige Fähigkeit. Man würde im wahrsten Sinne des Wortes wahnsinnig werden, wenn man sie nicht beherrschte. Vieles von dem, was im Gehirn passiert, wenn man ernsthaft psychisch erkrankt ist und Halluzinationen oder Wahnvorstellungen hat, wird dadurch verursacht, dass das Gehirn es nicht schafft, die Eindrücke, die sich ununterbrochen von außen (oder auch von innen) aufdrängen, einzuordnen bzw. auszusortieren. Ein normales Gehirn (das nicht erschöpft ist) filtert ganz einfach alle unwesentlichen Eindrücke heraus. Sie können sich selbst gerne davon überzeugen, dass es so funktioniert, indem Sie das Buch weglegen und genau hinhören. Plötzlich werden Sie bellende Hunde und fahrende Autos vor Ihrem Fenster, das Sausen des Windes, Schritte in der Wohnung über Ihnen oder die Abzugshaube in der Küche wahrnehmen. Schafft man es nicht zu fokussieren, wird man von allem Unwesentlichen abgelenkt. Dann gelingt es einem nicht, die Sinne zu schärfen und sich auf die Sache, mit der man sich gerade beschäftigt, zu konzentrieren.

Dass unser Gehirn unwesentliche Geräusche ausklammert, kann in der Tat problematisch sein. Im schlimmsten Fall kann es vorkommen, dass unser Gehirn in die Verarbeitungsmethode des frühesten Kindesalters zurückfällt. Wir brauchen uns eigentlich nur einmal selbst zu beobachten, während wir eine beliebige Debatte in den Medien verfolgen. Wir werden schon bald ein Muster erkennen und begreifen, dass unser Gehirn in der Tat alles, was nicht in unser Weltbild passt, ausklammert.

Im Frühling 2013 wurden zwei ausgezeichnete Artikel auf den Kulturseiten von Schwedens größter Morgenzeitung veröffentlicht. Der Autor Jonas Hassen Kehmiri beschrieb im Text *Beste Beatrice*, wie ausgegrenzt er (und viele andere Einwanderer in Schweden) sich fühlen.[17] Sein Text war sehr ergreifend und poetisch geschrieben. 14 Tage später antwortete der Staatssekretär Jasenko Selimovic mit dem Artikel *Jonas, mein Freund*.[18] Er beschrieb ganz anders und auf sehr nuancierte Weise Schweden als ein überaus gastfreundliches, hilfsbereites und humanes Land. Ein Land, in dem man Menschen aus anderen Ländern mit offenen Armen aufnimmt. Auch dieser Text war brillant. Die Leser hatten somit zwei Wirklichkeiten präsentiert bekommen; keine weniger gültig als die andere, aber beide diametral gegensätzlich.

Ein menschliches Gehirn schafft es ab einem Alter von etwa sechs Jahren, verschiedene Seiten ein und derselben Medaille zu betrachten. Als ich die Kommentare zu den Artikeln gelesen habe, musste ich einsehen, dass erwachsene, begabte Menschen es in dieser Situation einfach nicht hinbekamen. Sie konnten sich nicht vorstellen, dass ein Zylinder, dargestellt auf einem Blatt Papier, aus einer Perspektive wie ein Viereck, aus der anderen wie ein Kreis aussieht. Die Frage, wie uns Integration gelingen kann, war für viele Menschen so wichtig, dass ihre Gehirne nur die eine Seite »sehen« konnte.

Wie stoppt man ein Bobbycar?

Das Gehirn ist ganz klar unser komplexestes Organ. Wir wissen gar nicht so viel darüber, wie es funktioniert, obwohl manche gern das Gegenteil behaupten. Manches ist mittlerweile aber bekannt. Unter anderem wissen wir etwas darüber, wie wir lernen. Bevor man gehen lernt, muss man krabbeln. Bevor man aus gegensätzlichen Informationen Schlussfolgerungen ziehen kann, muss man lernen, die Sachen getrennt zu betrachten. Daraus ergeben sich auch Konsequenzen für die Erziehung.

Wenn man jeweils nur eine Sache begreifen kann, wird man notwendigerweise die »überflüssigen« Informationen verdrängen bzw. vergessen. Deshalb ist es sinnlos, Kindern Dinge beibringen zu wollen, die sie noch nicht begreifen können. Das Gehirn eines sehr kleinen Kindes empfängt und verarbeitet eine Aufforderung, um sie dann sofort wieder zu vergessen, wenn etwas anderes in den Fokus gerät. Und so soll es sein. Würde das Gehirn des Kleinen auf unterschiedliche Sachen fokussieren, wäre es überfordert.

Mein Sohn Otto ist ein kleiner, schelmischer Junge von zwei Jahren. Er liebt es, mit seinem Bobbycar im Haus herumzufahren. Es muss schnell gehen, und er fährt eine Runde nach der anderen. Erst ins Wohnzimmer, dann durch den Flur, einen Schlenker in die Küche, in der Papa gerade kocht, und dann rast er blitzschnell am Zimmer seiner Schwester vorbei. Er ist so in sein Rennen vertieft, dass er vergisst, auch bei ihr hineinzufahren, stattdessen gibt er Vollgas und lenkt gekonnt zurück ins Wohnzimmer. Hin und wieder ruft seine Mama, dass er aufhören soll, und die Schwester schreit: »Stopp!« und »Ruhe!«, und Papa droht: »Schluss jetzt, sonst gibt es kein Abendessen! Wie oft soll ich das denn noch sagen? Dann gehst du eben ohne Essen ins Bett!« Otto begreift gar nichts. Ihm ist nicht bewusst, dass er an diesem Abend zum fünften Mal – und in der vergangenen Woche zum x-ten Mal – seine Runden dreht, obwohl er aufgefordert worden ist, damit aufzuhören. Er fährt glücklich weiter.

Ottos großer Bruder, Ludvig, liegt auf der gleichen Wellenlänge wie sein kleiner Bruder. Er ist ein sehr aktiver Junge im Alter von sechs Jahren. Er liebt es, mit dem Laufrad durchs Haus zu fahren, während der kleine Otto ihm auf seinem Bobbycar hinterherjagt. Ludvig sieht immer genauso verständnislos und überfordert aus, wenn es mir irgendwann zu viel wird und ich richtig wütend werde. Es gelingt ihm meistens nicht, auch nur den kleinsten Grund anzuführen, warum er nicht längst gehorcht hat, und seine Unterlippe zittert immer mehr, bis seine Augen feucht werden und die Tränen langsam zu kullern beginnen. Er versteht nicht, warum ich wütend bin. Denn in seiner kleinen Welt hat er schon längst vergessen, dass er etliche Aufforderungen bekommen hat, mit dem Krach aufzuhören. Und ich begreife erst im Nachhinein, wie sinnlos es ist, ihn anzubrüllen. Stattdessen hätte ich eher handelnd eingreifen müssen.

Und gerade solches fehlende Handeln verursacht die meisten Schwierigkeiten in Sachen Erziehung. Wenn ein Kind gegen eine Regel verstößt und die Eltern wütend werden, wird man eine Änderung des kindlichen Verhaltens nur erreichen, wenn man Folgendes beachtet:

- Die Konsequenz einer nicht befolgten Ermahnung muss klar und deutlich sein. Indem die Eltern beispielsweise einfach den Gegenstand, der die Störung verursacht, wegnehmen.
- Das Kind ist kognitiv so weit entwickelt, dass es eine Zurechtweisung begreift, weil es Ähnliches bereits erlebt hat und weil es deren Inhalt und Sinn versteht.

Ganz kleine Kinder werden nur Ersteres verstehen. Bleibt man auf seinem Stuhl sitzen und wiederholt nur seine Ermahnungen, wird man sicherlich keinen großen Erfolg haben. Wir neigen dazu, die kognitiven Fähigkeiten der Kinder in solchen Situationen zu überschätzen. Sie antworten ja klar und deutlich. Also müssen sie es doch verstanden haben, denken wir. Es ist auch gar nicht so merkwürdig, dass wir sie überschätzen, weil wir immer wieder mit der Vorstellung, dass Kinder »kompetent sind«, konfrontiert werden, und außerdem sollen sie doch die gleichen Rechte wie wir Erwachsenen haben und gleichberechtigt behandelt werden. Dass wir unseren Kindern nicht wie Kindern, sondern wie kleinen Erwachsenen begegnen, ist ein Beispiel dafür, dass wir sie überfordern.

Was soll man also tun? Eine Unzahl an Ratgebern macht unendlich viele, verschiedene Vorschläge. Man muss sich nur etwas aussuchen! Man kann lieb und nett sein und versuchen, erziehende Maßnahmen ganz zu vermeiden. Wahrscheinlich eine Strategie, die die Familie in den Wahnsinn und das Kind ins Verderben treiben wird. Stattdessen kann man sich auch autoritär verhalten, sodass das Kind wirklich spürt, welches Verhalten nicht akzeptabel ist. Man nimmt dem Kind sein Bobbycar weg und verfrachtet es in sein Zimmer – ob es will oder nicht. Das funktioniert ausgezeichnet. Zumindest, bis das Kind sein tolles Auto wiederentdeckt ... Oder man hat als Eltern irgendein Buch gelesen, in dem steht, dass unsere Kinder in der Tat kompetente Gesellschaftsmitglieder sind, die schon rational denken und handeln können. Also sollten wir das Problem unbedingt mit unserem Zweijährigen diskutieren. Daraus entsteht noch eine dritte Strategie: Papa spricht sanft und vernünftig mit seinem »kompetenten« Kind und versucht herauszufinden, was der kleine Junge dabei fühlt und denkt: »Bist du unglücklich, mein Kleiner? Verstehst du nicht, dass es sehr störend sein kann, wenn du mit deinem Auto hier herumfährst? Könntest du deiner Familie nicht ein bisschen Respekt zeigen, mein kleiner, geliebter Sohn? Wie geht es dir eigentlich? Hattest du einen harten Tag in der Kita? Wurdest du gemobbt? Ist das vielleicht der Grund, warum du nicht hören magst?« Diese dritte Lösung wird immer landläufiger, obwohl sie absurd ist. Die ersten beiden Lösungen sind dagegen angemessen, wenn man sie ein wenig in die Richtung der jeweils anderen modifiziert.

Wenn man – wie beim ersten Lösungsmodell – bereit ist, einiges zu ertragen, sollte man sich selbst auch die Chance geben, es wirklich zu schaffen. Vielleicht kann man eine besondere Bahn, auf der das Kind mit dem Bobbycar oder Laufrad fahren darf, einrichten (wenn man für eine solche ausreichend Platz hat). Dabei sollte die Bahn – mit Hinblick auf die Funktionsweise des kindlichen Gehirns – so eingerichtet sein, dass das Kind nur dort fahren *kann*. Ludvig und Otto würden sonst ganz schnell die Regel wieder vergessen.

Entscheidet man sich stattdessen dazu, das Kind zu bestrafen, weil es nicht gehorcht hat, sollte man bedenken, dass eine solche Maßnahme nicht angemessen ist, wenn man den Reifegrad des kindlichen Gehirns in Betracht zieht. Man muss also versuchen – wenn es möglich ist –, nicht die Geduld zu verlieren. Und klappt es mal nicht, geht die Welt davon auch nicht unter. Dann muss man ganz einfach das Bobbycar entfernen. Ein vernünftiger Kompromiss könnte auch sein, das Kind zu bestimmten Zeiten fahren zu lassen und das Gefährt in der übrigen Zeit in die »Garage« zu stellen.

Kleine Erwachsene oder einfach nur Kinder?

Täglich werden wir als Bürger unserer Gesellschaft mit allen möglichen, unwesentlichen Informationen überhäuft. Das kann das Motorengeräusch eines Flugzeugs sein oder ein Kind, das irgendwo weit entfernt schreit, von dem wir aber wissen, dass es nicht unser eigenes ist. Oder ein Gespräch, das ganz in unserer Nähe in einem Zugabteil stattfindet. Man hat daran kein Interesse und will es eigentlich nicht hören. Und das tut man im Normalfall auch gar nicht. Wenn man aber aus purer Neugier das Gespräch belauschen möchte, funktioniert auch das. Man klammert in dem Fall alle anderen Geräusche einfach aus.

Eine Voraussetzung dafür, bestimmte Informationen aufnehmen zu können, besteht darin, dass man nicht von irrelevanten Eindrücken gestört wird. Das Gehirn lernt mit der Zeit, häufig vorkommenden, anhaltenden und gleichmäßigen Lärm zu ignorieren. Das ist notwendig, damit das Lernen funktionieren kann. Dem unreifen Gehirn fällt es noch schwer, solche unwesentlichen Informationen auszusortieren. Die Gedanken neigen dazu abzuschweifen, und Ablenkungen lässt sich nur schwer widerstehen.

Kinder sind keine kleinen Erwachsenen, wie es einige Erziehungsexperten suggerieren. Kinder begreifen nicht alles, was wir Erwachsenen begreifen. Ihr Gehirn befasst sich ausschließlich mit einer Sache. Diese Sache kann schnell wechseln. Sie erinnern sich auch nicht in gleicher Weise, wie wir Erwachsenen das tun. Sie beherrschen Dinge, die sie gelernt haben, aber ihr Kurzzeitgedächtnis, das uns dazu befähigt, mehrere Dinge gleichzeitig wahrzunehmen und zu verarbeiten, ist ganz einfach noch nicht ausgereift. Auch andere Teile ihres Gehirns sind noch nicht entwickelt. Die verschiedenen Areale des menschlichen Gehirns bilden sich nicht gleichzeitig heraus. In vielerlei Hinsicht ist es erst im Alter von Mitte zwanzig voll entwickelt, und während mancher Entwicklungsphasen ist das Kind so anders als die Erwachsenen, dass eine Verständigung kaum möglich scheint.[19]

Davon auszugehen, dass Kinder sich wie kleine Erwachsene verhalten, ist schlicht und einfach unfair ihnen gegenüber. Während man sie heutzutage immer mehr aus Verantwortungen entlässt, überhäuft man sie auf der anderen Seite mit solchen, für die sie noch lange nicht reif genug sind. Es wird meistens schnell deutlich, dass sie den an sie gestellten Erwartungen weder in psychologischer noch in biologischer Hinsicht (wenn man die beiden Bereiche überhaupt trennen kann) entsprechen können. Auf diese Weise kann es geschehen, dass man einer Neunjährigen erlaubt, eine Tischgesellschaft ständig durch Dazwischenreden zu stören, während man sie gleichzeitig damit überfordert, ihre Meinung zum Konflikt im Nahen Osten zum Besten zu geben.

Wer glaubt, dass kleine Kinder sich wie kleine Erwachsene verhalten können, unterschätzt, wie schwierig und komplex es für den Menschen ist, verschiedene Fähigkeiten zu erwerben und dadurch Reife zu erlangen. Um komplizierte Dinge, wie beispielsweise Ironie oder Rätsel, erfassen zu können, ist jede Menge Übung erforderlich. Legen Sie deshalb bei Ihren Kindern die Messlatte gebührend tief. Sie überfordern Ihre Kinder, wenn Sie ihnen nicht zugestehen, ihrer Reife und ihrem Vermögen entsprechend lernen zu dürfen. Komplexe Botschaften und unendlich viele Wahlmöglichkeiten sind eine schwierige Sache für ein Gehirn, das mehrdeutige Aussagen noch nicht erfassen kann. Folglich ist es wahrscheinlicher, dass es dem Kind wesentlich leichter fällt, konsequente Regeln und klare Ansagen zu verstehen, anstatt sich mit einer Art räsonierender, demokratischer Ordnung zu befassen.

Viele behaupten gerne, dass jede kleine Ungerechtigkeit, die wir als Mensch erleben, tiefe Wunden hinterlassen wird. Eine Auffassung, die – in den allermeisten Fällen – jedes Sachverstandes entbehrt. Die Schwere des Traumas, das durch eine Unzahl von Wahlmöglichkeiten entsteht, ist sicherlich nicht groß, übersteigt aber bei Weitem diejenige einer Zurechtweisung. Kinder sollten lernen dürfen, indem wir ihnen andere Verhaltensweisen aufzeigen. Dabei können Ermahnungen und Zurechtweisungen notwendig sein. Sie lernen die Verhaltensregeln aber schnell.

Meine Kinder haben beispielsweise lernen müssen, dass man beim Essen nicht schmatzt, sie mussten ihre Ellbogen vom Tisch nehmen, sich fürs Essen bedanken, ihre Teller abräumen und auf andere Selbstverständlichkeiten, wie z. B. nicht mit vollem Mund zu sprechen, achten. Der zweijährige Otto kann das meiste davon schon, aber er vergisst natürlich gerne einen Teil, wenn ihn etwas ablenkt, denn auch sein Gehirn ist nun mal erst zwei Jahre alt …

Wenn man auf Manieren im Allgemeinen keinen Wert legt, bringt man es den Kindern einfach nicht bei. Sich damit nicht auszukennen, wird sich aber vermutlich später als Nachteil erweisen. Eltern haben vielleicht das Gefühl, dass sie selbst gute und liebe Menschen sind, fühlen sich vielleicht sogar »frei«, modern und progressiv, weil sie am Mittagstisch nicht mit ihren Kindern schimpfen. Sie glauben eventuell, dass die Ermahnungen den Kindern schaden könnten. Die sich ausbildenden Eigenschaften des Kindes werden nicht davon abhängen, ob die Eltern auf Tischmanieren Wert gelegt haben oder nicht. Aber sein Benehmen wird davon abhängen, was es in seiner Kindheit beigebracht bekommen hat. Und natürlich sind auch die Reaktionen von anderen Menschen auf sein Benehmen etwas, das das Kind prägen wird. Lernt man nicht, welche Verhaltensregeln in der Gesellschaft gültig sind, läuft man Gefahr, für immer als ungezogen zu gelten.

Wie Kinder lernen

Das Gedächtnis der Kinder ist, genau wie bei Erwachsenen, unterschiedlich ausgebildet, je nachdem, um welchen Bereich es geht. Das Langzeitgedächtnis besteht aus zwei Teilen: dem episodischen und dem semantischen Teil. Im episodischen Gedächtnis werden Ereignisse und Erlebnisse gespeichert, im semantischen Teil verschiedene Arten von Informationen und Fakten. Das Langzeitgedächtnis des Kindes entwickelt sich ziemlich früh, schon im Alter von vier bis fünf Jahren funktioniert es genauso gut wie bei den Eltern. Man kann also den Kindern in diesem Alter schon so einiges beibringen. Möchte man, dass die Kinder sich fürs Essen bedanken, übt man es deshalb bereits im Kleinkindalter. Auch Otto mit seinen zwei Jahren erinnert sich nach jeder Mahlzeit daran. Im Langzeitgedächtnis können wir Menschen Unmengen an Informationen speichern. Manche Menschen können sich wesentlich besser erinnern als andere. Aber verzweifeln Sie nicht. Es gibt Möglichkeiten, mit Hilfe unseres Wissens über die Funktionen des Gehirns samt seiner besonderen Lerntechniken darin bedeutend besser zu werden.

Damit ein Kind sich an das erinnern kann, was es mit Hinblick auf Erziehung vermittelt bekommt, und damit es Zurechtweisungen in Richtung eines positiven Verhaltens verarbeiten kann, muss es fokussieren können. Diese Fähigkeit ist bei kleineren Kindern weniger ausgeprägt. Ein sehr kleines Kind wird sich nicht an mehrere Sachen gleichzeitig erinnern können. Ein sechs Monate altes Baby kann z. B. Gegenstände, die man vor ihm versteckt, nicht finden, nicht einmal, wenn dies vor seinen Augen geschieht. Ein einjähriges Kind begreift meist schnell und findet das Versteck sofort. Um diese Art von Aufgaben zu lösen, braucht man ein gut funktionierendes Kurzzeitgedächtnis. Und gerade dieser Arbeitsspeicher ist schnell überfordert. Das passiert uns allen hin und wieder. Man vergisst, wo man gerade eben die Schlüssel hingelegt hat, weil man damit beschäftigt war zu überlegen, was man auf dem Nachhauseweg für das Abendessen noch alles einkaufen muss. Da das Kurzzeitgedächtnis bei Kindern bedeutend weniger stark entwickelt ist als bei uns Erwachsenen, ist auch ihre Neigung zu Vergesslichkeit ausgeprägter (wie bei Otto mit seinem Bobbycar).

Man kann das Kurzzeitgedächtnis trainieren. Das ist von Vorteil, weil dieser Arbeitsspeicher für viele verschiedene Funktionen im Gehirn eine notwendige Basis bildet. Es ist natürlich nicht notwendig, schon im Krabbelalter damit anzufangen. Man hat aber unter anderem nachweisen können, dass sich bei Kindern, die verschiedene Arten von mathematischen Trainingsaufgaben gestellt bekommen hatten, auch das Leseverständnis verbesserte, wenn es ihnen gelang, ihr Kurzzeitgedächtnis zu trainieren. In einem Land wie Schweden, in dem die Schulkinder gerade beim Lesen immer schlechter abschneiden, wäre es vielleicht sinnvoll, ein solches Training auch in den Schulen durchzuführen. Früher trainierte man dort das Langzeitgedächtnis, indem eine Menge Informationen heruntergerattert wurden, an die man sich dann zu erinnern suchte. Eine nicht besonders attraktive Methode, obwohl man andere damit beeindrucken konnte, wenn man sich das Wissen eingeprägt hatte. Es gibt mittlerweile bessere Wege, sich große Mengen an Fakten einzuprägen. Trainiert man gleichzeitig das Kurzzeitgedächtnis, könnte man noch mehr lernen. Gegenwärtig praktiziert man in der Schule aber weder das eine noch das andere.

Das Kurzzeitgedächtnis ist also der Schlüssel zu größerem Können. Im Übrigen reagiert das Gehirn auf Training wie alle anderen Körperteile auch. Wenn man nur einen Teilbereich trainiert, heißt das nicht, dass auch andere Bereiche besser werden. Die positive Wirkung, die man durch spezifisches Training erreicht, überträgt sich nicht automatisch auf andere Gebiete. Allgemeines Training wird jedoch immer von Nutzen sein. Gewisse Visualisierungstechniken, die man lernen kann, um sich größere Mengen an Informationen besser merken zu können, bieten große Möglichkeiten, beispielsweise wenn man eine neue Sprache lernen möchte. Wir würden alle von einem solchen Training profitieren, sowohl im Alltag als auch in der Schule. Trotzdem werden solche Techniken nicht vermittelt.

Es gibt noch weitere Fähigkeiten, die sich beim Kind recht früh entwickeln. Der Schweizer Entwicklungspsychologe Jean Piaget (1896–1980) hat die Sicht auf die Entwicklung der Kinder – vor allem der Schulkinder – geprägt. Seine Studienmethoden sind aus heutiger Sicht jedoch ziemlich zweifelhaft. Er benutzte seine eigenen Kinder als Studienobjekte. Diese waren also nicht besonders zahlreich. Und sie ähnelten sich genetisch bedingt und waren in derselben Umgebung aufgewachsen. Später untersuchte er auch andere Kinder, seine Systematik würde aber heutzutage nicht als ausreichend wissenschaftlich gelten.

Piaget teilte die Entwicklung des Kindes in vier klar getrennte Phasen auf. Ihm zufolge können Kinder keine Zusammenhänge lernen, wenn sie für die jeweilige Entwicklungsphase des Kindes zu avanciert sind. Säuglinge befinden sich – Piaget zufolge – in der sensomotorischen Phase. Es wäre in dieser Phase also sinnlos, dem Kind etwas, das nicht sensomotorisch ist, beibringen zu wollen. Es ist überaus schade, dass die Schule in der westlichen Welt so sehr von Piagets Theorien geprägt wurde. Er hat sich nämlich geirrt.

Man hat in einer ganzen Reihe von Experimenten nachweisen können, dass sogar Säuglinge dazu fähig sind, nicht sensomotorische Dinge und sogar mathematisches Denken zu lernen, etwas, das gemäß Piaget unmöglich sein sollte. Selbst Kleinkinder finden beispielsweise sehr schnell heraus, dass sich in der kürzeren Bilderreihe am meisten Süßigkeiten befinden, auch wenn sie aufgrund ihrer Kürze vermuten lassen könnte, dass hier wesentlich weniger Süßigkeiten als in den längeren Bilderreihen vorhanden seien.

Es ist schwieriger, das Verhalten von Säuglingen zu untersuchen, aber nicht unmöglich. Säuglinge signalisieren ihr Interesse, indem sie ihren Blick wiederholt in eine bestimmte Richtung fokussieren. Man hat z. b. festgestellt, dass Babys das Interesse verlieren, wenn man ihnen immer wieder denselben Gegenstand zeigt. Ändert man aber die Anzahl der gezeigten Objekte oder zeigt man ihnen einen ganz anderen Gegenstand, fokussiert das Baby wieder.[20]

Da man in der Neurowissenschaft ganz klar nachweisen konnte, dass schon ganz kleine Kinder sich genauso viele Sachen merken können wie die Erwachsenen (aber bei Weitem nicht alles), wäre es doch schade, diese Fähigkeit nicht zu nutzen. Das heißt natürlich nicht, dass man die Kinder auf hysterische Weise mit übertrieben pädagogischen Lernprogrammen und Spielen vollstopfen soll. Es bedeutet aber, dass es vollkommen falsch ist zu denken, dass ein Kind im Kleinkindalter nicht rechnen lernen kann. Ebenso ist es ein ganz klares Missverständnis, dass kleine Kinder nicht mehrere Sprachen gleichzeitig lernen können. Man braucht gar keine wissenschaftlichen Studien und auch keine Gehirnforschung, um dies nachzuweisen. Es reicht aus, wenn man die Gelegenheit bekommt, kleine Kinder, die mit zwei (oder mehreren) Sprachen aufwachsen, zu beobachten. Sie beherrschen die Sprachen fließend und können sie problemlos auseinanderhalten.

Ein unbeschriebenes Blatt?

Wie begreift das Kind seine Umgebung? Im zwanzigsten Jahrhundert kamen viele Theorien über die Entwicklung des Kindes auf. Einerseits studierten Freud und nachfolgende Psychoanalytiker psychotische Erwachsene und zogen Schlussfolgerungen in Bezug auf die kindliche Fantasie, wobei sie zuweilen die Grenze des guten Geschmacks überschritten. Andererseits waren Verhaltensforscher des vergangenen Jahrhunderts davon überzeugt, dass das Kind bei der Geburt rein gar nichts im Gepäck habe. Sie betrachteten das Kind als ein unbeschriebenes Blatt, bereit, mit allem Möglichen gefüllt zu werden.

Sowohl die Psychoanalytiker als auch die Verhaltensforscher lagen falsch. Kinder sind keine unbeschriebenen Blätter. Sie bringen Voraussetzungen mit, die schon von Anfang an sehr unterschiedlich sind. Aber auch die genetischen Deterministen liegen falsch. Kinder können sich unterschiedlich entwickeln, unabhängig von ihren genetischen Voraussetzungen. Selbst eineiige Zwillinge sind alles andere als identisch, auch wenn sie exakt die gleichen Gene haben. Selbst bei Tieren trifft das zu. Forscher der Universität Dresden konnten dies in eleganter Weise dokumentieren. Sie untersuchten vierzig genetisch identische Mäuse, die in einem besonderen Käfig lebten, der so gebaut war, dass die Neugier der Mäuse angespornt wurde. Mit Hilfe von Radiosendern an jeder einzelnen Maus konnte man deutlich nachweisen, dass sie mit der Zeit immer unterschiedlicher wurden. Bei den Mäusen, die am aktivsten waren, bildeten sich im Hippocampus – einem Teil des Gehirns, das die Erfassung von neuen Erfahrungen regelt – immer mehr Nervenzellen.[21]

Kinder sind sehr verschieden. Das bedeutet, dass Dinge, die das eine Kind herausfordernd und spannend findet, für ein anderes Kind Stress und Überforderung bedeuten. Man hat Untersuchungen im Hinblick auf die Folgewirkungen von Stress gemacht, und es wurde festgestellt, dass Stress eine negative Wirkung auf die

Entwicklung des Gehirns hat. Aber Stress ist ganz klar ein subjektiv erlebtes Gefühl. Bestimmte Formen von Stress werden nicht als negativ erlebt. In den Fällen, in denen man den Stress nicht als negativ empfindet, hat er auch keine negativen Auswirkungen. Man schafft sogar mehr, wenn man ein bisschen unter Druck steht. Es gibt also rein biologisch sehr gute Argumente dafür, dass man dem Kind schon früh beibringen sollte, mit Schwierigkeiten als einem ganz natürlichen Teil des Lebens umzugehen. Wer Widrigkeiten als eine unnatürliche Belastung betrachtet, läuft Gefahr, eher negativ davon beeinflusst zu werden.

Freiheit ohne Verantwortung

Die Entwicklung, die in den letzten Jahrzehnten stattgefunden hat und die für die Kinder immer größere Freiheiten bedeutet, ist in vielerlei Hinsicht äußerst bereichernd gewesen. Die Kinder von heute wissen so viel mehr über Dinge, über die man früher keine oder nur sehr wenig Kenntnis hatte. Die Menge an zugänglichen Informationen ist in unserer Gesellschaft erheblich größer als früher, und es wäre nicht nur unmöglich, sondern auch direkt töricht zu versuchen, zu einer Welt, in der die Kinder vor unangenehmen Wahrheiten geschützt werden, zurückzukehren. Heutzutage wird in jeder Familie über Themen wie Krieg, Elend, Armut und Sex diskutiert.

Dies ist eine Entwicklung, die in unserer aufgeklärten Gesellschaft sowieso nicht zu verhindern wäre. Jedoch bewirkt die immer größere Offenheit nicht, dass die Kinder gleichzeitig auch mehr Pflichten übertragen bekommen. In diesem Punkt ist die Entwicklung eher gegenläufig gewesen. Heute sind Kinder oft von jeglicher Form der Verpflichtung befreit.

Lukas ist zehn Jahre alt. Er hat vor niemandem Angst und findet, dass er der Coolste an seiner Schule ist. Oft sitzt er im Park in der Nähe der Schule und raucht. Seinen Klassenfreunden gegenüber prahlt er mit seinen Heldentaten. Nach einigen Wochen spricht einer seiner weniger beeindruckten Schulkameraden mit dem Klassenlehrer darüber, der Lehrer wiederum geht zu Lukas' Eltern und erzählt ihnen davon.

Nun denken Sie vielleicht, dass dies zu irgendwelchen Strafmaßnahmen vonseiten seiner Eltern geführt hätte. Wäre genau das Gleiche vor fünfzig Jahren passiert, hätte Lukas vermutlich Hausarrest bekommen. Sein Taschengeld wäre vielleicht gestrichen und er wäre eventuell sogar noch körperlich bestraft worden. Aber Lukas wird nur ermahnt. Man könnte den Eindruck gewinnen, dass seine Eltern die Erziehung nicht ernst nehmen oder dass sie sich ganz einfach nicht darum scheren. Das ist aber nicht der Fall. Sie kümmern sich durchaus, glauben aber, dass man mit Bestrafung nichts erreicht. Und dass man wahrscheinlich alles nur noch schlimmer macht, wenn man dem Kind widerspricht und ihm Grenzen setzt. Deshalb muss man sich nicht wundern, warum ausgerechnet Lukas im Stadtpark raucht.

Nun neigen Sie vielleicht dazu, Lukas' Eltern darin recht zu geben, dass es keine Rolle spielt, was Eltern dem Kind sagen. Hier darf man jedoch nicht Lukas' Eigenschaften (er ist vielleicht ein wenig rebellisch, draufgängerisch oder ganz einfach neugierig) mit der Art und Weise, wie seine Eigenschaften zum Ausdruck kommen, verwechseln. Auch wenn Lukas ein neugieriger Junge ist, muss man ihn trotzdem zurechtweisen, damit er gewisse Normen einhält. Und auch wenn er rebellisch ist, kann er lernen, Regeln, die von den Eltern bzw. von der Schule aufgestellt werden, zu befolgen.

Infolge der Entwicklung, die in den vergangenen fünfzig Jahren stattgefunden hat, sind die Kinder heute zwar weiter, wenn es um Weltwissen geht. Sie sind aber nicht so reif, wie es ihre Eltern in ihrem Alter waren, wenn es darum geht, Verantwortung für das eigene Verhalten zu übernehmen. Sie sollen sich auf eigene Faust Wissen aneignen, zugleich aber wird von ihnen nicht erwartet, dass sie für ihre Fehler einstehen. Das heißt, sie übernehmen nur wenig Verantwortung für das eigene Verhalten, gleichzeitig wird ihnen jede Menge Freiraum zugestanden. Eine ziemlich problematische Kombination ...

Teenager sind anders

Teenagern werden im Allgemeinen fast genauso viele Rechte wie den Erwachsenen zugestanden, während sie nicht sonderlich viele Pflichten erfüllen müssen. Jugendlichen geht es in unserer Gesellschaft dennoch nicht gerade gut. In Ländern, in denen die Einwohner vorwiegend um ihr Überleben kämpfen müssen, neigen Teenager nicht dazu, so selbstredend rebellisch – und angsterfüllt – zu sein wie in unserer westlichen Welt. Es scheint fast so, als wäre das Teenageralter ein »erfundenes« Konzept. Und das ist tatsächlich so. Der Begriff »Teenager« wurde in den 1950er-Jahren in den USA erfunden. Natürlich hat es schon immer einzelne, unangepasste »Rebellen« gegeben, aber dieses Verhalten kann sich in Ländern mit weniger Wohlstand nicht institutionalisieren. Dort wird von einem Fünfzehnjährigen erwartet, dass er zum Lebensunterhalt der Familie beiträgt. Er hat einfach keine Zeit auszuflippen.

Abgesehen davon sind Teenager in der Tat völlig anders als Kinder und Erwachsene. Unter anderem lassen sie sich viel mehr von eventuellen Vorteilen für sie leiten. Die Harvard-Forscher William Killgore und Deborah Yurgelun-Todd sind der Meinung, dass das darauf zurückzuführen ist, dass sich Teenager hauptsächlich von ihren Emotionen beeinflussen lassen und somit auf Kontrollierbarkeit verzichten. Das lässt sich eventuell dadurch erklären, dass verschiedene Bereiche des Gehirns nicht zeitgleich reifen. Teenager sind sozusagen teilweise – »lückenhaft« – gereift, in einer Weise, die die Emotionalität begünstigt. Alle Abläufe der Reifungsprozesse zwischen den verschiedenen Bereichen im Gehirn verlaufen irgendwie asynchron. Die Schlussfolgerung daraus ist, gelinde gesagt, interessant:

Wir verändern uns als Menschen mit der Zeit. Deshalb ist es auch sinnlos, über Ungerechtigkeiten aus der Vergangenheit zu brüten. Der griechische Philosoph Heraklit soll 500 Jahre vor Christus folgenden Satz gesagt haben: »Niemand kann zweimal in denselben Fluss steigen.« Recht hat er. Biologisch betrachtet ist innerhalb weniger Jahre so viel Rückenmarkflüssigkeit unter den Gehirnbrücken geflossen, dass es unmöglich ist, einen bestimmten Gedankengang noch einmal zu beschreiten. Und daraus kann man wiederum Folgendes schließen: Man kann zwar in der Kindheit Schaden nehmen (auch wenn man nur in seltenen Fällen den Eltern die Schuld dafür geben kann). Es wird das Wohlbefinden aber nicht bessern, wenn man die alten Qualen nochmal durchwälzt, da man nicht mehr der Mensch ist, der man damals war. In Anbetracht der Tatsache, dass das Durchkauen alter Leidensgeschichten äußerst selten eine Besserung des Wohlbefindens bewirkt, gewinnt diese Theorie an Überzeugungskraft. Dabei spielt es keine Rolle, ob man es auf eigene Faust oder während einer Psychotherapie versucht.

Erziehung ist relativ

Was sagt die Wissenschaft?

Auch wenn ich in den vorangegangenen Kapiteln dargelegt habe, dass die Eigenschaften eines Kindes sich unabhängig von seiner psychosozialen Umgebung in der Familie entwickeln, werden viele von Ihnen meine Argumentation nicht akzeptieren. Vielleicht verfügen Sie über umfangreiches Wissen über die Bindungstheorie oder kennen sich mit Versuchsreihen aus, die in den 1990er-Jahren von verschiedenen Verhaltenstherapeuten durchgeführt wurden. Oder Sie haben klassische psychodynamische Entwicklungspsychologie studiert. Wie passt das alles mit dem, was ich geschrieben habe, zusammen? Und wie ist meine Argumentation mit der sehr intuitiven Überzeugung, dass man als Eltern selbstverständlich großen Einfluss auf die Kinder ausübt, vereinbar? Unsere Kinder sind ja in vielerlei Hinsicht kleine Echos unserer selbst. Wie kann man also behaupten, dass die Kinder von ihren Allernächsten nicht geprägt werden? Das kann doch nicht stimmen!

Der Österreicher Konrad Lorenz bekam 1973 den Nobelpreis in Physiologie und Medizin für seine Leistungen innerhalb der Ethologie, also der klassischen Verhaltensforschung. Er konnte nachweisen, dass bei Tieren viele Eigenschaften genetisch vererbt werden. Vögel müssen beispielsweise das Fliegen nicht erlernen. Die Fähigkeit hierfür liegt in ihren Genen. Er widerlegte damit die Behauptung, dass alle Lebewesen bei Geburt unbeschriebene Blätter seien. Darüber hinaus dokumentierte er, wie Prägung funktioniert. In Experimenten gelang es ihm, frisch geschlüpfte Gänseküken dergestalt zu prägen, dass sie ihm folgten, als sei er ihre Mama.

Der amerikanische Psychologe Harry Harlow führte in den 1960er-Jahren einige unangenehme Variationen der Prägungsexperimente durch. Er beraubte Rhesusaffen ihrer Mütter und ließ sie stattdessen mit verschiedenen Formen von »Ersatzmüttern« aufwachsen. Bei einigen Versuchen war die »Mama« aus weichem Stoff, bei anderen aus hartem Stahl. Bei der Stahlkonstruktion konnten die Affenbabys Milch saugen, bei der Stoffmutter nicht. In den Versuchen, in denen die kleinen Tierchen wählen konnten, bevorzugten sie die Stoffmama, egal, ob es dort zu essen gab oder nicht. Dies galt als Beweis für das Bedürfnis nach engen Beziehungen.

Darüber hinaus sorgte Harlow auch dafür, dass einige der Rhesusaffenbabys ganz früh in ihrem Leben total isoliert aufwuchsen. Er ließ sie monatelang ohne Gesellschaft in ihren Käfigen sitzen. Als er später versuchte, sie wieder in normale, soziale Zusammenhänge einzufügen, erwies sich dies meist als unmöglich. Außerdem waren diese Affen später in ihrem Leben nicht dazu in der Lage, sich um ihren eigenen Nachwuchs zu kümmern. Sie zeigten lebenslange, schwere Verhaltensstörungen. Die erste, einleuchtende Schlussfolgerung aus seiner Arbeit musste daher lauten, dass es äußerst bedenklich ist, Tierbabys ohne Liebe und Wärme sich selbst zu überlassen. Dies sollte intuitiv auch für Menschenbabys gelten, eine ebenfalls nicht wirklich überraschende Schlussfolgerung.

Die Experimente von Konrad Lorenz und die Ergebnisse der Affenmisshandlung durch Harlow bildeten die Inspirationsgrundlage für den Begründer der Bindungstheorie, den englischen Psychoanalytiker John Bowlby. Es hatte sich ja ganz klar gezeigt, dass es bei der Prägung nicht um Nahrung ging, sondern um ganz andere Dinge. Kinder brauchten, so Bowlby, Liebe, Beachtung und

Trost. Man kann ziemlich viele, offensichtliche Schlussfolgerungen aus den Tierexperimenten von Harlow und Lorenz ziehen. Dass es nicht gut gehen kann, wenn man ein Kind misshandelt und komplett isoliert, ist nur eine davon. Bowlbys Theorien und die Studien, die seine Kollegin Mary Ainsworth durchführte, änderten im zwanzigsten Jahrhundert den Blick auf Kinder völlig. Die Bindungstheorie wurde in vielen Zusammenhängen als das Gegenstück zur Psychoanalyse Sigmund Freuds und seiner Nachfolgerin Melanie Klein gehandelt. Diese hatten sich viel mehr auf das innere Leben des Kindes konzentriert als darauf, welchen Einflüssen das Kind in der wirklichen Welt ausgesetzt war. Bowlbys Gedanken unterschieden sich im Grunde genommen aber nicht wesentlich von der Psychoanalyse. Er betonte – genau wie die Psychoanalytiker – die Wichtigkeit der familiären Umwelt für das zukünftige Wohlergehen des Kindes. Er bezog sich dabei nur eben nicht auf verborgenes Leiden oder das »Unterbewusstsein«, sondern auf die konkret erlebte Umgebung. Bowlby war der Meinung, dass die Bindung so wichtig sei, dass sie einen ganz eigenen Bereich im Gehirn beanspruche. Damit ein Kind Bindung entwickeln kann, muss es seiner Meinung nach – genau wie es auch Konrad Lorenz sah – eine entsprechende genetische Vorprogrammierung geben. Kinder würden automatisch eine Bindung aufbauen, so wie auch die Vögel fliegen lernen.

Heute ist die Bindungstheorie quasi unumstößlich geworden. Es ist auch gar nicht einfach, diese Hypothese zu verwerfen, da sie sich als intuitiv richtig etabliert hat. Jeder versteht, dass ein Kind, das nicht die Möglichkeit bekommt, eine Bindung einzugehen, darunter leiden wird. Mary Ainsworth untermauerte die Bindungstheorie mit ihren Experimenten in Ostafrika und den USA. Sie verglich Kinder aus Baltimore (USA) mit Kindern, die sie in Uganda traf, und war der Meinung, dass die Kinder, die sie in den USA kennenlernte, viel weniger Angst vor Fremden hatten als die Kinder, denen sie in Afrika begegnete. Sie interpretierte dies so, dass die amerikanischen Kinder weniger fest an ihre Mütter gebunden waren und somit leichter andere Erwachsene akzeptieren konnten. Daraufhin entwickelte sie ein Experiment, das in künstlicher Umgebung durchgeführt wurde. Sie nannte es den »Fremde-Situations-Test«. Mit diesem Test kann man untersuchen, ob ein Kind seine Mutter als sichere Ausgangsbasis nutzt oder nicht. Sie baute den Test später weiter aus und studierte, wie Kinder reagieren, wenn Mama den Raum verlässt, und wie sie reagieren, wenn sie zurückkehrt. Die Kinder, die es nicht unmittelbar tröstend fanden, dass ihre Mutter zurückkam, waren ihrer Meinung nach bindungsgestört. Ist das wirklich so? Es könnte sich lohnen, darüber nachzudenken.

Bei der Deutung dieser Experimente tauchen einige Probleme auf, die in der Theorie selbst begründet liegen. Wie bei vielen anderen Theorien auch, die so offensichtlich scheinen, riskiert man bei der Analyse, ins Unwissenschaftliche abzugleiten. Weil man voraussetzt, dass das, was man intuitiv als richtig empfindet, auch die Wahrheit sein muss, verzichtet man häufig auf die Suche nach alternativen Deutungsmöglichkeiten der Testergebnisse. Somit läuft man Gefahr, die ganze Theorie für wahr zu erklären, unabhängig davon, ob es Beweise dafür gibt oder nicht. Auf der anderen Seite neigt man auch dazu, alles zu ignorieren, was gegen die Theorie spricht.

Dass Kinder Bindungen eingehen, ist unwiderlegbar wahr. Es bedeutet aber nicht, dass diesbezügliche Interpretationen auch wahr sind. Lassen Sie mich meine Behauptung mit Hilfe des »Fremde-Situations-Tests« illustrieren. Eine fundamentalistische Bindungstheoretikerin interpretiert ihn so, dass die Kinder in Uganda eine engere Bindung zu ihren Müttern haben als die Kinder in Baltimore. Weil sie mehr Angst vor Fremden hatten. Und vielleicht stimmt das auch. Aber für die amerikanischen Kinder schien sich daraus kein Problem zu ergeben.

Machen wir doch ein kleines Gedankenexperiment. Stellen Sie sich vor, man hätte festgestellt, dass die Kinder in Uganda viel offener und freier wären und überhaupt keine Angst vor Fremden zeigten. Würde man dann nicht Gefahr laufen, dieses Ergebnis so zu deuten, dass die Kinder eine gute Bindung zu ihrer Mutter hätten und genau deshalb keine Angst zeigten? Ich behaupte nicht, dass man die Wirklichkeit falsch gedeutet hat, aber es ist eben nicht ganz gelungen, weitreichende Schlussfolgerungen zu ziehen, weil die Theorien nicht auf unwiderlegbaren Experimenten basierten. Obwohl es auf dem Gebiet einige Experimente gegeben hat, ist doch wahrscheinlich, dass die Menschen, die diese Experimente interpretieren, sie so deuten, dass sie mit ihrer ursprünglichen Idee übereinstimmen. Es ist nämlich möglich, sie so zu deuten, wie man es gerade für angemessen hält. Es gibt also ziemlich viele Fehlerquellen, auch wenn man das intuitive Gefühl hat, dass alles der Wahrheit entspricht.

Wie das Kind reagiert, wenn die Mama zurückkommt, ist der wichtige Teil des »Fremde-Situations-Tests«. Es wäre jedoch angebracht, auch hierüber nachzudenken. Spielt es tatsächlich eine Rolle, ob das Kind schreit und ob es sich durch ihre Wiederkehr trösten lässt? Man würde es meinen. Intuitiv scheint es das Verhältnis zwischen Mutter und Kind zu spiegeln. Auch wenn dem so ist, sagt der Test aber nichts darüber aus, welche anderen Beziehungen das Kind hat. Deshalb hat es vermutlich auch gar keine Relevanz, wenn es um das Wohlergehen des Kindes außerhalb der Familie geht. Wenn es wahr ist, dass die Beziehungen des Kindes zu seinen Eltern gar nicht so lebensnotwendig sind, wie viele von uns es für selbstverständlich halten, gerät mehr oder weniger das ganze Fundament der Bindungstheorie ins Wanken. Im Hinblick auf andere Studien auf dem Gebiet kann man mit überzeugenden Argumenten zumindest die extremeren Variationen der Theorie infrage stellen.

Erstens gibt es eine ganze Reihe von Untersuchungen, die zeigen, dass es Kindern, denen es überhaupt nicht möglich war, eine Beziehung zu den Eltern aufzubauen, letztendlich auch richtig gut gehen kann. Außerdem gibt es Kinder – viele Kinder –, die von unserer Gesellschaft dazu gezwungen werden, laufend zu immer neuen Erwachsenen Beziehungen aufzubauen. In Kindertagesstätten der ganzen westlichen Welt spielen Kinder mit Erwachsenen, die nicht ihre Eltern sind, und das schon ab einem frühen Alter. Meine Erfahrung als Vater hat mir gezeigt, dass Kinder keine Probleme damit haben, mit einer Erzieherin nach der anderen neue Bindungen einzugehen.

Meistens verbringen die Kinder mit diesen Erwachsenen mehr Zeit als mit ihren Eltern. Dieser Tatsache zum Trotz scheinen die Kinder keine Schwierigkeiten zu haben, die Eltern als vorrangig zu betrachten. Dies könnte man an und für sich als Gegenbeweis für die Bindungstheorie ansehen. Ich behaupte dennoch, dass es der Bindungstheorie zufolge für die Kinder viel schwieriger sein müsste, ihre Erzieherinnen aus der Kindergartenzeit zu vergessen, als es in der Tat der Fall ist. Dasselbe gilt übrigens für Säuglinge, die schon ab einem Alter von wenigen Monaten fremdbetreut werden.

Dass die Eltern an erster Stelle stehen, scheint seine Gültigkeit zu behalten, bis die Kinder engere Freundschaften mit Gleichaltrigen eingehen. Eine solche Konkurrenz verdrängt mit Leichtigkeit jeden Erwachsenen vom Thron. Ich selbst habe erkennen müssen, dass meine Kinder ab einem Alter von etwa drei Jahren lieber ihre Zeit mit gleichaltrigen Freunden verbringen als mit mir oder mit ihrer Mama. Ich selbst hatte den immer selben und besten Freund im Alter von drei bis zwölf Jahren. Wir waren stets einer Meinung und bewegten uns sogar gleich. Zehn Jahre später, nachdem wir uns mehrere Jahre nicht gesehen hatten, trafen wir zufälligerweise wieder aufeinander, als er gerade in Göteborg, wo ich lebte, eine Wohnung suchte. Ich hatte mich gerade von meiner damaligen Frau getrennt, und mein bester Freund durfte selbstverständlich bei mir wohnen. Wir waren ganz klar lebenslang miteinander verbunden und fingen umgehend damit an, rund um die Uhr irgendwelche Spiele zu spielen, wie wir es auch früher getan hatten. Das ging zwei Jahre so. Wenn ich dagegen versuche, mich an meine Lieblingserzieherin aus der Kita zu erinnern, fällt mir nicht einmal ihr Name ein. Das illustriert aus meiner Sicht sehr deutlich, dass die Logik der Bindungstheorie nicht ganz offensichtlich ist. Oder aber, dass es eben eine Wissenschaft für sich ist.

Wie meine Mutter heißt, weiß ich aber. Ich habe ein sehr gutes Verhältnis zu meinen Eltern. Es ist ganz deutlich, dass ich nicht der gleiche Mensch bin, wenn ich mit ihnen zusammen bin, wie wenn ich mein Leben außerhalb meines ursprünglichen Familienkreises führe. Wie so viele von uns tendiere ich dazu, wenn ich mit meinen Eltern Zeit verbringe, in die alte Rolle zurückzufallen, die ich als Kind innehatte. Auch wenn zu ihnen eine Bindung besteht, prägen sie meine Eigenschaften am meisten, wenn wir zusammen sind. Wenn sie nicht da sind, werde ich eher von den Menschen, mit denen ich mich heute treffe und den Zusammenhängen, in denen ich mich heute bewege, geprägt. Man ist ganz einfach nicht immer der gleiche Mensch. Die Zeit hat mich verändert, genau wie alle anderen Menschen auch. Aber nicht nur wenn es um Veränderungen geht, die der Zeit geschuldet sind, sind wir Menschen unterschiedlich. Wir imitieren gerne andere Menschen, die uns in verschiedenen Zusammenhängen begegnen, und sind somit in verschiedenen Umgebungen nicht immer die gleiche Person. In der Gesellschaft des einen verhält man sich so, in der eines anderen wieder ganz anders. Wie die meisten Menschen bin ich sehr gut darin zu imitieren und mich anzupassen. Es scheint in der Tat eine der Lieblingsherausforderungen des Menschen zu sein.

Die Forscher Luella und Winthrop Kellogg machten in den 1930er-Jahren ein bekanntes Experiment. Sie brachten das Schimpansenbaby Gua mit nach Hause und zogen es zusammen mit ihrem eigenen Sohn groß. Der Effekt war nicht, wie sie es sich gewünscht hatten, dass der Schimpanse Englisch lernte. Stattdessen fing ihr Sohn an, in der Sprache der Affen zu kommunizieren. Sie sahen sich gezwungen, das Experiment abzubrechen. Es war jedoch kein Schaden entstanden: Der Sohn konnte später ausgezeichnet Englisch sprechen und folgte einer ganz normalen

Entwicklungskurve.[22] Eine hervorragende Illustration der menschlichen Imitationsfähigkeiten ebenso wie seiner Fähigkeit zur mentalen Erholung.

Ist die Kita an allem schuld?

Kritiker der Kita haben in den Medien nicht viel Aufmerksamkeit bekommen, es gibt aber einige, die die Kinderkrippen für problematisch halten. Sie behaupten, dass die Kinder in ihren ersten drei Lebensjahren viel mehr Zeit mit ihren primären Bindungsobjekten verbringen sollten, um dann ohne Probleme in den Kindergarten zu gehen. Diese Kritiker beziehen sich in ihrer Argumentation auf die Statistik. Sie sind der Meinung, dass die jüngsten Generationen, die einen immer größeren Anteil ihrer Kindheit in Tagesstätten verbringen, deutlich mehr psychische Probleme entwickeln als frühere Generationen. Man kann in der Tat anhand der Statistiken zu dem Ergebnis kommen, dass es nach Einführung der allgemeinen vorschulischen Betreuung eine enorme Steigerung der Anzahl junger Leute mit psychischen Beschwerden gegeben hat.

Es ist aber immer schwierig, solche Daten auszuwerten. In vielerlei Hinsicht könnte diese Entwicklung auf ganz anderen Zusammenhängen beruhen. Man hat beispielsweise das Spektrum psychischer Probleme deutlich erweitert. Die ausgedehnten Definitionen seelischer Krankheiten im Allgemeinen bewirken, dass es schwierig geworden ist, jemanden als vollkommen gesund zu betrachten. In meinem Alltag als Psychiater begegnet mir dieses Problem mehrmals die Woche in meiner Praxis. Es betrifft wahrhaftig nicht nur junge Menschen, es ist aber in der Altersgruppe deutlich verbreitet. Alle, die der Meinung sind, dass sie irgendetwas Traumatisches erlebt haben, geben sich selbst eine Diagnose, die man sogar als ausgebildeter Psychiater nur schwer infrage stellen kann. Wie denn auch, wenn alle Diagnosen auf Symptomen basieren, die wir alle irgendwie erleben, wenn wir unglücklich sind?

Den jungen Menschen geht es nicht so gut, wie es eigentlich der Fall sein sollte, wenn man bedenkt, dass wir, historisch gesehen, in einem weltweit einzigartigen Wohlstand leben. Es gibt anscheinend mittlerweile ein großes Maß an sich selbst erfüllenden Prophezeiungen angesichts der gestiegenen Anzahl psychischer Erkrankungen. Wird erwartet, dass Kinder und Jugendliche verletzlich und zerbrechlich sind, wird ein nicht unwesentlicher Teil von ihnen sich in der Tat auch so fühlen. Wenn man auf der anderen Seite die Kinder so behandelt, als könnten sie alles aushalten, könnten sie natürlich vielleicht das Gefühl bekommen, die Erwartungen nicht erfüllen zu können. Die Wahrscheinlichkeit, dass sie in ihrer Überzeugung bestärkt werden, Widrigkeiten überstehen zu können, wird jedoch größer sein, wenn sie in der Tat nach und nach lernen, mit immer größeren Schwierigkeiten umzugehen. Dieser Gedankengang könnte bei der Suche nach Erklärungen für das fehlende Wohlbefinden der Jugendlichen genauso ausschlaggebend sein wie fehlende Bindung während der Vorschulzeit.

Was ebenfalls dagegen spricht, dass die Kitas der Grund für das gestiegene Angstniveau bei den Jugendlichen sind, ist die Tatsache, dass es diesen Trend nicht nur in Schweden gibt. Die Anzahl der Jugendlichen mit Angstproblemen ist überall in der westlichen Welt in die Höhe geschossen. In den USA wird jedes Jahr eine halbe Million Kinder mit antidepressiven Arzneimitteln behandelt. Überall in der westlichen Welt haben sich die Lebensbedingungen der jungen Leute extrem verändert. Die vorschulischen Kindertagesstätten sind aber nicht überall gleichermaßen weit verbreitet und ausgebaut worden wie in Schweden. Und schon sind wir wieder am Anfang unserer Grübeleien angelangt, und das wird uns immer wieder passieren, wenn wir versuchen, die Wirkungen verschiedener Erziehungsmethoden als Ursache psychischer Leiden miteinander zu vergleichen. Es gibt jedoch einiges, über das man in Bezug auf vorschulische Einrichtungen nachdenken könnte. Ich werde deshalb später nochmal auf diese Frage zurückkommen.

Die Sprache als Spiegel

Einiges spricht dafür, dass das Temperament und die Eigenschaften der Kinder nicht von ihren Eltern geprägt werden (zumindest außerhalb der Kernfamilie).[23] Obwohl es den Kindern möglicherweise schlechter geht, wenn sie viel Zeit in Kitas verbringen, ist überhaupt nicht sicher, dass es an der Trennung von den Eltern liegt, während man damit auf jeden Fall das Bedürfnis von Kindern, mit Gleichaltrigen zu spielen, erfüllt. Es gibt deutliche Anhaltspunkte, dass die Beziehungen der Kinder zu gleichaltrigen Freunden in vielerlei Hinsicht wichtig sind.[24]

Kinder von Einwanderern werden die Sprache ihres neuen Heimatlandes fließend sprechen, auch wenn die Eltern das niemals schaffen. Es gibt sehr wenige Ausnahmen von dieser Regel. Es ist wesentlich üblicher, dass Kinder von Einwanderern die Sprache ihrer Eltern gar nicht sprechen. Auch wenn Einwandererkinder die Sprache ihrer Eltern beherrschen, werden sie meistens in der neuen Heimatsprache antworten, selbst wenn die Eltern ihnen in ihrer eigenen Muttersprache Fragen stellen. Wenn die Einwandererkinder in einer Gegend aufwachsen, in der die Sprache ihrer Eltern auch außerhalb des Zuhauses gesprochen wird, gilt dies aber natürlich nicht.

Kinder werden von der Sprache ihrer Schulfreunde geprägt, nicht von der ihrer Eltern. Dasselbe Phänomen gilt übrigens auch für die einheimischen Kinder, die in Gegenden mit einer Überzahl an Einwanderern aufwachsen. Sie werden wie ihre eingewanderten Klassenkameraden sprechen. Vor einiger Zeit hatte ich einen Patienten, der aus einem Viertel von Stockholm stammte, in dem überwiegend Migranten leben. Er kam in Begleitung seiner schwedischen Eltern, die beide die traditionelle Stockholmer Mundart sprachen. Der Sohn hörte sich mittlerweile so an, als wäre er in Südamerika aufgewachsen und erst später nach Schweden gekommen.

Sprache ist eine gute Basis für psychologische Studien. Es ist dabei nämlich wesentlich einfacher, die Ergebnisse zu deuten, als bei anderen Untersuchungen. Welche Sprache ein Mensch spricht, ist ja von der Genetik vollkommen unabhängig. Man braucht also keine genetischen Faktoren zu untersuchen, sondern kann stattdessen ganz einfach überprüfen, welchen Einfluss die Eltern haben und was sich aus umweltbedingten Faktoren ergibt. Ich bin in Schonen (Südschweden) aufgewachsen und spreche folglich schonischen Dialekt. Meine Kinder, die alle in Stockholm aufgewachsen sind, sprechen den Stockholmer Dialekt. Sie sind nicht von meiner Sprache geprägt. Das Bemerkenswerteste ist dabei, dass sie nicht einmal Schonisch sprechen *können*. Keines von ihnen kann meinen schonischen Dialekt so nachahmen, dass es auch nur im Geringsten glaubwürdig klingt. Sie sprechen wie die Menschen in ihrer Umgebung, denn die sind ihre Lehrer. Jedes Kind hat einen inneren Trieb, auch außerhalb seines kleinen Familienkäfigs zu lernen (wenn man es nur herauslässt).

Das Kind geht Bindungen zu allem und jedem ein. Deshalb zeigen Kinder in unterschiedlichen Gruppensituationen auch unterschiedliches Verhalten. Dieses Phänomen ist bereits untersucht worden. Kinder verhalten sich eher wie ihre Eltern, wenn sie zuhause sind, als wenn sie sich außerhalb der Kernfamilie aufhalten. Kinder, die zuhause lieb und nett sind, verhalten sich in anderen Situationen genauso wie ihre Freunde, d.h. eben manchmal auch genauso schlecht. Deshalb ist die Indoktrination gelegentlich trügerisch. Wir glauben, dass unsere Kinder sich tadellos benehmen und dass die anderen den Unfug machen. Das stimmt ja auch. Weil unsere Kinder außerhalb unseres Zuhauses zu den anderen gehören.

Zurück zur Bindung. In der Tat gehen nicht alle Eltern liebevoll mit ihren Kindern um. Aber wie erklärt man, dass ein Kind, das eine feste Bindung zu einer destruktiven Person hat, sich im Leben trotzdem ausgezeichnet zurechtfinden kann? Ein kleines Kind wird von einer primären Person (meistens der Mutter) geprägt und später auch von sekundären Personen (jedem Menschen, mit dem es eine Beziehung aufbaut). Dies geschieht aus einem Mechanismus heraus, der anscheinend biologisch ziemlich universell ist. Das Kind »spiegelt« sich und ahmt mit Hilfe von besonderen Nervenzellen, die Spiegelneuronen genannt werden, seine Bezugsperson/en nach. Diese helfen uns beim Lernen. Wir ahmen nach – und wenn wir ausreichend oft nachgeahmt und gleichzeitig widersprüchliches Material kennengelernt haben, können wir uns gleichzeitig verschiedene Bilder machen. Somit erlangen wir die Fähigkeit zum Reflektieren. Da die Familie eine andere Einheit als unsere Freundschaftsbeziehungen darstellt, verhalten wir uns in den unterschiedlichen Umgebungen unterschiedlich. Und wir erleben alle viele verschiedene Umgebungen. In Liebesbeziehungen, bei unserer Arbeit, bei der Ausübung von Hobbys. Viele werden sich darin wiedererkennen, dass man in der Tat in verschiedenen Situationen ganz unterschiedliche Personen ist. Meine Frau möchte nicht mit dem leitenden Chef der Psychiatrie verheiratet sein. Sie möchte mit David verheiratet sein.

Trotz einer destruktiven Familiensituation ist es uns möglich, andere bedeutende Personen außerhalb der Familie zu finden, die unser Selbstbild relativieren können. Wir begeben uns in andere, essentielle Umgebungen, die unser Verhalten entsprechend prägen. Also werden wir trotz allem gut zurechtkommen können. Dass es wirklich so ist, untermauern viele Untersuchungen. Wie es uns als Erwachsenen geht, beruht – wir haben das bereits gesagt – zur Hälfte auf der Genetik, der Rest ist purer Zufall.

Das Baby an der Brust – eine Vorsichtsmaßnahme

Das Buch *Ist Erziehung sinnlos?* handelt systematisch ab, dass wir mehr durch unseren Freundeskreis geprägt werden als von unserer Familie. Wir ahmen unsere Freunde viel mehr nach als Mama und Papa. Die Bedeutung der Eltern bzw. des »Primärobjekts« hochzuhalten führt komplett in die falsche Richtung. Unsere Gesellschaft hat das aber getan, und dies zeigt sich beispielsweise ganz deutlich auf den Entbindungsstationen der Krankenhäuser. Es scheint dort die Annahme vorzuherrschen, dass es einem Kind richtig schlecht ergehen wird, wenn es nicht sofort nach der Geburt an Mamas Brust gelegt wird. Eine Vorstellung, die auf der Bindungstheorie basiert und die mit der einfachen Tatsache widerlegt werden kann, dass die Babys vor vierzig Jahren nicht auf Mamas Brust gelegt wurden. Und der überwältigenden Mehrheit der damaligen Kinder ist es trotzdem gut ergangen. Für diejenigen, denen es nicht so gut ergangen ist, lassen sich sicherlich Tausende bessere Erklärungen für ihr fehlendes Wohlergehen anführen, als dass sie in der ersten halben Stunde nach der Entbindung nicht auf Mamas Brust liegen durften.

Die Bindung spielt vermutlich im ersten Lebensjahr eine große Rolle für die Beziehung zwischen dem Kind und seinen Eltern. Eine geborgene und sichere Umgebung ist zu Beginn des Lebens sicherlich auch für die Frühentwicklung des kindlichen Gehirns wichtig. Es gibt einige Studien, die zeigen, was mit vernachlässigten Kindern passiert. Es gibt ja Menschen, die eine emotional sehr dürftige Kindheit erleben mussten. Forscher vom Boston Children Hospital und aus Harvard untersuchten 74 rumänische Heimkinder und stellten fest, dass die Gehirne dieser Kinder kleiner waren als die Gehirne von Kindern, die in Familien aufwuchsen. Man verfügt also – dieser Studie zufolge – über ein kleineres Gehirn, wenn man als Kind nicht genug Liebe bekommt.[25] Vergleichbare Ergebnisse sind auch bei Tierstudien herausgekommen.

Man sollte Studien, die auf wichtige Faktoren zum Umgang mit Kindern hinweisen, natürlich ernst nehmen. Bevor man übereilte Schlüsse zieht, sollte man jedoch einige Dinge bedenken. Erstens ist bei Weitem nicht sicher, dass es in der Tat einen Zusammenhang zwischen fehlender Liebe und kleinerem Gehirn gibt. Die rumänischen Heimkinder hatten vielleicht kleinere Gehirne, weil ihre Ernährung schlecht war. Denn dafür, dass sich ein Gehirn nicht optimal entwickelt, wäre Unterernährung ja in der Tat eine einleuchtende Erklärung. Zweitens konnte man in den Studien über die rumänischen Heimkinder nachweisen, dass die Kinder, die in Pflegefamilien vermittelt wurden, sich nachhaltig erholten. Vermutlich sind die Zusammenhänge also überaus kompliziert und multifaktoriell.

Es gibt aber auch Kinder, die noch extremer vernachlässigt wurden. Haben sie niemanden, mit dem sie ihr schreckliches Los teilen, geht es ihnen besonders schlecht. Kinder, die auf wirklich groteske Weise vernachlässigt worden sind, überstehen das immer noch verhältnismäßig gut, wenn sie ihrem Schicksal nicht allein überlassen sind. Ein widerliches Beispiel dafür sind die tschechischen Zwillingsbrüder, die nach dem Tod ihrer Mutter eine Stiefmutter bekamen, die Aschenputtels Stiefmutter als harmlos, ja gar wunderbar dastehen lässt. Sechs lange Jahre verbrachten die beiden Brüder in einem kleinen, nicht beheizten Kleiderschrank. Sie hungerten und wurden geschlagen. Als sie im Alter von sieben Jahren entdeckt wurden, konnten sie kaum gehen und sprachen weniger als ein durchschnittliches zweijähriges Kind. Merkwürdigerweise genasen die Jungen komplett und holten alles auf. Erstaunlicherweise hatten sie anscheinend keinen nachhaltigen Schaden genommen. Anders als bei ähnlich grausamen Fällen hatten die beiden Brüder die ganze Zeit einander gehabt. Hat man dagegen keine Leidensgenossen, ist das Risiko sehr groß, dass man sich nach einer schweren Vernachlässigung bzw. Misshandlung nicht erholt.[26] Im genannten Fall waren die Verhältnisse extrem. Es ist aber alles andere als sicher, dass man daraus auch Schlussfolgerungen auf weniger groteske Fälle ziehen kann.

Zwei plus zwei ist nicht immer gleich vier

Es ist typisch, dass man aus extremen Grenzfällen Schlüsse zieht. Das Phänomen ist vergleichbar damit, dass unser Gehirn manchmal etwas wahrnimmt, das gar nicht da ist. Ganz einfache Experimente zeigen, wie es uns täuschen kann. Betrachten Sie beispielsweise zwei Linien, die in der Tat gleich lang, aber an den Enden mit winkelförmigen Pfeilstrichen versehen sind, deren Spitzen jeweils zur Linie hin- bzw. von der Linie wegzeigen (die berühmte Müller-Lyer-Täuschung). Sind die Linien gleich lang? Wenn Sie der Wahrnehmung Ihres Gehirns folgen, werden Sie antworten, dass die Linie mit den Winkelpfeilen, die zu den Linienenden hinzeigen, länger ist. Das Gehirn kann nicht erkennen, dass die beiden Linien tatsächlich gleich lang sind.

Es gibt eine ganze Menge ähnlicher Experimente. Unser Gehirn täuscht uns auch in vielen anderen Zusammenhängen. Der sogenannte Haloeffekt ist ein weiteres Beispiel. Nennt man eine Reihe von verschiedenen Charakterzügen, die eine Person bezeichnet, und beginnt dabei mit den positiven Eigenschaften, wird man die Person eher mögen als wenn bei der Nennung zuerst die schlechten Eigenschaften aufgezählt werden.

Man kann auch Bilder, auf denen kleine Teile fehlen, zeigen. Unser Gehirn wird uns sagen, dass alles vollständig ist, weil es davon ausgeht. Obwohl Details entfernt wurden, wird man also denken, dass sie da sind. Das Gehirn füllt sozusagen die Lücken mit den fehlenden Teilen aus, sodass das erwartete Bild erscheint. Um zu erkennen, was tatsächlich fehlt, müssen wir solche Bilder sehr genau betrachten.

Auch in psychologischer Hinsicht wird diese Neigung deutlich. Wenn es einer Person aus einem bestimmten Grund schlecht geht, glaubt man, dass es einer anderen Person, die etwas Gleichartiges, aber weniger Schlimmes erlebt hat, auch schlecht gehen wird (eben entsprechend weniger schlecht). Eine solche Schlussfolgerung zu ziehen ist vergleichbar mit dem Lückenfüllen des Gehirns, d.h. man sieht Dinge, die gar nicht da sind, nur weil unser Gehirn meint, dass sie da sein müssten.

Auf Beispiele dieses Phänomens trifft man auch sehr häufig innerhalb der Psychiatrie. Eine Person leidet unter einer schweren Depression und zeigt Symptome wie Konzentrationsschwierigkeiten, negative Grundstimmung, Initiativlosigkeit, Selbstmordgedanken und Schlafprobleme. Ein anderer Mensch hat die gleichen Symptome, nur in milderer Form. Und schon vermuten wir, dass es sich um die gleiche Gemütsverfassung handelt, nur weil die Symptome die gleichen sind. Die eine Person kann total apathisch und nicht abzulenken sein, während die andere über Witze lacht, sich aber trotzdem nicht wohlfühlt. Beide werden die Diagnose Depression bekommen, obwohl es keine Parallele zwischen den beiden Zuständen gibt. Wir sind es, die diese Parallele in unserer Fantasie zeichnen. In dem beschriebenen Fall kann es sogar ganz unterschiedliche Ursachen geben. Die eine Person ist vielleicht deprimiert, weil sie einen genetischen Gehirndefekt hat. Die andere befindet sich möglicherweise in einer Trauerphase, weil ihre Mutter vor kurzem an Krebs gestorben ist.

Einem schwer vernachlässigten Kind wird es in jedem Fall schlecht gehen. Das bedeutet aber nicht, dass jedes Kind überempfindlich auf alles, was die Eltern tun, reagiert. Von Vernachlässigung kann vermutlich bei der allergrößten Mehrheit aller Eltern keine Rede sein. Warnungen in Bezug auf Erziehungsmethoden sollten sich – wenn man sich an eine einigermaßen wissenschaftliche Argumentation halten und keine allgemeine Moralpredigt beginnen möchte – an eine ganz kleine Minderheit von Eltern richten, die sich offensichtlicher Fehler oder Übergriffe schuldig machen. So sieht es glücklicherweise in den allermeisten Fällen auch unsere Gesetzgebung.

Kinder brauchen Erziehung

Das größte Problem ist jedoch das schlechte Gewissen. Auch jene Eltern, die nach bestem Wissen handeln, werden vom schlechten Gewissen geplagt, weil sie glauben, dass sie schlechte Eltern sind, wenn sie ihr Kind in einem etwas härteren Ton ansprechen. Es gibt viele sehr kompetente Eltern, die natürlich auch viele Fehler machen. Wir machen alle Fehler. Damit lernt das Kind umzugehen. Vielleicht hat es aber eine genetische Prädisposition, die bewirkt, dass es ihm nicht gut geht. Es kann auch schlechten Umgang haben oder anfangen, Drogen zu nehmen, und es nicht schaffen, davon wieder wegzukommen. Oder man hat einfach Pech und wird Opfer anderer Umwelteinflüsse, z. B. einer Hirnhautentzündung. In unserem Wohlfahrtsstaat begnügen Eltern sich heute jedoch selten damit, einigermaßen gute Eltern zu sein. Es reicht ihnen nicht, dass es ihrem Kind gut geht und es keinen Schaden nimmt. Wir Eltern wollen rund um die Uhr helfen, unterstützen und Probleme lösen, damit unsere Kinder perfekt werden. Sie sollen ein gutes Selbstwertgefühl haben, einfühlsam und gleichzeitig ein bisschen cool sowie rhetorisch fit sein, Dinge hinterfragen und selbständig handeln. Sie sollen in ihrem Denken kritisch sein. Wir wollen sie lenken und steuern und glückliche und erfolgreiche Individuen erschaffen.

Unsere Kinder werden aber nie so, wie wir es uns vorstellen, dabei weder besser noch schlechter. Man sollte die Bedeutung der eigenen Person nie überschätzen und sich auch nicht zu viele Sorgen um die eigenen Fehler und Mängel machen. Wie fast immer, wenn es um Kindererziehung geht, haben wir es hier eher mit einer moralischen Vorstellung und Ideologie zu tun. Dies ist auch ein ausgezeichneter Grund, aufdringliche und angstbehaftete Warnungen einfach zu ignorieren, und auch nicht zu sehr hinzuhören, wenn diverse »Experten« mit dem Zeigefinger drohen und vorgeben zu wissen, wie man sich zu verhalten hat. Apokalyptische Propheten gibt es in jeder Gesellschaft. Von ihren Warnungen vor allen möglichen Gefahren und wie sie versuchen, uns ein übertriebenes Sicherheitsdenken aufzuzwingen, war schon die Rede. Solche Menschen können sich über jede Kleinigkeit erregen und schreien bei allem nach Gerechtigkeit. In Sachen Kinder und Kindererziehung sind sie besonders häufig anzutreffen …

»Die Kinder – denken Sie an Ihre Kinder!«, heißt es. Allgemeine Aufforderungen dieser Art findet man überall. Es gibt unzählige Moralapostel, die sich als die Beschützer der Kinder gerieren. Sie machen sich unsere allgemeinen Gefühle der Empathie und Ohnmacht zunutze und baden oft in reichlich gefühlsbetonten Sentimentalitäten: »Die armen, kleinen, schutzlosen, empfindlichen Kinder. Sie haben nicht um diese harte, kalte Welt gebeten. Sie haben keine Schuld. Sie werden als unbeschriebene Blätter geboren, bereit, bemalt zu werden mit hübschen Farben und schönen Worten.«

Diese sanften und feinen Weltuntergangspropheten haben wahrscheinlich das Buch *Herr der Fliegen* vom Nobelpreisträger William Golding nicht gelesen. Es beschreibt, was geschieht, wenn Kinder ganz ohne Lenkung sich selbst überlassen sind. Im Buch rettet sich eine Gruppe englischer Schuljungen nach einem Flugzeugabsturz auf eine einsame Insel im Pazifik. Es endet damit, dass sie sich gegenseitig umbringen. *Herr der Fliegen* ist freilich ein Roman, und einige Abschnitte sind nicht ganz glaubwürdig. Das Szenario, dass die Kinder sich wie beschrieben aufteilen, ist unwahrscheinlich, aber es stimmt, dass Kinder sich in Cliquen zusammenfinden, wenn sie die Möglichkeit dazu bekommen.

Der Psychologe Muzafer Sherif und seine Kollegen machten 1954 ein bahnbrechendes Experiment, auf das noch heute häufig hingewiesen wird. Sie wählten bewusst 22 Schuljungen aus, die sich möglichst ähnlich waren. Sie sollten nie vorher in irgendeiner Weise größeren Ärger gehabt haben und auch sonst eher unauffällig sein. Sie sprachen sogar den gleichen Dialekt, keiner von ihnen trug eine Brille oder war übergewichtig. Es wurde darauf geachtet, dass sich ihr IQ in etwa auf gleichem Niveau befand, und sie wurden an verschiedenen Schulen in Oklahoma City ausgesucht, sodass man sicher sein konnte, dass sie sich zu Beginn des Experiments nicht kannten.

Die Jungen wurden in zwei gleich großen Gruppen in zwei getrennten Camps untergebracht. Selbst dachten sie, dass es ein ganz normaler Sommerlageraufenthalt sei. Und sie glaubten, dass die Forscher ganz normale Betreuer wären. Die Jungen dachten, sie wären einfach in einem normalen Feriencamp. Nach einer Woche erzählten die »Betreuer« ihren Jungs von der Existenz der jeweils anderen Gruppe und ließen sie gegeneinander im Wettbewerb antreten. Raten Sie mal, was geschah? Sie verbrannten die Fahnen der gegnerischen Gruppe und überfielen in der Nacht ihr Lager. Sie besorgten sich Waffen in Form von Steinen und anderen geeigneten Gegenständen. Als die Forscher zu einem späteren Zeitpunkt versuchten, die Feindseligkeiten einzudämmen, zeigte sich, dass das viel schwieriger als erwartet war. Erst als sie einen zusätzlichen, gemeinsamen äußeren Feind in Form von schauspielenden »Vandalen« organisierten, gelang es, die beiden Gruppen zu vereinen. Der ganze Prozess dauerte drei Wochen.[27]

Selbst wenn William Golding bei manchen Dingen nicht ganz richtig lag, kann man daraus schließen, dass es nicht ratsam ist, Kindern ihre Erziehung selbst zu überlassen.

Wenn du lieb zu mir bist, bin ich auch lieb zu dir

Das lässt uns Eltern ratlos zurück. Man kann das Kind nicht auf einer einsamen Insel zurücklassen und hoffen, dass es ihm gut gehen wird. Und möchte man es dazu bringen, einem zu gehorchen, darf man es nur sanft ansprechen. Nicht weil das Kind sonst Schaden erleiden würde, sondern weil sonst die Moralprediger über einen herfallen. Hört man auf all die schlauen Experten, wird man scheitern. Aber dass die Kinder die Möglichkeit haben sollten, zu jemandem eine Bindung aufzubauen, macht sie nicht weniger robust.

Die Bindung an sich unterscheidet sich im Wesentlichen wohl kaum von der reinen Prägung. Menschenkinder lassen sich (wie Jungtiere anderer Lebewesen auch) von Objekten prägen, wenn diese sie nicht vorrangig mit Nahrung, sondern mit Nähe versorgen. So viel wissen wir, und das ist gut so. Dass dies kein Schnitzer der Natur ist, kann damit erklärt werden, dass die Gruppe, der man als Spezies angehört, in der Tat evolutionären Nutzen daraus zieht, weichherzig zu sein und sich umeinander zu kümmern. Dass ein Neugeborenes beschützt wird, erhöht ganz einfach seine Überlebenschancen. Nestwärme ist sogar ein bisschen wichtiger als Nahrung. Und der Beschützer in der natürlichen Umgebung versorgt prinzipiell seinen Schützling auch damit.

Es gibt einige Unterschiede darin, wie sich Bowlby mit seiner Bindungstheorie die Hierarchie der kindlichen Bedürfnisse vorstellte und wie andere Theoretiker, z. B. der amerikanische Psychologe Abraham Maslow (1908–1970), die Rangfolge beurteilten. Maslow hat mit seiner sogenannten Bedürfnistreppe Weltberühmtheit erlangt. Er war der Meinung, dass man sich zuerst um die Nahrungsaufnahme und danach um die physische Geborgenheit kümmern muss. Erst wenn diese beiden Punkte erfüllt sind, kann man sich mit Liebe und sozialem Beisammensein beschäftigen. Und erst wenn all das erreicht ist, wird sich das Selbstwertgefühl entwickeln. Ganz oben auf der Treppe steht das Verlangen nach Selbstverwirklichung. Bowlby dagegen hat die Liebe und die Geborgenheit auf einer Stufe vor der Nahrungsaufnahme platziert. Dass wir Menschen Tiere und dass unsere sozialen Beziehungen wichtig sind, hat schon Charles Darwin erkannt. In seinem Buch *Die Abstammung des Menschen* von 1871 schreibt er wie folgt:

> »Bei denjenigen Tieren, die durch das Leben in Gesellschaft gewannen, konnten die geselligsten am leichtesten vielen Gefahren entgehen, während die anderen, die sich wenig kameradschaftlich zeigten und einsam lebten, in großer Zahl umkamen.«[28]

Wenn wir untereinander gefühlsmäßige Bande knüpfen, erhöht dies also unsere Überlebenschancen. Darüber schreibt auch der amerikanische Psychologe Steven Pinker in seinem Buch *Ein unbeschriebenes Blatt*. Er erklärt, dass sich gegenseitiger Altruismus als evolutionär vorteilhaft erwiesen hat, »weil kooperierende Lebewesen leichter überleben«.[29]

Für die Menschen sind dauerhafte, gefühlsmäßig relevante Beziehungen zwischen Individuen, die nicht beliebig austauschbar sind, von großer Wichtigkeit. Dies zeigt sich darin, dass diese Menschen die Nähe der anderen suchen und ungern voneinander getrennt werden. Solche Beziehungen sind ebenbürtig und beruhen auf Gegenseitigkeit. Dies gilt nicht für Relationen zwischen Eltern und Kindern. Denn die Kinder stehen in einem Abhängigkeitsverhältnis zu ihren Eltern.

Der Begriff des *gegenseitigen (oder reziproken) Altruismus* wurde von dem amerikanischen Evolutionsbiologen Robert Trivers geprägt. Damit meinte er, dass Individuen, die nett miteinander umgehen, in evolutionärer Hinsicht im Vorteil sind. Sie werden für ihr Verhalten von den anderen belohnt. Hier geht es aus der evolutionären Perspektive ganz einfach um Hilfestellungen und Gegenleistungen. Dies kann weitgehend die Erklärung dafür sein, dass die Menschen so lieb zueinander sind, wie es in der Tat meistens der Fall ist. Dass die Menschen aber nicht immer nett miteinander umgehen, liegt daran, dass es in unserer harten Welt eben auch andere Überlebenstaktiken gibt.

Trivers beobachtete auch andere Phänomene. Er beschrieb Impulse, die bei jeder Form des zwischenmenschlichen Austauschs auf ganz natürliche Weise zur Geltung kommen und die sowohl die Beziehungen zwischen Geschwistern als auch die zwischen Eltern und Kind prägen. Er war der Meinung, dass es immer intrinsische Konflikte zwischen Eltern und ihren Kindern gibt. Ganz einfach, weil jedes Kind alles haben möchte, aber mit seinen Geschwistern teilen muss.

Bedenken Sie, dass in vorhistorischer Zeit zu der natürlichen Umgebung eines Menschen eine Gruppe von anderen Menschen in der Savanne gehörte, die während ihres gesamten Lebens vermutlich kaum mehr als etwa hundert anderen Individuen begegneten.[30] Man bekam Kinder, bevor man zwanzig Jahre alt war, und setzte die Kinderproduktion fort, bis man entweder altersbedingt unfruchtbar wurde oder – noch wahrscheinlicher – bis man im Kindbett oder im Krieg starb. Die Kinder mussten damals zwangsläufig mit bis zu zehn Geschwistern um die Gunst von Mama (und Papa) ringen. Würde man aus den Behauptungen der heute gängigen bindungstheoretischen Fanatiker Schlussfolgerungen ziehen, müssten die Kinder aus vorhistorischer Zeit allesamt schwer traumatisiert gewesen sein. Sie können unmöglich so viel Aufmerksamkeit erhalten haben, wie viele Experten es heutzutage für lebensnotwendig halten.

Man kann mittlerweile eine ganz gute Sicht auf die menschliche Entwicklung bekommen, wenn man untersucht, wie vor nur wenigen Generationen gerade die Geschwisterkinder miteinander umgingen. Dass Trivers weitgehend Recht hatte, wird durch die oft blutigen Machtkämpfe, die innerhalb der meisten europäischen Königshäuser gang und gäbe waren, ganz klar illustriert. Heute werden heftigere Auseinandersetzungen unter Geschwistern für pathologisch erklärt. Diese Sicht der Dinge ist schwindelerregend. Aber vielleicht beruhten ja die damaligen Geschwisterkämpfe darauf, dass die Kinder eine so schlechte Bindung zu ihren Eltern hatten ... Es spricht allerding einiges dafür, dass die alten Königsfamilien nicht gerade repräsentativ sind. Es kann sich ja beispielsweise um eine genetisch bedingte Neigung zur Gewalt oder Machtgier gehandelt haben, die die Auseinandersetzungen der Königshäuser verursacht haben mag. Im Mittelalter waren solche Eigenschaften übrigens von Vorteil.

Es ist schwierig, überhaupt etwas darüber zu wissen. Warum zum Beispiel streiten sich Geschwister? In unserer modernen Gesellschaft hat man mittlerweile schon längst die Patentlösung gefunden: Es ist ganz einfach Mamas Schuld! Folglich hört man oft Erklärungen wie die folgende: »Ich weiß, dass meine Mutter mich und meine Geschwister dadurch geprägt hat, dass sie sich immer einmischte, wenn wir uns stritten. Sie ist schuld daran, dass wir Geschwister uns heute nicht sonderlich gut verstehen.«

Die Person aus diesem Beispiel hat ein vorgefasstes Bild von der Ursache der Geschwisterstreitigkeiten. Es gibt unendlich viele Variationen dieser Argumentationsform. Meistens möchte man mit dieser Strategie klarstellen, dass es einem wegen der damaligen Mängel aufseiten der eigenen Eltern heute so schlecht geht. Eine Schlussfolgerung, die – vorsichtig ausgedrückt – ziemlich zweifelhaft, um nicht zu sagen überaus ungerecht ist. Dafür, dass Kinder sich oft uneinig sind, kann es ja viele Erklärungen geben. Sie können miteinander konkurrieren, wie Trivers meinte. Sie können zu verschieden sein oder eben zu ähnlich. Der eine kann Glück gehabt haben, während der andere Pech hatte. Der Zwist kann auf Eifersucht, Neid und physischer oder psychischer Krankheit beruhen. Oder die genetische Veranlagung ist die Ursache. Die Geschwister sind ganz einfach streitsüchtige Menschen.

Es ist interessant, wie selten man auf umgekehrte Argumente stößt. »Wir Geschwister streiten uns so wenig, weil Mama so ein toller Mensch war.« Oder warum nicht eine Erklärung wie: »Ich fühle mich dank meiner Mutter wie der König des Lebens.« Das Positive wird eher damit erklärt, dass man ganz einfach ein positiver und fröhlicher Mensch sei ...

Gefahren realistisch einschätzen

Kinder sind unerhört anpassungsfähig. Sie passen sich dem System an, in dem sie leben. Ist die Umgebung gefährlich und bedrohlich, optimiert das Kind sein Verhalten entsprechend. Die biologische Arbeitsweise des Körpers verändert sich mit Hilfe des Feedbacksystems. Die Umgebung, in der das Kind lebt, hat in dieser Weise Einfluss auf die Körperfunktionen. Drohen Gefahren, ist der Körper in Alarmbereitschaft. Dies wiederum kann auf längere Sicht die Lebensumstände verändern.[31] Man sollte bedenken, dass das, was wir als bedrohlich empfinden, eng mit unserer Umgebung verbunden ist. Es ist schon immer so gewesen, dass Kinder auch in sehr bedrohlichen Umgebungen aufwachsen. Vielleicht ergibt sich daraus eine biologische Begründung dafür, dass man die vielen kleinen Gefahren, mit denen die Kinder leben müssen, nicht künstlich vergrößern oder dramatisieren sollte.

Da Kinder noch unreif sind, können sie nicht beurteilen, was eine echte Gefahr darstellt. Demzufolge begeben sie sich mitunter in lebensbedrohliche Situationen, und als Erwachsener sollte man sie darin unterstützen, solche Situationen zu erkennen, um sie vermeiden zu können. Ein Kind kann auch nicht beurteilen, ob ein vermeintliches Risiko übertrieben oder irrelevant ist. Unter anderem deshalb machen sich viele Kinder ganz viele Sorgen um Gegebenheiten und Umstände, die sich ohnehin nicht ändern lassen. Im Grundschulalter kann dies besonders ausgeprägt sein. Die Aufgabe der Eltern sollte es meiner Meinung nach sein, allerhand diffuse Bedrohungen nicht noch zu verstärken. Sonst würde man bei einem Kind unnötigerweise die Produktion von Stresshormonen ankurbeln. Wenn es einem gelingt, unnötige Ängste zu mildern, kann dies in der Tat Einfluss auf die Entwicklung des Gehirns haben.

In dem Oscar-gekrönten, italienischen Film *Das Leben ist schön* von 1997 hat der Vater der Hauptperson genau dies begriffen. Weil sie Juden sind, werden sie im Zweiten Weltkrieg in ein Konzentrationslager geschickt, aber der Vater tut den ganzen Film hindurch so, als wäre alles nur ein Spiel. Ein furchtbar unangenehmes Filmerlebnis für uns, die wissen, was geschehen wird, aber ein unglaublicher Liebesakt dem Sohn gegenüber, der am Schluss doch noch überlebt.[32]

Die allgemeine Relationstheorie und die Datenflut

Einige Anhänger der Bindungstheorie behaupten, dass die Kinder bis zur Pubertät von ihren Eltern bzw. Bezugspersonen geprägt werden.[33] Es wäre fantastisch, wenn sie Recht hätten. In dem Fall müsste es einem ja gelingen können, einige der Fehler, die man anfänglich bei der Kindererziehung gemacht hat, wieder geradezubiegen. Dagegen spricht, dass der Einfluss der Eltern ganz offensichtlich immer kleiner wird, je älter die Kinder werden. Eventuell binden sich die Kinder an andere Personen, zu denen sie vorher keine engere Beziehung hatten. Auf diese Weise werden sie von einem weiteren Individuum geprägt, und vielleicht kann es diesem Menschen gelingen, eventuelle Bindungsfehler auszubügeln.

Aus biologischer Perspektive ist es nur logisch, dass Kinder dermaßen flexibel sind. Das Gehirn ist während der ganzen Kindheit unglaublich plastisch und formbar. Auch aus evolutionspsychologischer Perspektive ist das erklärbar. Im Hinblick auf die allgemeinen Überlebenschancen ist es einfach nicht sinnvoll, wenn der Nachwuchs – egal welcher Spezies – übertrieben empfindlich auf das Verhalten der Eltern reagiert. Er soll ja nicht sein Leben lang mit den eigenen Eltern, sondern mit Gleichaltrigen zusammenleben. Die Gefahren sind auch weniger bedrohlich, wenn man die Fähigkeit hat, sich verschiedenen Umgebungen anzupassen. Es ist in der Tat in den meisten Situationen vielversprechender, sich von den Freunden als von den Eltern prägen zu lassen.

Ein Forscher, der in den letzten Jahren wegen seiner Überlegungen zu unseren zwischenmenschlichen Bindungen viel Aufmerksamkeit erregt hat, ist der kanadische Entwicklungspsychologe Gordon Neufeld. Er hat die Bindungstheorie insofern erweitert, als sie in seinen Augen gewissermaßen alle nahen Beziehungen zwischen Menschen umfasst. Er benutzt hierbei Begriffe, die bei der Beschreibung der Eltern-Kind-Bindung üblich sind, und überträgt dieses Phänomen auf die verschiedenen Bindungen, die ein Kind zu den Menschen seiner Umgebung eingeht. In seiner Argumentation befasst er sich auch mit den Aufmerksamkeitsproblemen in der Schule. Seiner Definition zufolge ist die Bindung der wichtigste Faktor, wenn es um zwischenmenschliches Verhalten geht. Nach seinem Modell ist es ganz natürlich, dass man nicht besonders aufmerksam auf das hört, was der Lehrer sagt bzw. lehrt, wenn man keine Bindung zu dieser Person aufgebaut hat (oder, wenn man so will: wenn da keine enge Beziehung besteht).

Diese Auffassung stimmt mit unseren allgemeinen Beziehungen überein. Man neigt ja kaum dazu, Wissen oder Informationen von jemandem, den man nicht als »Experten« einschätzt, anzunehmen. Wenn Sie als Leser nicht das Gefühl haben, dass ich etwas Konkretes zu vermitteln habe – Sie haben ja keine enge Bindung zu mir –, werden Sie das, was ich schreibe, ablehnen und es vielleicht sogar als reinen Unsinn abtun. Es würde mehr als nur überaus große Sorgfalt erfordern, Sie auf andere Gedanken bringen zu können. Wenn Sie dagegen von Dingen, über die ich in der Vergangenheit geschrieben habe, begeistert waren und vielleicht sogar der Meinung sind, dass ich schon in meinen früheren Büchern einige interessante Aspekte in Sachen Kindererziehung beleuchtet habe, werden Sie eher dazu neigen, auch die etwas schwächeren Teile meiner Argumentation zu akzeptieren.

Neufeld kritisiert den enormen Anstieg der ADHS-Diagnosen, wie er sich vor allem in den USA manifestiert. ADHS ist eine Diagnose, für die es viele verschiedene Erklärungen gibt. In meinem Buch *Normal? Vom Wahnsinn bis zur Alltagspsychose* erörtere ich die genauen Grenzziehungen zwischen den psychischen Störungen (unter anderem ADHS).[34] Wo sind die Grenzen, wenn die Symptome des ADHS eigentlich ganz normale Variationen menschlichen Verhaltens sind, und wann handelt es sich tatsächlich um einen Krankheitszustand (oder eine Funktionseinschränkung, wie manche es lieber nennen)? Darauf werde ich noch zurückkommen. Neufeld hat andere, aber ähnliche Ansichten, wenn es um die Entstehung der Symptome geht. Er meint, dass ganz klare Probleme vorliegen müssen, die die verschiedenen Fähigkeiten des Kindes einschränken, z. B. die Aufmerksamkeit. Die Gründe, warum ein Kind nicht hört bzw. zuhört, können sehr unterschiedlich sein. Es kann auf allem beruhen, z. B. darauf, dass das Kind die Person, von der es etwas lernen soll, überhaupt nicht mag, oder darauf, dass es das vermittelte Wissen wegen eines Gehirnschadens nicht speichern kann.[35]

Kinder – wie alle andere Menschen auch – konzentrieren sich auf den Menschen, der ihnen im Augenblick am wichtigsten ist. Es kommen aber noch andere Mechanismen ins Spiel, wenn es um die Qualität einer Beziehung geht. Wenn man eine Person nicht mag, kann man nur schwer etwas von ihr lernen. Hat man Angst, wird diese im Vordergrund stehen. Man kann nicht lernen, wenn man die ganze Zeit befürchten muss, dass etwas Unangenehmes geschieht, weil der Körper dann auf Alarmbereitschaft umschaltet. Neufeld ist auch der Meinung, dass die enorme Menge an Daten und Informationen und all die damit verbundenen Bilder bewirken, dass die Kinder sich ständig in einem Zustand der Alarmbereitschaft befinden. Und zwar deswegen, weil das Gehirn laufend all diese Eindrücke verarbeiten muss, und das in einem solchen Tempo, dass das Gehirn »glaubt«, wir wären einer äußeren Gefahr ausgesetzt. Ob es sich tatsächlich so verhält, ist allerdings bei Weitem noch nicht nachgewiesen. Neufeld läuft dabei eher Gefahr, wie einer der vielen Alarmisten zu klingen, die immer wieder die Eltern verdammen. Außerdem sollte man sich über die Besorgnis, mit der Neufeld die Hinwendung der Kinder zu ihren Gleichaltrigen betrachtet, ein paar Gedanken machen. Eine Besorgnis, die leicht verständlich, aber wahrscheinlich vollkommen unnötig ist. Ich werde später erklären, warum.

Einer, der den Herausforderungen an den Menschen in unserer heutigen Gesellschaft bedeutend positiver gegenübersteht, ist Torkel Klingberg. Er ist Professor der kognitiven Neurowissenschaften am Karolinska Institutet der Universitätsklinik Stockholm. In seinem Buch *Multitasking: Wie man die Informationsflut bewältigt, ohne den Verstand zu verlieren* geht er auf das stetig steigende Informationsangebot ein. Er hat festgestellt, dass die Menschen von heute an einem einzigen Tag mehr Leute treffen als die Urzeitmenschen in einem ganzen Jahr. Klingberg überlegt, ob es eine obere Grenze dafür gibt, wie viele Informationen ein Mensch aufnehmen kann.

Der wichtigste, begrenzende Faktor dafür, wie viele Informationen wir verarbeiten und zu unserem Vorteil umsetzen können, ist nach ihm unser Arbeitsspeicher, das heißt unser Kurzzeitgedächtnis.[36] Stürmen zu viele Informationen auf einen ein, erreicht man irgendwann eine Grenze dessen, was man noch speichern kann. Darüber sollte man sich aber keine großen Sorgen machen. Denn unsere Kinder werden in der Tat immer schlauer. Der sogenannte Flynn-Effekt[37] zeigt, dass der Durchschnittswert von IQ-Tests alle zehn Jahre um drei Punkte steigt, seitdem man vor 60 Jahren mit den Tests begann. Demnach ist der Durchschnittsmensch heute um 18 Punkte schlauer als damals. Offensichtlich ist unser Gehirn bei Weitem nicht unbeweglich, es passt sich den Eindrücken aus der Umgebung, in der wir leben, an. Wie man diesen Effekt erklären kann, ist noch nicht ganz klar. Klingberg hat eine Theorie entwickelt, auf die ich später zurückkomme. Es sollte uns zumindest zu einer gewissen Demut bewegen, wenn wir bedenken, dass unsere Kinder vermutlich schlauer sind als wir.

Gekauftes Glück

Leider bedeutet der gestiegene IQ unserer Kinder nicht automatisch, dass sie glücklicher oder für die moderne Gesellschaft besser gerüstet sind. Vieles spricht dafür, dass es eher umgekehrt ist. Einer der Gründe sind die veränderten Erwartungen. Ein Beispiel dafür ist die von mir so genannte Geborgenheitssucht.[38] Meiner Meinung nach besteht die Gefahr, dass eine überbehütende Gesellschaft unsichere Menschen, die vor allem und jedem Angst haben, hervorbringt. Dementsprechend ist zu vermuten, dass Menschen, die durchgehend alles, auf das sie zeigen, bekommen, und die nie auf wirklichen Widerstand gestoßen sind, extrem enttäuscht sein werden, wenn ihnen etwas Unangenehmes passiert.

Das Phänomen kann wie folgt illustriert werden:

Carl ist vierzehn Jahre alt und in einer Villa mit 458 m² Wohnfläche aufgewachsen. Sein Zimmer quillt über vor verschiedenen Spielsachen. Und dabei handelt es sich nicht um massenproduziertes, billiges Plastikspielzeug, das er bei McDonalds bekommen haben könnte. Carls Sachen sind edel und teuer. Darüber hinaus hat er einen eigenen Spielraum im Keller, in dem eine aufgebaute Märklin-Modelleisenbahn steht. In den angrenzenden Räumen stehen ein Billardtisch bzw. ein Tischtennistisch. Am Steg unterhalb des Hauses liegen zwei große Motorboote.

Carl ist enttäuscht und gelangweilt. Zwar hat er sowohl eine Xbox, die neueste PlayStation als auch ein Nintendo Wii, aber es ist irgendwie nicht das Richtige, findet er. Seine Mama hat nämlich zum ersten Mal *Nein* gesagt. Er darf nicht mit seinen besten Freunden einen Sporturlaub buchen und nach Verbier in der Schweiz zum Skifahren reisen. Carl weint und grübelt darüber nach, ob das Leben überhaupt lebenswert sei. Er fühlt sich als Opfer und ist der Meinung, dass er höchst ungerecht behandelt wird.

Carl ist natürlich ein Extremfall, aber prinzipiell eignet er sich sehr gut als Illustration für das Phänomen »Wer viel hat, will immer mehr«, vergleichbar dem Phänomen »Wer wenig tut, möchte noch weniger tun«. Man kann ganz einfach das Glück nicht kaufen, und auch das seelische Glück kommt nicht vom Nichtstun. Ich bin mir ziemlich sicher, dass es einem nur guttun würde, diese beiden Wahrheiten sowohl in der Kindererziehung als auch auf anderen Gebieten zu berücksichtigen.

Je weniger man darauf vorbereitet ist, dass Widrigkeiten auftauchen könnten, desto schwieriger erscheinen sie einem, wenn sie doch auftreten. Das liegt daran, dass unser Gehirn plastisch und also von den jeweiligen Lebensumständen formbar ist. In der extremsten Form – die am Beispiel Carls illustriert wurde – könnte man eine *unreife Persönlichkeitsstörung aufgrund der Zugehörigkeit zur Upperclass* diagnostizieren. Dieser Vorgang ist vermutlich auch eine Teilerscheinung des Phänomens, das ich – vielleicht etwas ungerecht – das »Paris Hilton-Syndrom« nenne: Die erste Generation erwirtschaftet ein Vermögen, die zweite verwaltet es und die dritte gibt es wieder aus. Die Ungereimtheit liegt allerdings darin, dass Paris Hilton in der Tat sehr viel Geld mit ihren Verschwendungen verdient. Aber das Prinzip wird auch hier ganz deutlich: Ein Individuum, das erwartet, alles auf dem Präsentierteller serviert zu bekommen, wird von seiner Umgebung immer mehr verlangen. Leider bin ich in meiner Praxis viel zu oft auf sehr begabte junge Burschen (denn es sind meistens die Jungen) gestoßen, die es nicht schaffen, irgendetwas zu tun. Sie sind nicht deprimiert. Sie erfüllen nicht die Kriterien für ADHS und sie leiden auch nicht unter Angstzuständen oder anderen psychischen Krankheiten. Stattdessen scheint die Ursache ihrer Probleme darin zu liegen, dass sie (unbewusst) gemerkt haben, dass sie überhaupt gar nichts tun müssen, weil sie finanziell nicht dazu gezwungen sind.

Eine ganz andere Ursache für das Unwohlsein ist häufig, dass man nicht genug gegessen hat. Anorexie ist die meistverbreitete Ursache, wenn Jugendliche in der westlichen Welt hungern, und das hat kaum etwas mit Armut zu tun. Aber wenn es um Lernschwierigkeiten geht, wird die Bedeutung des Hungerns leider oft übersehen.

Die Realität sieht anders aus

Die Schüler-Lehrer-Beziehung

Hat man Hunger oder andere körperliche Beschwerden, fällt es einem nicht leicht, Wissen zu verarbeiten. Dies kann gewiss als ganz selbstverständlich betrachtet werden. Es ist aber unerhört wichtig, wenn es uns gelingen soll, ein einigermaßen korrektes Bild davon zu bekommen, warum manche Kinder in der Schule versagen.

Es gibt, wie gesagt, viele Gründe dafür. Und deshalb gibt es auch so viele Meinungen zu den Ursachen. Welche ist am wichtigsten? Bei unseren Beziehungen zu anderen Menschen geht es um alles, vom Hunger angefangen bis zur Bindung, oder ganz einfach darum, dass wir es schön finden, mit anderen etwas zu erleben. Eine disziplinierte, gut funktionierende Persönlichkeit kann sich selbst dazu zwingen, ein Studium zu absolvieren, um in Zukunft bessere Chancen zu haben. Doch nur bei wenigen Kindern ist diese Fähigkeit besonders ausgeprägt. Das zu wissen, kann ganz nützlich sein.

Normalerweise funktioniert es nicht, auf die Zukunftsaussichten des Kindes hinzuweisen. Stattdessen gilt es, den angeborenen Wissensdurst des Kindes auszunutzen, wenn es von sich aus zeigt, dass es gerne von den Großen etwas lernen möchte. Erzieher und Lehrer sollten deshalb Zeit investieren, um geeignete und auswertbare Methoden zu entwickeln, durch die das Kind eine Wechselbeziehung zu der vermittelnden Person eingeht. Dabei kann man vieles lernen, wenn man darüber nachdenkt, wie es früher gewesen ist. Man muss natürlich im Blick behalten, wie das Lernen an sich vonstattengehen soll. Das eine hängt vom anderen ab. Mit einem gewissen Verständnis dafür, wie das kindliche Gehirn funktioniert, wird es einfacher sein, erfolgreiche pädagogische Methoden zu entwickeln. Wenn es einem gelingt, sich den Willen des Kindes, Beziehungen zu anderen Menschen aufzubauen, zunutze zu machen, wird sich die Meinung darüber, was einen guten Lehrer oder eine gute Lehrerin ausmacht, verschieben. Vielleicht haben heute gute Lehrkräfte schon genau deswegen Erfolg.

Das Problem unseres Schulsystems ist unter anderem, dass die Kinder keinen positiven Bezug zum Lernen haben. Ganz im Gegenteil. Sie beschäftigen sich gerne mit ganz anderen Dingen, die ich in meinem Buch *I trygghetsnarkomandernas land* (auf Deutsch etwa *Im Land der Geborgenheitssüchtigen*) problematisiert habe. Wenn man bei grundlegenden Themen wie Bildung und Allgemeinwissen mit der Konkurrenz nicht mithalten kann, ist die Gefahr groß, dass man sich stattdessen auf andere Wettkämpfe verlegt, zum Beispiel, wer am »coolsten« ist, wer innerhalb von zehn Minuten die meisten Bierflaschen leertrinken oder wer in den Pausen auf dem Schulhof am besten die Kleinen ärgern kann.

Die unterschiedlichsten Mechanismen können bewirken, dass man nicht daran interessiert ist, was der Lehrer gerade zu erzählen hat. Da sind die Kumpel wahrscheinlich wichtiger. Und was halten die vom Lehrer? Auch im Schulalltag sollte nicht unterschätzt werden, wie sehr die Schüler sich gegenseitig beeinflussen und wie ein tonangebender Schüler das Klima in der Klasse verändern kann. Obwohl dies ja an und für sich auch für die Lehrkraft gilt. Auch Lehrer können tonangebend sein.

Ein offensichtlicher Faktor dafür, ob man etwas lernt oder nicht, ist das persönliche Interesse. Wenn man kein Interesse zeigt, kann das z. B. daran liegen, dass man der Meinung ist, der Lehrer sei ein alter Opa oder ein vollkommener Trottel, der versucht, sich bei den Schülern einzuschmeicheln. Dann hört man ziemlich bald gar nicht mehr hin.

In diesem Zusammenhang ist es interessant, darüber nachzudenken, welche Rolle die Hierarchie beim Lernen spielt. In Ländern, in denen eine strenge Hierarchie im Klassenzimmer (und meistens auch außerhalb der Schule) herrscht, ist es undenkbar, nicht zuzuhören. Dies ist möglicherweise ein Teil der Erklärung dafür, dass die moderne Schule scheinbar immer schlechtere Ergebnisse erzielt, obwohl die Kinder laut IQ-Tests schlauer sind als früher.

Ein junger Mensch, der sich darum bemüht, Beziehungen zu seinen Gleichaltrigen aufzubauen, lässt sich häufig auf Wettkämpfe ein, bei denen es darum geht, wer am meisten Ärger oder Aufruhr veranstalten kann, anstatt zu versuchen, Klassenbester zu werden. Es ist immer schwierig, solches Verhalten einzudämmen, aber noch schwieriger wird es, wenn die Ergebnisse keine Bedeutung mehr für diese jungen Menschen haben. Und das haben sie nicht, wenn die Schüler kein deutliches Feedback bekommen. Oder wenn sie den Unterrichtsstoff nicht verstehen.

Reife und Klasse

Schweden ist ein Land, in dem man darauf stolz gewesen ist, dass viele Kinder aus niedrigeren Gesellschaftsschichten in der Schule gut zurechtkamen und damit in der Gesellschaft einen »Klassenaufstieg« schaffen konnten. Das gehört schon längst der Vergangenheit an. Seit einigen Jahrzehnten wird es immer deutlicher, dass die Kinder, die in der modernen Schule nicht klarkommen, aus Familien stammen, in denen es keine Tradition fürs Lernen gibt. Man kann sich fragen, warum. Dass die Kinder kein Kopfrechnen mehr lernen, könnte ein Grund sein. Einen anderen Aspekt der fehlenden Anpassungsfähigkeit in unserem Schulsystem findet man in der Biologie und der Psychologie.

Es wird keine Rücksicht darauf genommen, dass die Schulkinder Jahr für Jahr immer früher reif werden, dass auch die Geschlechter sich unterschiedlich entwickeln und dass der Altersunterschied innerhalb einer Klasse ein Jahr oder mehr betragen kann. Deshalb ist es kein Zufall, dass die jüngsten Kinder eines Schuljahrgangs viel eher mit ADHS diagnostiziert werden als die älteren.

Eine Schlussfolgerung kann man in einer staatlichen, schwedischen Studie, deren Titel auf Deutsch etwa *Die biologischen Faktoren und geschlechtlichen Unterschiede beim Schulerfolg*[39] lautet, finden:

> »Ein (...) Beispiel ist, dass eine frühe Einführung von Lernabläufen, bei denen das Kind seine Wissensaufnahme selbst steuern kann, bei Kindern, die in ihrer Konzentrationsfähigkeit und Aufmerksamkeit früh reif sind, Vorteile zeigt. Somit kann ein solcher Unterricht eine systematische Förderung der Anpassungsfähigkeit von Mädchen darstellen.«[40]

Das hört sich ernst an. Ich glaube nicht, dass die Schule ein Ort sein sollte, an dem man noch mehr Unterschiede zwischen den einzelnen Menschen fördern sollte, als es heute schon der Fall ist. Ganz im Gegenteil, man möchte es so machen wie in Finnland. Das finnische Schulsystem wird Jahr für Jahr als eines der weltweit besten dargestellt. Aber dort hat sich in den letzten 40 Jahren nichts verändert. Die schwedische Schule, die ja viel weniger wissensorientiert geworden ist und sich stattdessen auf die Sozialkompetenzen der Schüler konzentriert, hat damit keinen Erfolg. In der genannten staatlichen Studie steht auch geschrieben:

> »Ebenso begünstigt sie (die Schule) ganz klar die Kinder, die zuhause strukturelle Unterstützung bekommen, wobei die Eltern einen Part übernehmen, den die Schule in einer traditionelleren Erziehungspraxis bietet.«[41]

Das bedeutet zweierlei. Erstens werden die Mädchen in der modernen Schule besser zurechtkommen als die Jungen, was sich in der Realität bereits abbildet. In der Schule erzielen die Mädchen wesentlich bessere Ergebnisse als die Jungen. Zweitens werden die Schüler, die zuhause keine gute Unterstützung bekommen, in der Schule schlechter abschneiden als die, die von ihren Eltern gefördert werden. In der Tat wurde festgestellt, dass jedes fünfte schwedische Schulkind über keine ausreichend guten Lese- und Schreibfähigkeiten verfügt. Wahrscheinlich ist das heutige Schulsystem besonders ungerecht, weil es die Kinder, die aus einem lernmotivierenden Zuhause kommen, auf Kosten aller anderen besserstellt. Es ist schwierig, den Jungen in der Schule eine faire Chance zu geben, wenn man ihnen nicht die Möglichkeit bietet, ihrer Reife entsprechend zu lernen. Es ist allgemein bekannt, dass die Pubertät bei den Jungen später einsetzt als bei den Mädchen. Dies bedeutet auch, dass die Entwicklungslücke, die zum Reifungsprozess eines jeden normalen Kindes gehört, später eintritt.

In Schweden braucht man als Schüler über Jahre hinweg in der Schule nichts zu leisten. Man gewöhnt sich daran, dass nichts eine Bedeutung hat. (Anm. des Verlags: In Schweden dauert die »Grundschule« neun Jahre. Mit dem Ende der Grundschulzeit endet auch die allgemeine Schulpflicht. Mit dem entsprechenden Notendurchschnitt kann man danach aufs Gymnasium wechseln.) Geht man später aufs Gymnasium, bekommt man während der dreijährigen Gymnasialzeit in jedem Fach jedes Jahr Noten. Dabei ist man beim Eintritt ins Gymnasium nicht reif genug, um die Bedeutung des späteren Abschlussnotendurchschnitts zu beurteilen. Die Gefahr ist deshalb groß, dass man die Schule nicht wirklich ernst nimmt. Um am Gymnasium dem Unterricht zu folgen, ist eine gewisse Reife erforderlich. Eine Reife, die die jungen Männer entwicklungsbedingt noch nicht erreicht haben.

Begreift man aber auf der anderen Seite, dass man plötzlich (gegen jede bisherige Erfahrung) ununterbrochen kämpfen muss, besteht die Gefahr, dass man die Schule als wesentlich stressiger erlebt, als sie wirklich ist. Wie sollen sie das nur schaffen, nachdem sie über Jahre hinweg keine ernsthaften Leistungen zeigen mussten? Dies trifft die etwas reiferen Mädchen am härtesten, die nun

Gefahr laufen, von Panik ergriffen zu werden. Eine Panik, die dazu führen kann, dass sie sich auf einen destruktiven Wettkampf darum einlassen, wer sich am allerschlechtesten fühlt.

Es ist nicht erstaunlich, dass die Statistiken über europäische Schulkinder höchst niederschmetternde Zahlen für ein Land wie Schweden aufzeigen. In höherem Maße als in anderen Ländern packt man hier die Kinder in Watte, wenn es darum geht, eventuelle Widrigkeiten zu überstehen. Systematisch wird vermieden, die Kinder während der ersten sechs Schuljahre mit jeglicher Form eines negativen Feedbacks zu belasten. (Anm. des Verlags: Nach der siebten Klasse erhalten die schwedischen Schüler zum ersten Mal schriftliche Beurteilungen ihrer Leistungen. Erst ab der achten Klasse bekommen sie Noten.)

Laut WHO geht es den Elfjährigen in Finnland am besten. Schweden liegt diesbezüglich in der Altersgruppe auf dem zweiten Platz – dicht hinter Finnland. Die Probleme tauchen später auf. Die schwedischen 13-Jährigen sind bei derselben Studie ins Mittelfeld abgerutscht. Die Finnen belegen weiter den ersten Platz. Auch bei den 15-Jährigen liegen die Finnen vorn, während die schwedischen Schulkinder dieser Altersgruppe (kurz vorm Gymnasium) fast am schlechtesten in ganz Europa abschneiden.[42] Andere Länder können also von uns lernen, wie man es nicht machen sollte.

Die Schüler, die diese Herausforderung trotz allem überstehen, ohne allzu sehr darunter zu leiden oder sich selbst zu quälen, werden meistens von Menschen begleitet, die ihnen beigebracht haben, wie wichtig Bildung ist. Sie wachsen also fast immer in einer Familie auf, in der viel Wert auf Bildung gelegt wird. Somit gibt es kaum noch »Klassenaufsteiger«. Das Bildungsideal findet man natürlich auch bei Angehörigen anderer Schichten, aber hauptsächlich in der, in der Bildung schon immer wichtig war. Heutzutage bekommen die Kinder nicht die Möglichkeit, ihre Fähigkeiten in der Schule zu entfalten, denn dort ist der Unterricht so gestaltet, dass sie sich schon sehr früh selbst ihr Wissen aneignen müssen. So besteht die Gefahr, dass die gesellschaftlichen Klassenunterschiede immer größer werden, eine Tendenz, die deutlich erkennbar ist in Ländern, in denen sowohl die Schule als auch der Lehrerberuf an Wert verloren haben.

Erwartungslosigkeit schafft Opfer

Eine Schule, die keine Forderungen an ihre Schüler stellt, produziert schlechte Ergebnisse *und* sinkendes Wohlbefinden. Es entstehen Ungerechtigkeiten. Wenn man akzeptiert, dass sich das Kind seine eigene Struktur schafft, und ihm das Recht gibt, seinerseits an die Erwachsenen jede Menge Forderungen zu stellen, erzeugt man Situationen, mit denen es wegen seiner mangelnden Reife einfach nicht umgehen kann. Infolgedessen werden die Kinder, die zuhause am wenigsten Struktur erfahren und kaum Unterstützung bekommen, auch diejenigen sein, die am schlechtesten zurechtkommen. Und das führt zu immer größeren Ungerechtigkeiten. Wie fein es auch klingen mag, wenn man von bewertungsfreiem, lehrerunabhängigem, problembezogenem Lernen redet, beinhaltet dies in der Praxis eine Erwartungslosigkeit, die vor allem für die Schüler, die besonders viel Struktur und Unterstützung brauchen, eine Benachteiligung bedeutet.

Wer zuhause keine Struktur erfährt, wird in der Schule Probleme haben. Kinder, die so aufwachsen, werden wahrscheinlich ihre Eltern lenken und sich über sie stellen. Sie werden selbst entscheiden, wann sie zur Schule gehen, was sie in ihrer Freizeit machen, was sie essen, wie sie sich kleiden und wann sie ins Bett gehen.

In großen Teilen der westlichen Welt schlafen Kinder immer weniger. Vergleicht man die gegenwärtigen mit den Schlafenszeiten von vor etwa hundert Jahren, schlafen die Kinder heute jede Nacht im Durchschnitt bis zu 75 Minuten weniger als damals.[43] Die klassischen Symptome der Müdigkeit sind Konzentrationsschwierigkeiten, Impulsivität und bei sehr vielen Kindern (besonders deutlich erkennbar bei den jüngeren) Hyperaktivität. Symptome, die zufällig mit einem Zustand, der häufig in den Medien diskutiert wird, übereinstimmen, nämlich ADHS. Viele Eltern, denen es nicht gelingt, ihre Kinder rechtzeitig ins Bett zu bringen, laufen Gefahr, übermüdete und damit hyperaktive Kinder zu »produzieren«. Es wird auf Dauer schwieriger werden, mit ihnen zu kommunizieren, da sie aufgrund des Schlafmangels ihre Konzentrationsfähigkeit verloren haben. Sie werden außerdem immer reizbarer und impulsiver. Es ist ein Teufelskreis, und der Mangel an Autorität kann seinerseits zu einer Verschlimmerung der möglicherweise schon vorhandenen Probleme führen.

Die Schwierigkeiten beim Lernen sind vielfältig. Als Eltern sollte man da einiges bedenken. Von elementarer Bedeutung ist die Bindung zum Lehrer. Sie ist notwendig, wenn es mit dem Lernen klappen soll. Man sollte versuchen, das Kind darin zu unterstützen, nicht wegen jeder Kleinigkeit mit den Lehrern in Konflikt zu geraten. Ist das Kind in der Schule ängstlich oder nervös, verschlechtert sich seine Konzentrationsfähigkeit. Fühlt es sich in der Klasse auch noch unbeliebt, wird das Kind sich darauf konzentrieren und nicht auf den Stoff. Dies sind nur ein paar Gründe dafür, warum es so wichtig ist, das Thema Mobbing im Auge zu behalten und gegebenenfalls etwas dagegen zu unternehmen. Es gibt mittlerweile auch andere Gründe, warum man sich entmutigt fühlen kann. Es könnte ja sogar an einem selbst liegen, ein Faktor, der in unserer heutigen, schnell gekränkten Welt vollkommen ignoriert wird. Immer häufiger treffe ich in meiner Eigenschaft als Psychiater auf junge Menschen, die schon von Kindesbeinen an gelernt haben, für nichts verantwortlich zu sein. Wenn diese Haltung dann auch noch von der Vorstellung begleitet ist, selbst immer ein bisschen bemitleidenswert zu sein, besteht das Risiko, dass man schon in ganz jungen Jahren zu einer Art institutionalisiertem Opfer wird.

Es spielt keine Rolle, warum ein Mensch sich selbst als Opfer wahrnimmt. Warum auch immer, es ist eine sehr unglückliche Entwicklung – vor allem für denjenigen, der darunter leidet. Aber auch für seine Umgebung. Wahrscheinlich kommt man am besten klar, wenn man schon früh lernt, nicht alles zu akzeptieren, aber gleichzeitig die Einsicht gewinnt, dass man – ob man es will oder nicht – ein Teil der Gemeinschaft ist, genau wie jeder andere auch. Deshalb ist man gezwungen, sich anzupassen. Man muss auch damit klarkommen, dass langweilige Dinge erledigt werden wollen. Es gehört zum Leben dazu, dass man mit Dingen zurechtkommen muss, die man nicht mag, z. B. dass manche Lehrer oder andere Erwachsene nicht sonderlich lustig, nett oder gar gerecht sind.

Vom Verschwinden der Eltern

In der modernen Gesellschaft sind Freunde offensichtlich wichtiger als Großeltern. In vielen Zusammenhängen sind die Freunde vermutlich sogar wichtiger als die eigenen Eltern. Gordon Neufelds Meinung nach ist dies ein problematisches, modernes Phänomen. Wahrscheinlich ist es aber eine ganz natürliche Entwicklung, wie Judith Rich Harris es in ihrem Buch *Ist Erziehung sinnlos?* beschreibt. Denn dass Säuglinge und Kleinkinder eine enge Bindung bräuchten, bedeutet ja nicht, dass das für größere Kinder auch gelten müsste.[44]

Ihre Theorie fußt auf der Annahme, dass Kinder in erster Linie von ihren Freunden geprägt werden, sie beschreibt, wie sie lernen müssen, ein Teil der Gesellschaft zu werden. Sie nennt das »Gruppen-Sozialisierungs-Theorie«, es ist aber mehr als eine Theorie. Sie findet nicht nur klare Belege dafür, dass Kinder tatsächlich so werden wie andere Kinder, sie erklärt auch den damit verbundenen Überlebensaspekt und warum es besser ist, von den Freunden geprägt zu werden als von den Eltern: Kinder müssten lernen, sich so zu verhalten, wie es in der Gesellschaft für ihre Position akzeptabel sei, um durchzukommen. Dafür müssten sie herausfinden, wer sie selbst seien, zu welcher sozialen Kategorie sie gehörten – und sich dann so verhalten wie die anderen Mitglieder dieser Kategorie.[45]

Das Kind passt sein Verhalten also den anderen der Gruppe, der es sich zugehörig fühlt, an. Judith Rich Harris geht auch der Frage nach, wie denn die anderen Kinder, die das eigene Kind prägen, gelernt haben, sich so zu verhalten. Die Antwort auf diese Frage ist die Mehrheitsregel. Wer sich anders verhält als die Mehrheit der Gruppe, muss sich eben ändern. Das ist jedoch gar kein Problem für die Kinder. Sie wollen ganz allgemein einfach so sein wie die anderen in der Gruppe.[46]

Was in der heutigen Gesellschaft merkwürdig erscheint, ist also nicht, dass die Kinder nicht wie ihre Eltern werden, sondern dass andere Erwachsene *gar keine* Bedeutung für die Kinder haben. Dass dies in der Tat der Fall ist, davon kann man sich an jedem beliebigen, öffentlichen Ort vergewissern. Fährt man z. B. in Stockholm mit der U-Bahn, wird man feststellen, dass die Sitzplätze von Kleinkindern besetzt sind. In vielen Ländern würden sie sofort Platz machen, wenn ein Erwachsener den Wagen betritt, hierzulande nicht. Schwangere, Alte und Behinderte brauchen sich erst gar keine Mühe zu machen. Fordert ein älterer Mensch das Kind auf, seinen Sitzplatz zu räumen, wird es sich in der Regel nicht einen Millimeter bewegen. Stattdessen muss man damit rechnen, dass die Eltern des Kindes behauptet werden, der Greis oder die Greisin sei gehässig. Sind die Eltern nicht dabei, wird niemand reagieren, oder bestenfalls wird unter lauten Protesten doch noch Platz gemacht.

In Schweden hat in den letzten beiden Jahrzehnten eine Revolution in der Sicht der Kinder auf die Erwachsenen stattgefunden. Ich möchte mich hier nicht wie ein mürrischer, alter Mann anhören, aber vor zwanzig Jahren hatten Kinder Angst vor denen, die zwei Jahre älter waren. Gegen Erwachsene lehnte man sich nicht auf. Dass die Kinder heute Erwachsene nicht mehr automatisch als bedrohlich empfinden, ist zu begrüßen. Angst kann in der Tat kein Zeichen einer guten Entwicklung sein (auch wenn es unerzogen ist, nicht für Schwangere und Kranke Platz zu machen). Dass die Erwachsenen den Kindern scheinbar nichts mehr beibringen können, ist möglicherweise viel problematischer. Diese Entwicklung ist deutlich spürbar. Unabhängig davon, dass junge Menschen schon immer in erster Linie untereinander enge Bindungen eingegangen sind, ist die Entwicklung jedoch in der vorherrschenden Jugendkultur sehr ausgeprägt. In einer Informationsgesellschaft wie der unseren hat man die besseren Karten, wenn man laufend neue Dinge beherrscht. Erfindungen werden deutlich besser von der jungen Generation gemeistert, infolgedessen werden die Jugendlichen zu unseren Lehrern. Die Jugend ist damit deutlich im Vorteil.

Sogenanntes altes Wissen, das man sich erwirbt, indem man etwas auswendig lernt oder sich besondere Fähigkeiten aneignet, taugt heute nichts mehr. Stattdessen soll man jegliches Wissen selbst auswählen und sich aneignen, ob man Vorkenntnisse hat oder nicht. Dies führt zu einer Aushöhlung dessen, was früher als bedeutend und wichtig erachtet wurde. Natürlich muss sich unsere Welt den neuen Voraussetzungen anpassen. Die Frage ist aber, ob man nicht weiterhin so einiges von den früheren Generationen lernen kann.

Der beste Freund deines Kindes

Das Einzige, was für die Jugend heute eine wahrscheinlich noch größere Rolle als die Freunde spielt, ist der Computer. Das zeichnet sich besonders bei ihrem Umgang miteinander ab. Als mein ältester Sohn Arvid (er ist heute 17 Jahre alt) jünger war, hat er gerne seine Freunde zu sich nach Hause eingeladen. Sie saßen dann jeder für sich an einem PC und spielten *World of Warcraft* im Internet.

Man sollte die Vorteile des Computers keineswegs unterschätzen. Wahrscheinlich gibt es insgesamt viel mehr Vorteile als Nachteile (auch wenn panische Experten anderes behaupten mögen). Torkel Klingberg hat mehrere Studien durchgeführt, die zeigen, dass man mithilfe verschiedener Computerspiele gewisse Gehirnfunktionen verbessern kann. Das gilt vor allem für das

Kurzzeitgedächtnis. Wenn ich ihn treffe, diskutieren wir immer darüber. Er findet es merkwürdig, dass die Menschen, die vor dem gefährlichen Einfluss der Computerspiele auf unsere Kinder warnen, sich selten die Mühe machen, die Spiele in verschiedene Kategorien aufzuteilen. Da muss man ihm Recht geben. Weltuntergangspropheten stellen vollkommen verschiedene Spiele wie *Tetris* und *Call of Duty* auf eine Stufe. Sie unterscheiden nicht zwischen Strategiespielen und Fußballspielen oder anderen Spielen, bei denen man einer vorgegebenen Bahn folgt. Beide Spielarten sind einfach nicht vergleichbar.

Ein Problem moderner Kinder ist, dass sie sich augenscheinlich zu wenig bewegen. Eine stillsitzende Generation, die zu viel isst, entwickelt schlechte Gewohnheiten. Wenn man keinen Sport macht, wird man immer müder und es wird immer schwieriger, sich zu konzentrieren. Einige Studien zeigen auch, dass man beispielsweise durch Konditionstraining seinen IQ erhöhen kann.[47] Und dass man sich subjektiv wohler fühlt und weniger unter depressiven Stimmungen leidet, wenn man sich mehr bewegt, ist heute ganz klar erwiesen. Man kann natürlich behaupten, dass der Computer viel Zeit raubt und dadurch die sportliche Betätigung reduziert. Es ist aber sehr schwierig, bei so heterogenen Betätigungsfeldern irgendwelche allgemeinen Schlussfolgerungen zu ziehen.

Ob gewaltverherrlichende Computerspiele bei Kindern die Neigung zu Gewalt erhöhen, ist ebenfalls eine häufig diskutierte Frage. Eindeutige Schlussfolgerungen lassen sich nicht ziehen. Eine vorsichtige Deutung besagt, dass ein normales Kind nicht von gewaltsamen Computerspielen geprägt wird. Was mit einem Kind geschieht, das sich von vornherein ein bisschen seltsam verhält, ist nicht genauso klar belegbar.

Dagegen ist ganz klar bewiesen, dass viele Computerspiele die Leistungsfähigkeit erhöhen. Selbstverständlich beherrscht man das Spiel an sich immer besser, je mehr man spielt. Aber hier möchte ich etwas anderes hervorheben. Kinder (und Erwachsene) können verschiedene Formen von Fähigkeiten trainieren, indem sie besondere Spiele spielen. Schach ist z. B. ein Spiel, das man sowohl analog als auch am PC spielen kann. Das Schachspielen hat eine überaus positive Wirkung auf unser Kurzzeitgedächtnis. Strategiespiele helfen den Kindern beim strategischen Denken, und Spiele, bei denen man die nächste Herausforderung nicht voraussagen kann, fördern die Kreativität.

Das Interessante dabei ist, dass man in mehreren Studien[48] nachweisen konnte, dass gewisse Computerspiele die Ergebnisse von IQ-Tests verbessern können. Selbstverständlich erreicht man eine solche Entwicklung nicht, indem man am PC Fußball spielt. Solche Spiele können jedoch unter anderem die Simultankapazität verbessern.

Indem man schwierige Probleme löst, wird man ganz einfach besser darin, komplexe Lösungswege zu finden. Und man wird ein besserer Fußballspieler, wenn man oft Fußball spielt. Am besten wird man natürlich, wenn man richtig Fußball spielt, also draußen. Und ein gewisses Maß an Talent gehört ebenso dazu, aber es ist faszinierend zu beobachten, wie Kinder, die ständig und ausdauernd von morgens bis abends mit den Freunden auf dem Hinterhof Fußball spielen, bessere Fußballspieler werden als jene, die schon mit fünf regelmäßig am Fußballtraining teilnehmen. Und es spielt dabei auch keine Rolle, wie sehr sich die Eltern engagieren.

Bildschirmfreie Tage

Die meisten Warnungen in Bezug auf das Spielen am Computer sind maßlos übertrieben. Das heißt jedoch nicht, dass der Computer und diverse andere Bildschirme keine Probleme mit sich bringen können. Mir geht es an dieser Stelle nicht darum, dass das Spielen zeitraubend ist und man dadurch die sportlichen Tätigkeiten vernachlässigt. Es geht auch nicht darum, dass es im Netz eine fast unendliche Menge an Informationen gibt, deren Verarbeitung unser Kurzzeitgedächtnis bis zum Bersten auf die Probe stellt.

Eine solche Entwicklung ist aus meiner Sicht positiv zu bewerten. Ich sehe das Problem eher darin, dass die verschiedenen Geräte so leicht zu bedienen sind. Die Kinder können problemlos damit spielen und brauchen sich nie allein gelassen fühlen oder sich langweilen. Es gibt immer und überall einen Bildschirm, der sich hervorragend als Babysitter eignet. Das hat nicht nur positive Folgen.

Als meine ältesten Kinder, Arvid und Cornelia, klein waren, führte ich bildschirmfreie Tage ein. Dazu hatte mich mein bester Freund, ein orthodoxer Rabbiner, inspiriert. Er feiert strikt den jüdischen Sabbat. Am Sabbat darf man kein Licht einschalten. Elektrizität wird mit Licht gleichgestellt, und deshalb darf man sich von Freitagabend bis Samstagabend auch nicht mit elektrischen Geräten beschäftigen. Dazu gehören naturgemäß alle Bildschirmaktivitäten …

Während dieser 24 Stunden muss die Familie also komplett auf den Gebrauch von Elektrizität verzichten. Dadurch entsteht ein sehr positives Gefühl. Die Menschen, mit denen man zusammenlebt, werden wichtiger als die Maschinen. Deshalb haben wir bei uns zuhause mittwochs und sonntags bildschirmfreie Tage eingeführt. Am Anfang wurden die Kinder unruhig und wussten nicht, was sie mit sich anfangen sollten, aber nach einer Weile haben sie gelernt, sich anders zu beschäftigen. Leider kam uns der Lauf des Lebens dazwischen, und die bildschirmfreien Tage wurden auf Eis gelegt. Aber für mich war ganz klar, dass es den Kindern gutgetan hat. Ich bilde mir ein, dass regelmäßige, bildschirmfreie Tage auf Dauer die Beziehungen zwischen Kindern und Erwachsenen deutlich verbessern können. Auf der anderen Seite sollte man die Wirkung einer solchen Maßnahme nicht überschätzen. Das größte Problem der Kinder ist sicherlich nicht, dass der Computer ins Zentrum gerückt ist. Es ist viel schlimmer, dass sie der Meinung sind, sie seien der Nabel der Welt, während alle möglichen Ritter von der traurigen Gestalt um sie kreisen und ihre kindliche Geborgenheit mit Waffengewalt schützen wollen.

Graue Theorie oder wissenschaftlich fundiert?

Das Kind als Nabel der Welt

Viele Menschen machen sich zu Fürsprechern von Kindern. In der Regel, ohne diese nach ihrer Meinung zu fragen. Das wäre auch ziemlich sinnlos. Die Kinder würden keine vernünftigen Antworten wissen. Gleichwohl gibt es jede Menge sogenannter Experten, die immer wieder gerne darüber berichten, was Kinder brauchen. Dabei hört es sich natürlich großherziger an, wenn man erklärt, dass Kinder sehr empfindliche Wesen sind, die einem deshalb leicht leidtun können. Es wäre unklug, darauf hinzuweisen, dass sie in der Tat einiges ertragen. Stattdessen wird uns immer wieder eingetrichtert, dass wir uns noch mehr um sie kümmern müssen. Die Maßstäbe für die Sicherheit unserer Kinder werden immer höher gesetzt. Eltern lieben ihre Kinder. Deshalb verkauft sich diese Botschaft unerhört gut. Es funktioniert gleichermaßen wie beim Verkauf von Geborgenheit. Bekanntlich kann man keine politische Wahl mit der Botschaft gewinnen, dass die Geborgenheit oder die Sicherheit der Mitbürger reduziert werden sollte. In der Kindererziehung funktioniert dieses Prinzip genauso.

Zu behaupten, dass man etwas weniger auf die Kinder hören und ihnen etwas engere Grenzen setzen sollte, wird in den Ohren einiger älterer Menschen vielleicht ganz angenehm klingen, aber im Allgemeinen gewinnt man damit keine Pluspunkte. Die große Mehrheit, die sich selbst als »kundig« betrachtet, ist stattdessen der Meinung, dass Kinder noch mehr Rechte bekommen sollten.

Organisationen wie das *Deutsche Kinderhilfswerk* und der *Kinderschutzbund* schützen die Rechte der Kinder in besonders lobenswerter Weise. Weitere Institutionen beteiligen sich an dieser wichtigen Arbeit, nicht zuletzt die staatlichen Behörden. Meiner Meinung nach haben wir mittlerweile aber auch Bedarf nach einem Gegengewicht. Da sieht es spärlicher aus. Es müsste eine Organisation geben, die auch die Pflichten der Kinder hervorhebt.

Festzustellen, dass Kinder manchmal lügen oder dass sie hierzulande nicht sonderlich benachteiligt sind – auch wenn sie das Gegenteil behaupten –, wird als überaus unangebracht wahrgenommen. Dies beruht meiner Meinung nach größtenteils darauf, dass man Nachgiebigkeit mit Zuneigung verwechselt. Kinder zu kritisieren wird unter dieser Voraussetzung fast unmöglich.

Es gibt jedoch keine wissenschaftlichen Belege dafür, dass man an seine Kinder keine Forderungen stellen sollte. Unsere Sicht auf Kinder hängt davon ab, in welcher Zeit wir leben und wer wir sind. Was als richtige Kindererziehung angesehen wird, ist abhängig von der Kultur. Das Bild des extrem verletzlichen Kindes, das dauernd aufgrund diverser Bedrohungen Gefahr läuft unterzugehen, ist geschichtlich gesehen ganz neu. Die Bindungstheorie ist nur einer der Gründe für diese neu entstandene Perspektive auf Kinder in der modernen Gesellschaft. Die Frage ist, ob unsere auf Selbstverwirklichung ausgerichtete Kultur diese veränderte Sicht nicht noch verstärkt hat. Denn nur in Ländern, in denen man nicht die meiste Zeit des Tages für den Lebenserhalt aufwenden muss, findet man »Experten«, die sich mit den komplizierten verborgenen Interaktionen zwischen Kindern und Erwachsenen beschäftigen können. In anderen Teilen der Welt versucht man einfach, sein Bestes zu tun.

Das Dogma der Verletzlichkeit

Obwohl es schwierig ist, seine Kinder nicht in Übereinstimmung mit der vorherrschenden Kultur zu erziehen, lässt sich zumindest die Kultur verändern, wenn auch langsam. Es scheint aber (zumindest in Friedenszeiten) unmöglich zu sein, Veränderungen herbeizuführen, die nicht mit immer mehr Rechten für den Einzelnen verbunden sind. Dr. Benjamin Spock gelang dies mehr oder weniger allein mit seinem globalen Bestseller *Säuglings- und Kinderpflege*. Ein anderes Beispiel hierfür ist der dänische Familientherapeut und Autor Jesper Juul. Er hat in ganz Skandinavien einen enormen Einfluss auf die Kindererziehung ausgeübt. Viele seiner Theorien basieren auf den Erkenntnissen des amerikanischen Gestaltungstherapeuten Walter Kempler.[49] Er versteht sich im Wesentlichen als antiautoritär und betrachtet Kinder als kompetente Individuen, mit denen man verhandeln sollte. Auch anderswo in der westlichen Welt finden sich ähnliche Ideen, vor allem in den USA. Sie sind hierzulande fast zu einer Norm geworden. Deshalb widme ich ihm im Folgenden einen detaillierteren Kommentar.

Ein großes Problem bei Juul ist meiner Meinung nach die Betonung der Konsequenzen, die eine Nichtbefolgung seiner Erziehungsmethode angeblich hat. Er schreibt zwar wiederholt, dass er die Eltern nicht kritisieren möchte. Aber von jemand, der nicht ganz seiner Meinung ist, lassen sich seine Werke nur schwer als etwas anderes als ein erhobener Zeigefinger lesen. Ich sage nicht, dass in dem, was er schreibt, keine Wahrheit liegt, sondern dass er sie so mit allgemeinen Ansichten vermischt, dass sie nur noch schwer erkennbar ist. In der Einleitung zu seinem Buch *Das kompetente Kind* schreibt Juul, dass mehr oder weniger alle Eltern früherer Generationen Fehler gemacht hätten. Diese Kritik zieht sich wie ein roter Faden durch das Buch. Er zeigt Verständnis dafür, dass Eltern nicht wissen, was sie tun sollen bzw. dürfen. Er versteht ihr fehlerhaftes Verhalten:

»Dies geschieht nicht aus bösem Willen – oft genug als Ausdruck von Liebe und gutem Willen –, sondern als logische Konsequenz, denn unsere grundlegende Annahme davon, wer und was Kinder sind, ist verkehrt.«[50]

Das scheint mir, obwohl er sie nicht belegt, eine ziemlich entschiedene Ansage, die sehr drastisch ausdrückt, dass er eine andere Sicht auf Erziehung als die Vorgängergeneration hat. Dabei negiert er einige wissenschaftliche Argumente. Er schreibt z.B., dass das Teenageralter nichts mit biologischen Veränderungen zu tun hat, eine Auffassung, die der gegenwärtig zugänglichen Hirnforschung widerspricht. Juul ignoriert die Tatsache, dass das Gehirn das komplizierteste *biologische* Organ des Menschen ist. Eine etwas zugespitzte allgemeine Beurteilung könnte deshalb lauten: Wer behauptet, dass der Mensch unabhängig von seiner Biologie funktioniert, behauptet gleichzeitig, dass das Gehirn keine Rolle spielt. Eine solche Behauptung aufzustellen, deutet auf ein mangelndes Verständnis dafür hin, wie alle Tiere (und der Mensch) funktionieren.

Dabei ist Juuls Theorie, dass Kinder entweder mit ihren Eltern direkt kooperieren oder ihr Verhalten spiegelverkehrt nachahmen, schwer widerlegbar, weil sie alles erklärt, je nachdem, wie man es dreht. Diese Art von Argumentation funktioniert wunderbar in Bezug auf Kindererziehung, weil die Auswirkungen zu komplex sind, um sie nachzuvollziehen. Es gibt ganz einfach keine sichere und nachvollziehbare Methode. Deshalb ist der Weg frei für allerhand Ideologien. Viele Experten sind von ihrer eigenen Vortrefflichkeit überzeugt und haben Erziehungsmethoden vorgelegt, die sie für viel vortrefflicher als die ihrer Vorgänger halten. Die Kinder passen sich dabei jeder Theorie an, da sie sehr anpassungsfähige Individuen sind.

Viele moderne Theoretiker haben eine scheinbar sympathische Einstellung zur Kindererziehung. Oft ist die Rede von der Verantwortung des Individuums und davon, wie respektvoll man mit den Kindern umgehen sollte. Dies hört sich für die allermeisten von uns großartig an. Wenige Eltern würden sich dazu hinreißen lassen, das Gegenteil zu behaupten. Dementsprechend scheint es, als hätten die Experten eine revolutionäre neue Theorie aufgestellt. Wer würde Jesper Juul widersprechen, wenn er Folgendes sagt:

»Es geht darum, die Sprache der Kinder wahrzunehmen und sie ernst zu nehmen, auch wenn das bedeutet, dass man als Erwachsener eine Praxis ändern muss, die man beim eigenen Aufwachsen oder während seiner Ausbildung als richtig kennengelernt hat«.[51]

Man könnte behaupten, dass derjenige, der dem nicht zustimmt, vermutlich kein besonders reflektierter Mensch sei. Und das geht natürlich nicht, wenn es sich um Kindererziehung dreht. Lassen Sie mich die Welt wieder mit der Biologie ein wenig komplizierter machen. Unreflektierte Eltern werden sehr wahrscheinlich – rein genetisch betrachtet – ihre mangelnde Fähigkeit zur Reflexion an ihre Kinder weitergeben. Die können dann behaupten, dass sie so unreflektiert sind, weil es ihre Eltern auch waren. Ihre Kinder wiederum können sich dann darüber beklagen, dass ihre Eltern unreflektiert waren und so fort. So geht es immer weiter, bis sowohl die Eltern als auch die Kinder der Meinung sind, dass sie unbedingt eine Psychoanalyse brauchen. Die Eltern sitzen dann beim Therapeuten und versuchen, eine Absolution erteilt zu bekommen, während ihre Kinder bei einem anderen Therapeuten sitzen und ihr ganzes Leiden auf die Eltern schieben.

Ein weit verbreiteter Fehler unter modernen Kinderexperten ist, dass sie durchgehend ihre Argumente darauf gründen, dass Kinder verletzliche Wesen sind, einer Porzellanpuppe gleich. Es handelt sich um ein Dogma der modernen Erziehung, von dem die meisten gängigen Theorien durchdrungen sind. Aber es ist falsch. Kinder vertragen unerhört viel. Die relativ bescheidenen Versehen zum Beispiel, die laut Jesper Juul bei vielen Menschen zu lebenslangen Leiden führen, sind leichtere »Traumata«, die jedes Kind normalerweise ohne jegliche Auswirkungen überstehen kann. Dass er in seiner Arbeit als Familientherapeut vielen Kindern, die es in ihrem Leben nicht leicht haben, begegnet, bedeutet nicht, dass das, was er als Ursache der Probleme beschreibt, wirklich zutrifft.

Natürlich können regelmäßige Schmähungen vonseiten der Eltern bei Kindern Spuren hinterlassen. Hier gilt es aber zu definieren, wo die Grenzen solcher Kränkungen eigentlich verlaufen. Ein Problem, von dem schon an anderer Stelle die Rede war und das ich auch in meinem Buch *Ingen tar skit i de lättkränktas land (Wen kümmert es im Land der schnell Gekränkten)*[52] beschrieben habe, ist die subjektive Deutung dessen, was ein Trauma oder, anders ausgedrückt, eine Kränkung ist.

Früher gab es eine Art Konsens darüber, was eine echte Kränkung sei. Dieser ist, ebenso wie ich es auch bei anderen Phänomenen schon beschrieben habe, relativiert worden. Das hat zur Folge, dass jeder, dem auch nur ein geringfügiges Unrecht geschehen ist, sich als Opfer sieht. Vorzugsweise ohne selbst Verantwortung übernehmen zu müssen. In den allermeisten Ländern der westlichen Welt gibt es sehr wohlwollende Behörden und Interessensorganisationen, die eine solche Entwicklung unterstützen und somit bereitwillig weitere Opfer schaffen. Man kann dies als eine postmoderne Variante der früheren, religiösen Opferriten betrachten. In unseren säkularen Gesellschaften heutzutage werden Opfer von Lobbyisten geschaffen – oder von sogenannten Experten, die Güte mit Erwartungslosigkeit verwechseln.

Es ist allgemein bekannt, dass in einer Kultur solche Gruppenprozesse in Gang kommen können, die eine Opfermentalität hervorrufen. In der Auseinandersetzung mit diesem Phänomen sollte man auf objektive Parameter zurückgreifen. Kleinere Kindheitstraumen innerhalb der Familie spielen jedenfalls keine spürbare Rolle für das seelische Wohlbefinden im Erwachsenenleben.[53]

Machtmissbrauch mit Worten

Für die meisten Erziehungsexperten ist Macht ein rotes Tuch. Sie kritisieren jede Form der Machtausübung seitens der Eltern. Die Leser sind schnell bereit, ihnen recht zu geben. Allerdings nicht, weil die Macht an sich kritisiert wird, sondern weil die Leser glauben sollen, dass Macht das Gleiche sei wie Machtmissbrauch. Und wer möchte schon Machtmissbrauch befürworten? Aber wenn Eltern keine Macht haben, bedeutet dies, dass sie machtlos sind. Und das werden wohl nur wenige Eltern positiv finden. Wir sind uns sicher alle einig, dass es nicht angebracht ist, die eigene Macht zu missbrauchen. Und so müsste es erlaubt sein, die eigene Macht auf vernünftige Weise anzuwenden. Gute Eltern sind eher aufgeklärte als unaufgeklärte Despoten. Es ist ja immer von Vorteil, wenn man sich gut und vernünftig verhält, aber das sollte doch eine Selbstverständlichkeit sein.

Die Frage ist, ob man sich ermutigt oder doch eher verunsichert fühlt, wenn man sich auf eine Strategie verlässt, die darin besteht, dass man sich ganz genau überlegen muss, was man sagt, und dass man stets Gefahr läuft, eine falsche Botschaft zu vermitteln.

Hört man auf die modernen Kindererziehungsexperten, ist das Elternsein nicht leicht. Eine beunruhigte Mutter schrieb mir, nachdem ich im November 2012 Jesper Juuls Theorien kommentiert hatte, und fragte mich, ob es tatsächlich gefährlich sei, sein Kind zu loben, wenn es etwas Gutes gemacht habe. Juul zufolge kann eine solche, ganz natürliche Reaktion dazu führen, dass das Kind unter Leistungsdruck leidet. Seiner Meinung nach tut Lob den Kindern gar nicht gut, weil es dazu führen könnte, dass sie sich gegenseitig als Konkurrenten betrachten. Stattdessen soll man in etwa sagen: »Es macht mich froh, dass du stolz darauf bist, es geschafft zu haben.« Eine Aussage ohne Wertung eben.

Diese Strategie ist in meinen Augen verrückt. Man müsste sich dann ständig jedes Wort genau überlegen, wenn man mit den Kindern zusammen ist, um ja nichts Falsches zu sagen. Eine Erziehungsmethode, die vermutlich dazu führt, dass die Kinder das Gefühl haben, dass die Eltern äußerst distanziert und lieblos sind. Ich komme gleich darauf zurück, möchte aber zuvor einen kleinen Abstecher in die Biologie machen. Die Biowissenschaften sprechen nämlich deutlich dafür, dass Juul auch hier falschliegt.

Lob ist etwas Gutes. Solange das Lob ehrlich gemeint und berechtigt ist, sollte man positives Feedback geben. Dies ist in der Forschung klar nachgewiesen worden.[54] Es ist aber besser, das Kind für das, was es getan hat, zu loben, als irgendeine allgemeine Aussage zu treffen.[55] Den postmodernen Theorien zufolge gilt es, die Zunge im Zaum zu halten, damit man keine kleinen, vergnügten Freudenausbrüche von sich gibt, wenn der Vierjährige (den man ja auf keinen Fall als lieb bezeichnen sollte) einem eine selbst angefertigte Zeichnung zeigt. Ist es einem dann schon rausgerutscht, dass die Zeichnung wirklich gut sei (man meint dann natürlich im Vergleich zu all den anderen Kritzeleien, die das Kind täglich aus dem Kindergarten mitbringt), besteht höchste Gefahr, dass sich das Kind leistungsorientiert entwickelt. Eine überaus unheilbringende Entwicklung – wenn man den Experten glaubt.

Man sollte also jedes einzelne Wort auf die Goldwaage legen – etwas, das nur dazu führen kann, dass man dem Kind gegenüber Theater spielen muss. Und es ist eine Erziehungstaktik, die das Kind sicherlich ganz schnell durchschauen wird, da die wenigsten von uns so etwas wie Hollywoodgrößen sind. Vermutlich wird eine solche unbeholfene Schauspielerei das Kind eher verunsichern und verwirren. Es besteht tatsächlich die Gefahr, dass es anfangen wird, darüber nachzudenken, wie alles zusammenhängt.»Warum sind meine Eltern so komisch zu mir?«, »Lieben sie mich überhaupt?« sind Fragen, die den Kindern dabei durch den Kopf gehen könnten. Eltern sollten sich nicht verstellen, sondern so sein, wie sie sind. Das ist das Beste für die Kinder. Würzt man diese Ehrlichkeit noch mit Liebe, wird wahrscheinlich alles gut werden. Zumindest wird es dann kaum einen Grund geben, worüber das Kind sich als Erwachsener objektiv gesehen beklagen könnte.

Juul meint, dass man Kindern in manchen Situationen rein sachliches Feedback geben sollte. Zum Beispiel, wenn das Kind etwas *Außergewöhnliches* geleistet hat, aber er fügt dem die folgende kleine Richtlinie hinzu:

> »Deshalb ist es naheliegend zu glauben, dass positive Bewertungen (Lob) besser sind als negative (kritisierende), aber so ist es nur in dem Moment – nicht auf lange Sicht. Kinder, die mit Lob und/oder Kritik als dominierendes Element in der Erziehung aufwachsen, werden selbstunsicher und abhängig von der Akzeptanz und Bestätigung anderer. Das Verführerische beim systematischen Loben ist, dass es oft mit sich führt, dass die Erwachsenen sich erfolgreich fühlen, und somit entsteht eine Abhängigkeit, die leicht mit Nähe verwechselt werden kann.«[56]

Auch bei dieser Argumentation fehlt die Verankerung in der Wissenschaft. Dass unmittelbares, positives Feedback einen positiven Effekt auf das Lernen hat, ist allgemein anerkannt, und man muss kein Einstein sein, um zu begreifen, dass man negatives Verhalten korrigieren kann, indem man erklärt, dass es falsch ist. Für die Auffassung, dass man unsicher werden müsste, weil man gelobt wird, gibt es keine wissenschaftlichen Belege.

Dürfen sich Kinder benehmen, wie sie wollen?

Wenn Juul dazu übergeht, die Gerechtigkeit zu kritisieren, wird es interessant. Im Hinblick auf die Erziehungsmethoden früherer Generationen schreibt er:

> »Sie bekamen die gleichen Weihnachtsgeschenke, die gleiche Strafe und die gleiche Ausbildung, egal, wie unterschiedlich sie waren. Auf diese Weise war es ganz und gar dem Zufall

überlassen, ob ein Kind das erhielt, was es brauchte. Aber die Eltern konnten in dem Bewusstsein, gerecht gehandelt zu haben, ruhig schlafen.«[57]

Mit dieser aus Juuls Sicht altmodischen Erziehungsmethode könnte die moderne Gesellschaft kaum besser beschrieben werden. Was sie im Allgemeinen angeht, ist die Entwicklung in Richtung Konsenserziehung schon viel weiter fortgeschritten. Man muss sich fragen, ob die Dinge heute so viel anders aussehen. Das Gegenteil ist meiner Meinung nach der Fall. Heutzutage ist es beinahe strafbar, dem einen Kind ein größeres Weihnachtsgeschenk zu überreichen als dem anderen. Vor 40 Jahren lief es nicht wie oben beschrieben ab. In meinen Augen trifft das Bild eher auf heute zu.

Die ungerechte Gerechtigkeit vergangener Zeiten wird von Juul nicht vorrangig kritisiert, sondern der elterliche Wunsch, dass sich die Kinder gut benehmen mögen. Dass die Kinder sozusagen aus einer sozialen Norm heraus gut erzogen sein sollen. Juul spricht von dem individuellen Verantwortungsgefühl des Kindes als Voraussetzung für die soziale Verantwortung. Er glaubt, dass Kinder sich sozial verhalten werden, wenn sie erst ein starkes, individuelles Verantwortungsgefühl entwickelt haben. Wahrscheinlich ist das so. Manche Normen unserer Gesellschaft bauen jedoch darauf, dass wir auch den allgemeinen Verhaltenskodex kennen. Es spielt keine Rolle, wie gut oder schlecht das individuelle Verantwortungsgefühl entwickelt ist, wenn man die Spielregeln nicht kennt. Deshalb kommt man nicht darum herum, dass Kinder, die respektvoll behandelt werden wollen, dazu fähig sein müssen, sich den in der Gesellschaft geltenden Normen anzupassen. Vermutlich ergeht es denen, die sich an die Spielregeln halten, besser als denen, die den Verhaltenskodex nicht beachten. Als Eltern kann man mit Vorteil beides kombinieren und den Kindern sowohl individuelles als auch soziales Verantwortungsbewusstsein beibringen. Dabei sollte man bedenken, dass Letzteres am leichtesten gelingen wird.

Spielt es überhaupt eine Rolle, was und wie man es macht?

»A good enough mother« zu sein, ist ein Begriff, der von dem englischen Kinderarzt und Psychoanalytiker Donald Winnicott (1896–1971) geprägt wurde. Er stellte fest, dass man, wenn man sich einigermaßen anständig benimmt und sein Bestes tut, im Leben ganz gut klarkommen wird.

Ganz unabhängig davon, dass dies vermutlich wahr ist, ist eine solche Verhaltensweise im Umgang mit anderen Menschen auch weitaus sympathischer, als wenn man ständig darauf aus ist, minimale Fehlnuancen zu entdecken und zu bemängeln. Man sollte die Leute auf ernsthafte Versäumnisse hinweisen, sie aber nicht wegen Ereignissen, auf die sie keinen Einfluss hatten, zur Verantwortung ziehen.

Das Gehirn wird, biologisch betrachtet, von allem, was wir hören und sehen, beeinflusst. Es gibt einige Untersuchungen, die nahelegen, dass wir spezielle Hormonfenster durchleben, die in verschiedenen Altersstufen für unsere Entwicklung sehr wichtig sind. Dies wiederum spricht dafür, dass es Entwicklungsphasen gibt, in denen wir verschiedene Dinge altersentsprechend erfahren bzw. lernen sollten. Es ist vorstellbar, dass kleinste Abweichungen vom natürlichen Verlauf Folgewirkungen haben können, die uns dauerhaft und fundamental verändern. Es ist aber noch nicht erwiesen, welche Abweichungen welche Folgen haben. Beispielsweise kann die sechsjährige Anna zurechtgewiesen werden und in dem Versuch, sich besser anzupassen, ihr Verhalten ändern, während die gleiche Zurechtweisung bei der sechsjährigen Lisa bewirkt, dass sie einen für ziemlich blöd hält. Viele Psychologen glauben, ein Verzeichnis mit Handlungsanweisungen entdeckt zu haben, das genau vorgibt, was zu tun ist, um gewisse Verhaltensweisen ändern zu können. Oft wird behauptet, dass exakt erwiesen sei, welche Konsequenzen verschiedene, selbst kleinste Eingriffe haben und wozu diese langfristig führen werden. Aber nichts spricht dafür, dass jemand es tatsächlich weiß. In der Praxis kann ein Eingreifen zum kompletten Gegenteil von dem, was man erwartet hatte, führen.

Beobachtet man, wie Kinder heute erzogen werden, gibt es einiges, was dafür spricht, dass die modernen Erziehungsmethoden nicht gerade ins Schwarze getroffen haben. Den Kindern, die alles bekommen, was sie haben wollen, und die höchstwahrscheinlich Eltern haben, die sich sehr auf sie konzentrieren, die überaus pädagogisch und immer ansprechbar sind, ergeht es nicht besser als jenen, die mit autoritären Eltern aufgewachsen sind.[58]

Und wenn selbst Kleinigkeiten von Bedeutung sein können, ist nicht gesagt, dass dies auch auf kleine, vorgetäuschte Nuancen im Ton und beim Aussprechen von Komplimenten zutrifft. Wie ich festgestellt habe, ist es eher schwierig, den Kindern etwas vorzumachen. So zu tun, als sei man überhaupt nicht emotional involviert, halte ich in der Tat für komplett unsinnig.

Haben wir Eltern – letztlich – überhaupt irgendeinen Einfluss auf das Verhalten unserer Kinder? Es besteht doch die Gefahr, dass man extrem inkonsequent würde, wenn man rund um die Uhr sein eigenes Verhalten und das, was man sagt, genau abwägen müsste. Man würde vermutlich unter einem schlechten Gewissen leiden, denn hin und wieder würden einem Sachen herausrutschen. Man ist ja auch nur ein Mensch. Und Eltern mit einem schlechten Gewissen werden von ihren Kindern nur allzu leicht um den Finger gewickelt.

Solange man sein Bestes tut, eben »gut genug« ist, wird das größte Bedürfnis der Eltern sein, statt von jeglicher Schuld freigesprochen zu werden, keine wohlgemeinten Warnungen darüber hören zu müssen, was alles schiefgehen kann. Beides wird hoffentlich dazu führen, dass nicht nur Eltern, sondern auch ihre Kinder sich sicherer fühlen. Mal ganz abgesehen von den Genen und den schicksalhaften Zufällen.

Dann kann man es auch gleich lassen, oder? Denn es spielt ja anscheinend keine große Rolle, was wir tun. Eine solche Schlussfolgerung halte ich für einen Irrtum. Die sehr begrenzten Einflussmöglichkeiten der Eltern auf die Persönlichkeit ihres Kindes ist die eine Sache. Etwas ganz anderes ist es, wie groß der messbare elterliche Einfluss darauf ist, wie sich die verschiedenen Persönlichkeitstypen entwickeln. Man kann ja beispielsweise grundsätzlich ein durchaus soziales Wesen haben, dies aber auf ganz unterschiedliche Weise zum Ausdruck bringen, je nachdem, wie man erzogen wurde. Hat man kein Verantwortungsbewusstsein und auch keine Verhaltensregeln beigebracht bekommen, weiß man vielleicht nicht, wann man diese soziale Seite ausleben und wann man sich ein bisschen zurückhalten sollte, um nicht distanzlos zu erscheinen. In der gleichen Weise kann ein begabter Mensch seine Begabung in der einen Umgebung konstruktiv nutzen, in einer anderen Situation missbrauchen, um selbst besser dazustehen oder einen anderen zu beeindrucken. Ein anderer Persönlichkeitszug ist das Einfühlungsvermögen. In einer Umgebung, in der Verhaltensnormen vorgelebt werden, können auch Menschen, die von der Natur nicht mit besonders viel Einfühlungsvermögen gesegnet wurden, lernen, dass man sich nicht immer benehmen kann, wie man gerade will. Unter anderen Umständen könnte sich eben dieser Mensch in einen gewissenlosen Psychopathen verwandeln.

Nichts bleibt folgenlos

Es scheint, dass sich die elterliche Einflussnahme am ehesten auf das soziale Verantwortungsbewusstsein auswirken kann. Selbstverständlich sollte man trotzdem versuchen, an das individuelle Gefühl des Kindes dafür, was richtig und was falsch ist, zu appellieren, wenn man erreichen möchte, dass es sich an die Gesellschaft anpasst.

Das Paradoxe ist, dass viele Experten auf Basis ihrer falschen Annahmen trotzdem die richtigen Schlüsse ziehen. Die weit verbreitete Auffassung, dass ein Kind, das in einer gewaltgeprägten Umgebung aufwächst, auch selbst gewalttätig bzw. selbstdestruktiv wird, kann durchaus zutreffen. Diese Konsequenz beruht aber nicht auf den von den »Experten« angegebenen Gründen. Das zukünftige Verhalten eines Kindes lässt sich aufgrund der zufallsbedingten äußeren Faktoren nur schwer voraussagen. Die Ähnlichkeit, die ein solches Kind mit seinen gewalttätigen Eltern aufweisen wird, kann wahrscheinlich eher genetisch erklärt werden als damit, dass die Eltern sich in einer bestimmten Weise verhalten haben. Mit der Genetik lässt sich aber nicht so leicht erklären, dass das Kind genauso wird, wie es die Statistik voraussagt, es wird immer ganz natürliche Abweichungen geben. Genetische Veranlagungen können auch Generationen überspringen und mit der Zeit abklingen oder sich in eine andere Richtung entwickeln. Und manche Kinder werden, wie gesagt, ihre Aggressivität gegen sich selbst richten.

Das heißt: Eltern, die ihre Kinder misshandeln, tun dies, weil sie selbst misshandelt wurden. Sie übernehmen aber nicht nur einfach dieses Verhalten, sondern sie haben mit hoher Wahrscheinlichkeit die gleichen Gene geerbt und somit auch die gleiche Grundpersönlichkeit sowie die gleiche Vorgehensweise bei Konfliktlösungen.[59] Viele der Beispiele, die Jesper Juul beschreibt, zeigen Fehler aufseiten der Eltern auf. Auch wenn andere Experten in ihrer Kritik nicht ganz so direkt sind, scheint es mir doch, dass sie ihm in vielerlei Hinsicht Recht geben. Wenn Juul gestresste Eltern, die genervt reagieren, als problematisch darstellt, vertritt er sozusagen eine allgemein verbreitete Auffassung. In einem Fall geht es um eine junge Mutter, die gereizt reagiert, als ihr fünfjähriger Sohn ihrer Meinung nach bei der Getränkewahl nicht schnell genug ist und sie ihm deshalb einen Orangensaft bestellt. Der Junge bittet daraufhin ganz lieb darum, stattdessen eine Cola zu bekommen. Nachdem er sie bekommen hat, trinkt er sie schnell aus und möchte dann gehen. Die Mama wird stinksauer, und der Junge sinkt auf seinem Stuhl in sich zusammen. Juul deutet das so, dass die Mutter ganz anders hätte reagieren müssen. Sie hätte seine Vorgehensweise nutzen und mit ihrem Sohn verhandeln müssen, sie hätte sich für eine solche Verhandlung die erforderliche Zeit nehmen oder intuitiv begreifen müssen, dass ihr Kind eine Cola trinken wollte …

Ich bin auch der Meinung, dass sie anders hätte handeln müssen. Sie hätte sich nicht darauf einlassen dürfen, ihrem Sohn doch noch eine Cola zu kaufen. Anscheinend war die Cola als solche für ihn gar nicht so wichtig. Und es hätte ihm sicherlich nicht geschadet, stattdessen ein Glas Orangensaft zu trinken, vor allem weil er gar nicht wusste, was er eigentlich haben wollte, als er die Chance bekam, selbst zu wählen. Die Frage ist, warum wir glauben, dass alles besser wird, wenn wir unseren Kindern solche Entscheidungen überlassen.

Diese kleine Episode sollte kein Anlass zum Ärger sein. Weder aus der Sicht der Mutter noch aus der Sicht des Sohnes. Hätte sie von vornherein das Gefühl gehabt, dass sie die Macht hat, darüber zu entscheiden, was ihr Kind zu trinken bzw. zu essen bekommt (eine Macht, die früher immer von den Eltern ausgeübt wurde), hätte die Situation sie auch nicht so wütend gemacht. Vielleicht ist das etwas, über das die gestressten Menschen unseres Zeitalters einmal nachdenken sollten. Wenn Sie als Eltern solche Entscheidungen treffen, ist die Wahrscheinlichkeit geringer, dass Sie sich unnötig aufregen. In der genannten Situation regte sich die Mutter zwar auf, aber wie Donald Winnicott sicherlich sagen würde: Sie war vermutlich trotzdem »gut genug«.

Vielleicht bin ich doch ein bisschen ungerecht Jesper Juul gegenüber. In einigen Passagen seiner Bücher kritisiert er das Phänomen der »Curling-Eltern« (verwandt mit den Helikopter-Eltern), auch wenn er den Begriff selbst am Anfang nicht anwendet, da dieser erst später von seinem Landsmann Bent Hougaard eingeführt wurde, zum Teil als Kritik an Juuls Ansichten. Juul beschreibt Familien, in denen die Kinder wie kleine Tyrannen agieren und so ihre Umgebung komplett im Griff haben. Es handelt sich um Situationen, die ganz aus dem Ruder gelaufen sind und in denen die Kinder die Macht übernommen haben; ein Problem, das eine Folge der modernen Erziehung ist und sich immer mehr verbreitet. Das findet Juul auch nicht gut. Die Familie ist keine kleine Variante der Demokratie, in der man über alles abstimmen soll und in der jede Stimme gleichwertig zählt. Juul möchte auf der anderen Seite aber auch nichts mit der alten, autoritären Erziehung zu tun haben. Er empfiehlt eine Art semidemokratischen Dialog. Das hört sich gut an. Es erscheint einem ganz selbstverständlich. Man spürt bei Juul aber auch die gleiche Tendenz zur Überbehütung, die man quasi in jedem Buch, das seit dem Vormarsch der Bindungstheorie weltweit zu diesem Thema publiziert wurde, wiederfindet. Es geht dabei nicht um Fürsorge, die auf Liebe basiert (obwohl ich keine Zweifel daran habe, dass die Autoren ihre Bücher aus Liebe zu den Kindern schreiben). Stattdessen beruht die Überbehütung auf der immer wiederkehrenden Auffassung, dass die Kinderseele einer brüchigen Porzellanpuppe gleicht. Man glaubt, dass die Kinder zerbrechen würden, wenn sie nicht genauso behandelt werden, wie die Experten es empfehlen. Juul meint, dass unsere Fehler auf jeden Fall Folgen haben werden, man weiß nur nicht, wann diese Folgen spürbar werden. Die Symptome können ja sehr unterschiedlich ausfallen. Es muss kein unmittelbarer, seelischer Zusammenbruch erfolgen. Es kann auch vorkommen, dass man erst im Erwachsenenalter etwas spürt. Diese Bedrohung lauert ständig, irgendwann passiert es, irgendwann in der Zukunft …

Der allwissende Experte

Die Kindererziehungsexperten bilden den Maßstab für alles und jeden. Der ganze Kader von Erziehungsprofis baut seine Existenzberechtigung darauf auf, dass Eltern sie brauchen, weil sie die Erziehung ihrer Kinder nicht allein hinbekommen würden. Dabei ist es erforderlich, dass zuerst einmal die Eltern geringgeschätzt werden. In einem zweiten Schritt stellen sich die »Experten« dann selbst als besser als die »Experten« von früher dar.

Weil die Experten alles besser wissen, ist es wichtig, dass ihre Leser das auch so sehen. Und sollten doch mal Zweifel aufkommen, kann auf keinen Fall der »Profi« Unrecht haben. Folglich werden die meisten Eltern irgendwann denken, dass sie schlechte Eltern sind. In dem Märchen *Des Kaisers neue Kleider* geben die Leute nicht zu, dass sie einen nackten Mann vor sich sehen. In unserem Fall ist es noch ein bisschen schlimmer. Man sieht den nackten Kaiser und stürmt ihm begeistert hinterher, während man jeden Fetzen, den man am Körper trägt, von sich wirft …

Obwohl die Eltern intuitiv wissen, dass der vierjährige Markus noch nicht lebenserfahren genug ist, um darüber zu entscheiden, was er anziehen oder was die Familie zu Mittag essen sollte oder welches Haustier am besten zur Familie passt, ist eine große Portion Selbstvertrauen vonseiten der Eltern erforderlich, um gegen die weit verbreiteten Liebesbotschaften anzutreten. Wird verkündet, dass die Kinder dazu kompetent sind, dann glauben wir daran. Es ist ja eine Botschaft, die ganz klar im Interesse des Kindes liegt. Also sollten sie die Möglichkeit bekommen, eigene Entscheidungen zu treffen, wie wir Erwachsene das auch tun. Zumindest sollte man jede familiäre Entscheidung mit den Kindern diskutieren. Man muss die tiefer liegende, reife Reaktion erstmal verstehen, wenn der vier Jahre alte Markus einen Wutanfall bekommt, weil er ins Bett gehen muss, anstatt auf der Couch sitzenzubleiben und *Star Wars* schauen zu dürfen. Die Eltern versuchen auf Biegen und Brechen, auf seine Wünsche einzugehen, weil sie in ihm die kleinere Variante eines kompetenten Erwachsenen sehen. Sie setzen sich deshalb geduldig mit ihm hin und diskutieren, welche Vor- und Nachteile das Schauen von *Star Wars* hat. Sie erklären ihm, wie wichtig es sei, dass er genug schlafe, damit er morgen früh fit für einen Ausflug in den Park sei. Sie gehen ins Detail und beschreiben, was mit ihm passiert, wenn er müde ist und wie er sich dann wahrscheinlich verhalten wird. Sie suchen rationale Argumente, die sowohl Markus als auch sie selbst überzeugen.

Jede andere Auffassung als die der Experten wird stigmatisiert, egal, was die Experten gerade sagen. Eine andere Meinung zu vertreten deutet im besten Fall darauf hin, dass man keine Ahnung hat und vielleicht sogar ein bisschen dumm ist. Im schlimmsten Fall weist es darauf hin, dass man seelisch verkümmert ist. Es ist nicht ungewöhnlich, wenn Experten schlussfolgern, dass ganz normale Eltern gefährlich für ihre eigenen Kinder sein könnten.

Elternliebe – Kinderliebe

Eine andere, große Autorität unter den Pädagogen unserer Zeit – Anna Wahlgren – scheint eine ganz »normale« Mama zu sein (wenn man von den vielen Kindern, Ehen und Vätern absieht). Die autodidaktische Mutter von neun Kindern nimmt es nicht ganz so genau, wenn es darum geht, wie man den Kindern verschiedene Dinge sagt. Mit ihrem eigenen verbalen Können braucht sie das auch nicht. Sie leitet ihr Buch, das den Titel *Das Kinder-Buch* trägt, mit einer strahlenden Huldigung an die Kinder ein. Eltern dürften sofort verstehen, was sie meint, wenn sie schreibt:

>»Die allermeisten Eltern dieser Welt, mit so wenigen Ausnahmen, dass man sie kaum beachten muss, sind, ohne mit der Wimper zu zucken, dazu bereit zu bezeugen: Kinder zu bekommen ist fantastisch, lebensverändernd und überwältigend. Es ist etwas unbeschreiblich Großes. Es ist der Sinn des Lebens. Jedes Kind wird mit einem Zauberstab in der Hand geboren. Wenn dieser Zauberstab dich berührt, fällt der Sternenstaub der Liebe auf dich herab. Ja, vermutlich wird es dich regelrecht überschütten, wenn du nur nah genug dran bist. Du wirst über und über davon bestäubt. Du wirst zu einem einzigen großen Gefühl von Liebe.«[60]

Und wenn Anna Wahlgren den 78. Vers des Tao Te King, der von der Kraft des Wassers handelt, zitiert und ihn auf den Zauberstab des Kindes und die unendliche Liebe, die eine Mutter oder ein Vater seinem Kind gegenüber empfindet, überträgt, werden vielleicht sogar Kinderlose ein bisschen vom Wunder der Elternschaft begreifen. Aber nur ein wenig, denn das Gefühl – schreibt Anna Wahlgren – kann man nicht in Worte oder Gedanken fassen:

> »Auf der ganzen Welt gibt es nichts Weicheres als das Wasser,
> aber gilt es, das Harte und Feste zu bekämpfen,
> gibt es nichts, was es an Kraft übertrifft.
> In dieser Hinsicht kann es durch nichts ersetzt werden.
> Das Schwache überwindet das Starke.
> Das Weiche überwindet das Harte.
> Es gibt keinen Menschen auf der Welt, der es nicht weiß,
> aber keiner schafft es, danach zu leben.«[61]

Die Kinder überwinden – genau wie das Wasser – das Harte. Sogar im Innersten des härtesten Straftäters leuchtet ein warmes Licht, wenn er oder wenn sie an das eigene Kind denkt.

Anna Wahlgrens Buch baut größtenteils auf gesundem Menschenverstand auf. Es ist insgesamt genauso allgemeingültig und wahr wie alle möglichen anderen unspezifischen Aussagen. Alle Eltern wissen hoffentlich, was Kinder sind und wie sie sich verhalten. »Eltern zu sein ist«, wie der englische Soziologe Frank Furedi in seinem Buch *Warum Kinder mutige Eltern brauchen* schreibt, »keine hohe Wissenschaft. Es ist in der Tat überhaupt keine Wissenschaft«.[62] Deshalb zieht er die Schlussfolgerung, dass die üblichen Ratschläge im schlimmsten Fall auf den Vorurteilen eines Einzelnen aufbauen. Der britische Kinderpsychiater Donald Winnicott sah es genauso. Schon als der Vormarsch der Experten auf dem Gebiet der Kindererziehung noch in den Anfängen steckte, warnte er vor ihnen ...

Das bedeutet aber nicht, dass Wahlgren automatisch mit allem

Recht hat. Einige ihrer Ratschläge wirken etwas zweifelhaft. Es bedeutet auch nicht, dass ihre Kinder eine besonders schöne Kindheit hatten. Es gibt Anzeichen dafür, dass dem nicht so war. Anna Wahlgrens Tochter, Felicia Feldt, schildert in ihrem Buch *Felicia försvann*[63] ihre Kindheitserinnerungen in einem alles anderen als rosagetönten Licht. Wer in diesem Fall Recht hat, lässt sich nicht sagen, aber der Familienstreit an sich ist ein gutes Beispiel dafür, wie unüberschaubar und unmöglich es ist, die Folgen von Kindererziehung vorauszusagen. Die Kinder können das Geschehene richtig oder falsch deuten. Die Mutter wurde vielleicht von dem einen Kind als eine gute Mutter erlebt, während die Schwester oder der Bruder fand, dass sie eine schlechte Mutter war. Der Zeitgeist kann darauf Einfluss gehabt haben. Gerade bei dem hasserfüllten Streit zwischen Anna Wahlgren und ihrer Tochter Felicia Feldt ist er wahrscheinlich nicht ganz unwesentlich, aber es gibt natürlich jede Menge andere mögliche Faktoren. Welche Freunde hatten die Kinder, in welcher Umgebung lebte die Familie – und möglicherweise kosmische Strahlung oder genetische Mutationen, Faktoren, die auf natürliche Weise die menschlichen Zellen in unterschiedlicher Weise verändern können. Wir Menschen machen während unseres ganzen Lebens hindurch Billionen von Zellveränderungen durch. Veränderungen, die uns als Menschen beeinflussen, wenn sie in Regionen unseres Körpers, die mit Gefühlen oder Gedanken zu tun haben, stattfinden. Die verschiedenen Ereignisse und Parameter, die das Ergebnis ein und derselben Erziehungsmethode beeinflussen können, sind sehr komplex und sozusagen endlos.

Auch hier können wir wieder feststellen, dass, wer heute Experte ist, schon morgen verworfen werden kann. Alles hängt von der vorherrschenden Kultur ab. Es ist gleichermaßen merkwürdig, dass Eltern jahrzehntelang unkritisch Anna Wahlgren über alle Maßen wertgeschätzt haben, wie sie ihr Buch dann plötzlich genauso unkritisch als komplett wertlos verwarfen.

Alle Eltern sollten wissen, dass man im eigenen Zuhause kein

Experte sein muss. Unabhängig davon, ob Anna Wahlgren nun Recht hat oder nicht. Damit ist nicht gesagt, dass man nichts Gutes von Anna Wahlgren lernen kann, denn das kann man (genauso wie von Penelope Leach und Jesper Juul). Was mir an Anna Wahlgrens Buch seltsam vorkommt, ist nicht, dass eine ihrer Töchter der Ansicht ist, dass sie in ihrer Kindheit Gemeinheiten erlebt habe. Dagegen ist es merkwürdig, mit welch großer Sicherheit sie sich zu jedem und allem äußert. Als meine damals elf Jahre alte Tochter das Kapitel über Elfjährige gelesen hat, war sie entsetzt, so verletzend war es. Die Zehnjährigen sind nach Wahlgren kleine Menschenwunder, und die Zwölfjährigen sind einfach toll, aber die Elfjährigen ... oh, oh, oh. Sie sind disharmonisch, unsicher und verwirrt. Offenbar alle Elfjährigen, zumindest nach Wahlgrens Meinung. Dass manche Elfjährigen noch Kinder sind, während andere schon langsam in der Pubertät stecken, scheint nicht erwähnenswert. Und so geht es immer weiter. Das Einzige, was man vermissen könnte, sind Aussagen dazu, wie Fünfzehneinhalbjährige sich im Vergleich zu Jugendlichen von 15 Jahren und neun Monaten verhalten, oder welche Unterschiede zwischen einem Kind von vier Jahren und zehn Monaten und einem drei Monate älteren Kind bestehen ...

Wahlgren ist, gelinde gesagt, kategorisch. Eine richtige Supermamaexpertin. Das spürt man auch bei anderen Tipps, die sie auf Lager hat. Aber sie ist auch pragmatisch. Einer ihrer Verkaufshits ist *Das DurchschlafBuch*.[64] Hier wird eine Schlafmethode vorgestellt, die den Schlaf des Kindes stabilisieren soll, für die man aber ganz schön hart im Nehmen sein muss. Alles in allem weiß Wahlgren nicht weniger oder mehr über Kinder und Erziehung als alle anderen so genannten »Experten«. Sie schreibt in einer wunderbaren Sprache, gewürzt mit einer großen Portion Liebe. Ob sich diese Liebe eventuell in der Realität nicht so deutlich Bahn gebrochen hat, ist für die Leser irrelevant. Denn wenn man voller Liebe über Kindererziehung schreibt, berührt man damit den wichtigsten Aspekt der Eltern-Kind-Beziehung. Als erwachsener

Mensch liebt man in der Regel seine Kinder fast bedingungslos. Die ganz große Mehrheit der Leser wird bestätigen können, dass dem so ist. Sogar die Mütter von Dieben, Mördern und vielleicht sogar Vergewaltigern lieben trotz allem ihre Kinder. Obwohl die Liebe nicht immer auf Gegenliebe stößt.

Das behauptet allerdings die internationale Superexpertin Penelope Leach. Auch sie konzentriert sich auf all die Liebe, die die Eltern ihren Kindern geben müssen. Aber sie ist der Meinung, dass Kinder sich in die Menschen, die sich um sie kümmern, verlieben. In gewissem Maße hat dieses Bild seine Richtigkeit, solange es sich um die ganz frühe Kindheit handelt. Die Aussage wird aber immer zweifelhafter, je älter das Kind wird. Das große Problem für die Eltern ist, dass das Kind nach der frühen »Verliebtheitsphase« sehr schnell die Liebe seiner Eltern nicht gleichermaßen bedingungslos zurückgeben wird. Dies kann ich mit den Worten meines Kollegen Anders Berntsson illustrieren. Er beschreibt, wie undankbar es ist, erwachsen zu sein, weil man seine Kinder mehr liebt, als sie einen selbst zurücklieben: »Bis zu einem Alter von sieben Jahren ist man für seine Kinder Superman, danach geht es abwärts.«

Genau das hat Anna Wahlgren erfahren müssen. Kinder brauchen ihre Eltern nicht mehr so sehr, wenn sie erstmal groß sind. Und wenn sie sie brauchen, ist dies ja eher ein Zeichen dafür, dass etwas ernsthaft schiefgelaufen ist.

Die Rolle der Kinder

Auch wenn ältere Kinder ihre Eltern nicht mehr so sehr brauchen, können sie ihnen trotzdem nützlich sein. Oft heißt es, dass es früher genau umgekehrt war. Dass man Kinder bekam, damit sie später die Eltern versorgen konnten, wenn diese alt wurden. In manchen Gegenden unserer Erde ist das noch heute so. Es gibt sogar Menschen, die behaupten, dass man sich Kinder nur anschaffte, um mehr Geld für die Familie zu bekommen. Die Frage ist, wie wahrheitsgemäß solche Behauptungen sind. Solche historischen Aussagen findet man fast überall. In seinem Buch On Parenting[65] beschreibt Benjamin Spock eine Welt, in der die Eltern nicht sonderlich viel für ihre Kinder empfanden. Er zögert nicht, sehr weitreichende Folgen aus Erziehungsfehlern abzuleiten und hält eine Brandrede darüber, dass Erziehung die Gewalt in der Gesellschaft eindämmen könnte. Er betrachtet es als quasi selbstverständlich, dass sich die Gewalttaten in den USA reduzieren und auch die Außenpolitik des Landes verändern würden, wenn Eltern ihre Kinder nicht mehr verhauten. Obwohl ich keineswegs für körperliche Züchtigung bin, ist mir die wissenschaftliche Grundlage seiner Argumentation etwas dünn. Spock ist aber ein gutes Beispiel dafür, wie extrem viel Ideologie und reine Politik hinter »Expertenwissen« stecken kann. Die wenigsten Menschen wünschen sich die Erziehungsweise zurück, die Spock einst kritisierte. Trotzdem gibt es Grund genug zu bezweifeln, dass es in früheren Zeiten den Eltern nur darum ging, ihre Kinder zum eigenen Vorteil auszunutzen, wie Spock und auch viele andere uns einbläuen wollen.

Ich selbst bin davon überzeugt, dass Eltern auch in früheren Zeiten ihre Kinder liebten. Es ist nicht nur natürlich, dass die Kinder sich biologisch an ihre Eltern binden. Es ist auch biologisch so vorgesehen, dass man seine Nachkommen liebt. Bei Müttern kann dies hormonell nachgewiesen werden. Oxytocin ist ein Hormon, das nach der Entbindung und während des Stillens ausgeschüttet wird. Es wird das »Liebeshormon« genannt. Viele können bestätigen, dass die Schwangerschaft und die darauffolgende Geburt tendenziell eine Frau vollkommen verändern können. Die Väter sind natürlich hormonell nicht ganz so eng an ihre Kinder gebunden, aber rein psychisch gesehen ist es auch für sie schwer, keine starke Bindung zu ihrem Nachwuchs aufzubauen.

Bei dem, was Spock und andere als Ausbeutung beschreiben, handelt es sich auch nicht wirklich um einen Mangel an Liebe. Es geht ganz klar ums Überleben – um die Existenz der Familie. In früheren Zeiten waren die meisten Kinder *gezwungen* zu arbeiten. Sonst wäre die Familie untergegangen. Heute ist Kinderarbeit verboten. Früher wurden die Kinder ausgenutzt – aber nicht, weil die Eltern sie nicht lieb gehabt hätten. Die Frage ist – um es ein wenig auf die Spitze zu treiben –, ob es so viel besser ist, dass sich die vermeintlichen Sklaventreiber von damals heute in die Allround-Diener ihrer Kinder verwandelt haben.

Positive Verstärkung als Strafe?

Das Bild der modernen Erziehung, das der dänische Psychologe Bent Hougaard in seinem Bestseller *Curlingforældre og servicebørn*[66] malt, präsentiert eine neue Generation von Kindern, die rund um die Uhr von den Eltern bedient und behütet werden. Die Kinder bekommen alles, was sie haben wollen, und die Eltern räumen ihnen jedes Hindernis aus dem Weg. Ähnlich verhalten sich Helikopter-Eltern, die stets über ihren Kindern wachen.

Hougaard ist der Meinung, dass man nicht alle Probleme lösen kann, indem man die Kinder für alles belohnt, eine Auffassung, die im Gegensatz zum internationalen »Megaexperten« Benjamin Spock steht. Spock meint (wiederum eher aus seiner subjektiven Überzeugung heraus als auf wissenschaftlichen Untersuchungen basierend), dass man die Kinder überhaupt nicht bestrafen muss. Wir Eltern tun es dann doch mal, und er versteht und akzeptiert, dass es vorkommen kann, kommt aber zu dem Ergebnis, dass Strafe eigentlich überhaupt *nicht notwendig* sei. Seine Ratschläge müssen ziemlich frustrierend für eine Mutter sein, deren Tochter schreiend auf dem Fußboden des Supermarktes liegt und lauthals nach einem Eis verlangt. Sie müsste, so Spock, in der Situation das Verhalten des Kindes korrigieren, darüber hinaus sollte es für das Kind keine weiteren Folgen haben.

Irgendwelche Sanktionen zu verhängen, um solche Situationen

in Zukunft zu vermeiden, ist laut Spock unangemessen. Die Frage ist, was man stattdessen macht. Die mildeste Reaktion auf das Verhalten des Kindes wäre, ihm ganz einfach kein Eis zu geben. Wäre das akzeptabel? Die Tochter wird es ja wie eine Strafe erleben. Dann kann man es wohl doch nicht so machen. Besonders nicht, wenn man auf diverse Psychologen hört, die der Meinung sind, dass das Schlimmste ist, was man einem Kind antun kann, es komplett zu ignorieren. Und wenn man stattdessen das Kind hochhebt und aus dem Laden trägt? Wäre das auch eine Bestrafung? Absolut! Es würde ja bedeuten, dass man es einer körperlichen Zurechtweisung aussetzt. Für die Tochter entspricht diese Strategie einem unmittelbaren Feedback auf ihr Verhalten und findet sich somit auf der gleichen Stufe wie ihr schlechtes Benehmen. Es kann auch schwierig sein, diese Strategie konsequent umzusetzen. Und außerdem bestraft man sich selbst, weil man nicht weiter einkaufen kann. Es ist deshalb manchmal unvermeidbar, eine klar ausgesprochene Strafe zu verhängen. Es gibt dann beispielsweise keine Süßigkeiten mehr am Samstag, wenn es nochmal vorkommen sollte. Eine kleine Gegenmaßnahme, die aber nicht akzeptabel ist, wenn man das Kind straffrei erziehen möchte.

Auf den Themenseiten *Insidan* der schwedischen Tageszeitung Dagens Nyheter konnte man Anfang 2008[67] lesen, wie schrecklich es ist, wenn man bei der Kindererziehung Fehler macht. Es war unmöglich, die Empörung und den Zorn zu überhören, welche mehrere Psychologen und Psychotherapeuten zum Ausdruck brachten, nachdem sie über die Elternausbildungskurse *Komet* der städtischen Einrichtungen in Stockholm gelesen hatten.

Worum ging es konkret? Ging es um körperliche Züchtigung von Kindern? Oder vielleicht um das Verhängen von Hausarrest für eine ganze Woche? Verordnete man während des Elternkurses, dass das Kind mit Wichtelmütze auf dem Kopf in der Ecke stehen musste? Nein. Die Artikel, die vorher in dieser Serie der Zeitung publiziert worden waren, handelten davon, dass man in den *Komet*-Kursen den Eltern beibringen wollte, dass sie sich nicht ständig hinsetzen müssen, um Probleme mit dem Kind zu debattieren, und dass man die Kinder nicht anschreien und bedrohen sollte. Man empfahl den Eltern stattdessen, das schreiende Kind im Raum allein zurückzulassen – eine Strategie, die mit meiner mildesten Strafe im Supermarkt von vorhin vergleichbar wäre –, d. h. das Kind wird ignoriert und bekommt nicht das, was es will.

»Die Gefahr ist groß, dass das Kind sich nicht wie ein vollständiger Mensch fühlt. Die Eltern akzeptieren ja nicht das ganze Ich des Kindes«, kommentierte Maria Mandel, Schulpsychologin und Psychoanalytikerin, das Vorgehen. Sie erklärte ihren Standpunkt wie folgt: »Ein ignoriertes oder abgelehntes Kind kann leicht glauben, dass die heftigen Gefühle, die dadurch im Körper ausgelöst werden, gefährlich und tief beschämend sind – die Eltern können es ja anscheinend nicht ertragen.« Selbst der Kinderarzt Lars H. Gustafsson war empört. Er spricht in diesem Zusammenhang von der Wiederkehr der Strafecke und von Mobbing durch die Eltern.

Ist diese Methode nun wirklich so schrecklich? Worin liegt eigentlich das Problem? Und was muss man tun, damit die Experten nichts zu meckern haben? Welche Beweise haben Gustafsson und Mandel außer ihrer eigenen Überzeugung dafür, dass das empfohlene Verhalten schädlich sei? Natürlich keine. Das Interessanteste an der Artikelserie und die Diskussionen, die dadurch ausgelöst wurden, sind jedoch die Leserkommentare.[68] Dabei konnte man feststellen, dass die Leser, die keine Elternkurse mitgemacht hatten, überaus kritisch und empört waren. Die Leser, die schon teilgenommen hatten, waren dagegen sehr positiv gestimmt. Der letzte Artikel endete mit einem Beitrag vom damaligen Leiter der Kinder- und Jugendpsychiatrischen Klinik (BUP) in Stockholm, Sten Lundqvist. Er betont, dass man seit mehreren Jahren in der BUP erfolgreich ähnliche Methoden anwendet.

> »Die Elternkurse sind genauestens ausgewertet worden, sowohl im Ausland als auch in Schweden. Unsere Erfahrungen zeigen, dass sie funktionieren – nicht nur im Hinblick auf eine

Veränderung des Verhaltens der Kinder, sondern vor allem darauf, mit festgefahrenen Verhaltensmustern zu brechen und eine positive Entwicklung im Zusammenwirken von Eltern und Kindern zu erreichen. Deuten solche Programme darauf hin, dass die heutige Erziehung sich in Richtung ›neuautoritäre‹ Verhaltensweisen, die die Kinder kränken und ihnen angstbetonten Gehorsam abverlangen, bewegt? Nein, in der Tat nicht. Jede Methode kann missbraucht werden und in den falschen Händen eine destruktive Form annehmen.«

Die Programme der Elternbildung stammen übrigens aus den USA. Die ursprüngliche Form wird *Cope (The Community Parent Education)* genannt und in mehreren schwedischen Gemeinden allen frischgebackenen Eltern angeboten.

Kehren wir zurück zum Mädchen, das schreiend nach einem Eis verlangt. Die natürlichen Strategien – wie das Geschrei der Tochter zu überhören und weiter einzukaufen oder das Kind hochzuheben und hinauszutragen – sind laut unserer modernen Erziehungsexperten nicht akzeptabel. Aber was können wir stattdessen tun? Die meisten Menschen, die die modernen Ratgeber beherzigen, werden ihrer Tochter vermutlich einfach ein Eis kaufen, damit Ruhe einkehrt – eine Strategie, die, wie wir bald feststellen werden, die meistverbreitete Lösung diverser, moderner Erziehungsprobleme geworden ist.

Strafe ist etwas, das sprachlich gesehen einen sehr negativen Klang bekommen hat. Nichtsdestotrotz kann man Kinder nicht erziehen, ohne auch mal Grenzen aufzuzeigen. Das Feedback, dass man den Kindern gibt, kann ja nicht ausschließlich aus Belohnungen bestehen. Das müsste eigentlich selbstverständlich sein, aber nach Jahrzehnten, in denen derer unsere postmoderne Welt von etlichen merkwürdigen Trends geprägt wurde, ist nichts mehr eindeutig.

Das Schlimmste an dem Mangel an Erziehung ist, dass einem keiner dafür dankt. Nicht einmal die Kinder. Hougaard schreibt:

»Wenn man glaubt, dass man Erziehungskonflikte umgehen kann, ohne den Kindern Grenzen, Strafen und Konsequenzen aufzuzeigen, dann, behaupte ich, lebt man in einer Illusion, was zur Erklärung beiträgt, warum so viele Eltern tief frustriert sind. Ihre Güte und wohlwollenden Absichten führen einfach nicht dazu, dass die Kinder ihnen dankbar sind.«[69]

Die Beispiele, die Hougaard von begabten, aber unerzogenen Kindern nennt, zeigen, wie unmöglich die Situation wird, wenn die Eltern kapitulieren. Um diesen Trend in eine andere Richtung zu lenken, muss man das Selbstvertrauen der Eltern stärken, das ihnen in den vergangenen 50 Jahren geraubt worden ist.

Die Illusion des kompetenten Kindes

Hougaard kritisiert diejenigen, die vorgeben zu wissen, was in den Köpfen kleiner Kinder vor sich geht, und die glauben, diese seien wie wir Erwachsene, eben nur körperlich kleiner. Er ist davon nicht überzeugt. Seine Beiträge zur Debatte sind angemessen und auch demütig, in einer Sache ist er sich aber ziemlich sicher:

> »Dass es nicht besonders viel gibt, das wir wirklich darüber wissen, was Kinder zwischen null und vier Jahren denken, außer dass sie ganz anders denken als Erwachsene und dass sie sich deshalb manchmal auch etwas merkwürdig verhalten.«[70]

Im Gegensatz zu Jesper Juul zieht Hougaard in Bezug auf die Kompetenz der Kinder die entgegengesetzte Schlussfolgerung. Kinder, so Hougaard, sind überhaupt *nicht kompetent,* und sie sind *nicht* wie wir Erwachsene. Erwachsene sind nämlich kompetent (oder sollten es zumindest sein). Kinder sind etwas ganz anderes. Vielmehr, um Hougaard an anderer Stelle zu folgen, sollte man kleine Kinder nicht als kleine Erwachsene ansehen, sondern als kleine Menschen.

Wenn man betrachtet, wie das kindliche Gehirn funktioniert, kann man Hougaard mit ziemlicher Sicherheit Recht geben. Mit der sogenannten fMRT-Technik[71] kann man sehr viel über die Funktion des Gehirns herausfinden. Ein interessantes Ergebnis ist, dass kleine Kinder tatsächlich viel mehr Hirnzellen haben. Es scheint also auf den ersten Blick so, als müssten die Kinder schlauer sein als die Erwachsenen. Sie haben ja so viel mehr Gehirnzellen zum Denken. Das ist aber nicht der Fall. Stattdessen sollte diese Tatsache so gedeutet werden, dass die vielen Zellen sich noch nicht spezialisiert haben. Nervenzellen sind extrem »polygam«. Sie wollen in alle Richtungen neue Kontakte knüpfen. Je mehr, desto besser. Die vielen Zellen des kleinkindlichen Gehirns sind also noch nicht miteinander verknüpft. Wenn man älter wird, gehen gewisse Hirnzellen Verbindungen miteinander ein, andere bilden sich zurück.

Diese Entwicklung setzt sich durch die Veränderbarkeit des Gehirns selbstverstärkend immer weiter fort. Nervenzellen schicken elektrische Impulse, wenn wir beispielsweise denken oder eine Handlung ausführen. Dabei fällt es den Nervenzellen leichter, schon bekannte elektrische Impulse noch einmal loszuschicken, als dies beim ersten Mal der Fall war. Je häufiger ein Signal auftritt, umso leichter wird es für das Gehirn, es erneut loszuschicken. Die Nervenzellen, die untereinander Kontakte knüpfen, schicken Impulse weiter und verzweigen sich immer mehr zu einem Netzwerk, das immer komplexer funktioniert, je älter das Kind wird. Die Nervenzellen, die im Gegensatz dazu gar nicht in Gebrauch genommen werden und bei denen keine Kontakte zu den übrigen Zellen hergestellt werden, verschwinden mit der Zeit.[72]

Dies illustriert nicht nur, wie anders die Köpfe der Kleinen funktionieren. Es besagt auch, dass sie ganz anders denken. Wie schon an anderer Stelle bemerkt, verstehen kleine Kinder keine Mehrdeutigkeiten. Es ist nicht sonderlich erstaunlich, dass ihre Zellen keine gegensätzlichen Aussagen empfangen können, weil kindliche Gehirne solche Informationen nicht parallel verarbeiten, wie erwachsene Gehirne es tun.

Kinder bekommen aus allen möglichen Richtungen neue Eindrücke, aber da die Hirnzellen noch nicht miteinander verknüpft sind, können sie keine komplexen Folgerungen daraus ziehen. Ohne Geduld ist es deshalb schwierig, Kinder zu erziehen. Es gilt, die unterschiedlichen biologischen Voraussetzungen zu nutzen. Die Nervenzellen funktionieren, wie gesagt, besser, wenn sie die gleiche Information mehrmals erhalten. Deshalb sollte man sich als Eltern von Kleinkindern repetitiv und konsequent verhalten. Das Sprichwort, dass die Wiederholung die Mutter der Weisheit sei, hält auch rein biologischen Argumenten stand.

Es wäre wahrscheinlich problematisch, wenn wir kleine, kompetente Kinder mit Gehirnen, die sich schon ihrer unnötigen Zellen entledigt hätten, bekämen. Die Nervenzellen eines erwachsenen Gehirns sind weniger empfänglich für Eindrücke als die eines Kindes. Die biologische Folgerung lautet, dass es den Erwachsenen schwerer fällt, etwas Neues zu lernen, was sich in dem Sprichwort »Was Hänschen nicht lernt, lernt Hans nimmermehr« niederschlägt.

Kinder sind also keineswegs kleine Erwachsene. Hougaard zieht aus dieser Tatsache eine ganz natürliche Schlussfolgerung: *Kinder sollen keine falschen Erwachsenen sein, sondern echte Kinder.*

Das gesellschaftliche Klima

Freie Wahl ohne Verantwortung

Hougaard beschreibt die heutige Kindererziehung als eine Art Tombola-Pädagogik. Die Kinder haben freie Wahl auf allen Regalen, wenn es um Gewinne geht, und das kann für sie kaum wirklich gewinnbringend sein. In seinem Buch kann man über ein kleines, vierjähriges Mädchen lesen, das sich in einem Restaurant ihr Essen selbst aussuchen darf. Sie diskutiert mit den Eltern hin und her und möchte zuletzt gar nichts außer Süßigkeiten essen. Die Eltern versuchen ihrer Tochter zu erklären, dass Süßigkeiten kein vollwertiges Nahrungsmittel darstellen. Darauf folgt eine absurde Diskussion über verschiedene Nährwerte. Um das Problem zu lösen, fordern sie das Mädchen erneut auf, ein Gericht von der Karte auszusuchen, wogegen es sich weiterhin vehement wehrt. Hougaard kommentiert die Episode wie folgt:

> »(...) ein vierjähriges Kind zwischen einer unüberschaubaren Zahl an Möglichkeiten wählen zu lassen, bedeutet, dass man das Kind in eine unerträgliche Situation bringt, weil es ganz einfach nicht die Voraussetzungen besitzt, eine solche Wahl genauso zu treffen, wie wir Erwachsene es können. Dann auch noch die Nährwerte und die E-Nummern verschiedener Lebensmittelzusätze mit einer Vierjährigen zu diskutieren, kann man nur als organisierte Zeitverschwendung betrach-

ten, weil der Diskussionspartner einer solchen Situation ganz klar nicht gewachsen ist.«[73]

Die Journalistin Katerina Janouch hat das Buch *Nya Barnliv – från graviditet till tonår*[74] geschrieben, durchgehend solide, ohne allzu viele erhobene Zeigefinger. Ihre Einstellung zu Wahlmöglichkeiten ähnelt Hougaards. Man sollte kleinen Kindern nur sehr begrenzte Möglichkeiten, selbst zu entscheiden, geben. Als ich mit ihr über Kindererziehung diskutierte, erzählte sie mir folgende selbstkritische Geschichte: »Kinder mögen es nicht, wenn sie viele Entscheidungen treffen müssen. Als mein vierjähriger Sohn, der mit seiner hippen Medienmama in der City lebte, zum tausendsten Mal gefragt wurde: ›Wo möchtest du heute Abend essen gehen? Im Peppar, Kranich oder Bakfickan?‹, ist er total zusammengebrochen und hat geweint und geschrien: ›Ich will das nicht immer bestimmen! Ich will, dass du die Mama bist und ich das Kind!‹«

Leider haben nicht alle Eltern wie Janouch eine solche Lektion gelernt. Sie zeigt, dass Hougaards Beispiel keineswegs ein Einzelfall ist. Ganz im Gegenteil. Die meisten Menschen, die beruflich mit Kindern zu tun haben, können bezeugen, dass den heutigen Eltern die Fähigkeit (oder der Wille) abgeht, um auch mal gegen die Kinder zu entscheiden. Stattdessen sind es für gewöhnlich die Kinder, die alles steuern. Dies wurde besonders deutlich, als das Management von Nelly's Café in Stockholm Anfang 2013 bekannt gab, dass es Familien mit kleinen Kindern nicht mehr offenstehen würde. Ein mittelgroßer Volkssturm brach aus. Die Leute fühlten sich gewohnheitsgemäß gekränkt. Viele Eltern fanden es inakzeptabel. Es wurde lautstark gegen eine solche Diskriminierung protestiert. Der Diskriminierungsbeauftragte (DO) musste sich mit der Thematik auseinandersetzen.

Es ist wirklich frustrierend, dass ein Café einen nicht hereinlässt, wenn man mit dem Kinderwagen dort ankommt. Das kann auch ich bezeugen, da es ja hin und wieder vorkommt. Man ärgert sich wirklich. Aber wenn man sich beruhigt und sich die Argumente des Betreibers angehört hat, bekommt man ein ganz anderes Bild von der Geschichte. Viele Restaurants und Cafés haben ganz einfach wenig Platz. Darüber hinaus sollte es jedem Café erlaubt sein, sich das Publikum auszusuchen, das ihm passt. Inzwischen werden aber keine der genannten Argumente als Begründung herangezogen, da immer mehr Cafés (und auch andere Einrichtungen) Familien mit Kindern abweisen.

Tatsächlich hat eine solche Entscheidung selten direkt etwas mit den Kindern zu tun. Sicherlich sind es die Kinder, die in den Augen anderer Gäste und des Personals für Unruhe sorgen, aber selten sind sie das wahre Problem. Wenn der kleine Lukas in der Pizzeria um die Ecke anfängt, lauthals zu singen, würde man erwarten, dass seine Eltern ihn mit Nachdruck darum bitten, still zu sein. Würde das nicht funktionieren, könnte man erwarten, dass sie ihn aus dem Restaurant befördern. Erst wenn er sich beruhigt hat und mit dem Singen aufhört, dürfte er wieder die Pizzeria betreten. Was meinen Sie dazu? Wird es so laufen?

Nein. Stattdessen ist es nicht ungewöhnlich, dass die Eltern stolz lächeln und fast ein bisschen prahlerisch dreinschauen, weil er doch *so kreativ ist und so frei und laut singt*. Dass er die Tischruhe der anderen Gäste stört, geht an den Eltern spurlos vorüber. An dieser Stelle muss ich Ihnen noch einen kleinen Tipp geben: Versuchen Sie als Außenstehender nicht, die Singerei zu beenden. Dann werden Sie Ärger bekommen.

Als Reaktion auf die Ankündigung von Nelly's Café rief ein Reporter ganz viele Cafés im Stadtbereich Stockholm an. Die allermeisten konnten berichten, dass sie selber Familien mit Kindern empfingen, dass es aber oft problematisch sei. Bastian Martin Rosloniec vom Café Dello Sport fasst die Problematik wie folgt zusammen:

> »Es sollte doch erlaubt sein, Kinder zurechtzuweisen, aber versucht man ein Kind davon abzuhalten, durch das Café zu

toben, werden die Eltern sich in neun von zehn Fällen darüber aufregen. Sie zeigen wenig Verständnis für die Bedürfnisse anderer. An einem heißen Tag kann man dazu aufgefordert werden, doch bitte die Außentür zu schließen, damit das Kind nicht weglaufen könne – und die anderen Gäste müssen dann eben unter der Hitze leiden. Es sind die Eltern, die keine Rücksicht auf andere nehmen. Nicht die Kinder, sondern die Eltern sind das Problem, das ich gerne aus meinem Café verbannen würde.«[75]

Die Kinder stören die anderen Gäste, und wenn sie vom Personal darauf angesprochen werden, schimpfen die Eltern – mit dem Personal! Sie können sich selbst davon überzeugen, dass es sich in der Tat so verhält, indem Sie in jedes beliebige Café gehen. In der Tageszeitung *Svenska Dagbladet* kommentierte Maria Ludvigsson in ihrem Leitartikel ebenfalls diesen Sachverhalt. Sie stellte fest, dass der Diskriminierungsbeauftragte der Meinung sei, dass es sich um Diskriminierung handeln würde, wenn hinter dem Verbot ein kommerzielles Motiv läge. Die offenkundige Frage, die Maria Ludvigsson darauf parat hatte, lautete: Welches Motiv sollten die Cafébetreiber denn sonst haben, da sie doch einen kommerziellen Betrieb führen? Wenn es eine echte Diskriminierung wäre, würde es genau andersherum laufen. Gerade weil es eine kommerzielle Einrichtung ist, kann es sich selbstverständlich nicht um Diskriminierung handeln. Das Risiko finanzieller Einbußen ist doch für jedes Unternehmen ein unbestreitbares Problem und legitimes Anliegen.

»Wenn die Eltern ihre Kinder nicht im Griff haben, werden andere Gäste das Lokal verlassen. Obwohl man doch meinen könnte, dass es den jungen Menschen guttun würde, bei einem Cafébesuch zu lernen, wie man auf andere Menschen und ihre Bedürfnisse Rücksicht nehmen sollte – eine wahre Lektion fürs Leben.«[76]

Der Widerwillen der Eltern dagegen, ihre Kinder zurechtzuweisen, hat Einfluss auf das Gesamtklima unserer Gesellschaft. Es betrifft nicht nur die Gastronomie. Menschen, die sich keinen Deut um andere kümmern oder die sich weigern, einer Aufforderung nachzukommen, etwas beibringen zu wollen, kann ganz schön schwierig werden. Selbstverständlich hat es nicht nur negative Folgen, wenn junge Menschen sich nicht immer so verhalten, wie es die Älteren wünschen, es können sich daraus aber doch Schwierigkeiten ergeben. Die Kommunikationsberaterin Maria Utterbäck beschreibt dieses Phänomen im Folgenden sehr gut: »Vor kurzem wurde ich in die Zentrale eines schwedischen Privatschulunternehmens eingeladen. Die beiden leitenden Pädagogen berichteten, dass man an ihren Schulen nun eine Pädagogik, die man die ›Verhandlungspädagogik‹ nennt, umsetzen wolle. Diese müsse jede erfolgsorientierte Lehrkraft beherrschen. Die Verhandlungspädagogik ist die unmittelbare Folge aus dem Verhalten, das moderne Eltern ihren Kindern gegenüber für angemessen halten. Fängt man damit an, Zwei- und Dreijährige zu fragen, ob sie zum Mittag Würstchen oder Hackbällchen essen wollen, und behält dann konsequent diese Verhaltensweise bei, wird es kein einziges Kind geben, das einfach so akzeptiert, dass es in der Schule still sitzen und lesen lernen muss – wenn es gerade keine Lust dazu hat. Und nicht mal vorher gefragt wird.«

Herr im Haus

Hougaard hat festgestellt, dass Kinder sich heutzutage nicht zu schämen brauchen. In seiner Schulzeit war es die Regel, dass man sich in der Ecke schämen musste, wenn man sich falsch verhalten hatte. Einen Erwachsenen anzugreifen – wie ein Kind in seinem Buch es tut – hätte wahrscheinlich eine viel härtere Strafe zur Folge gehabt. Ich weiß aber nicht, ob ich mich Hougaard anschließen kann, wenn er nach seiner Aussage, dass die Kinder sich nicht mehr schämen müssen, hinzufügt: »Gott sei Dank.« Man kann nur hoffen, dass er es geschrieben hat, damit sich die Leser nicht allzu sehr aufregen. Denn Kinder, die sich schlecht benehmen, sollten sich ganz klar schämen, zumindest so sehr, dass sie dazu bereit sind zu lernen, wofür man sich schämen sollte. Dies wird auch deutlich, als Hougaard unsere heutige Gesellschaft wie folgt beschreibt: »Indem wir das Schamgefühl bei unseren Kindern abgeschafft haben, haben wir offensichtlich schamlose Kinder geschaffen.«[77]

Scham- und Gewissenlosigkeit sind zwei Charakterzüge, die in der Zukunft zu sozialen Problemen führen können. Ein Kind, das nicht gelernt hat, sich um die Gefühle anderer zu kümmern und nicht zu viel Platz für sich selbst zu beanspruchen, wird nicht begreifen, wie man sich sozial integrieren kann. Und das ganz unabhängig von seiner individuellen Grundpersönlichkeit.

Internationale »Kindererziehungsexperten« haben die Entwicklung in Richtung einer Gesellschaft gelenkt, in der »gewissenlose« Kinder die Macht haben. Sie alle haben mehr oder weniger mit den alten Hierarchien gebrochen. Ihr Ziel, das bei allen gleich ist, ist die Gleichstellung von Kindern und Erwachsenen. Auch wenn Penelope Leach nicht ganz so zurückhaltend ist, wenn es darum geht, den Kindern Grenzen aufzuzeigen, trägt auch sie zu diesem Phänomen bei. Ihr immerwährend kritischer Blick auf die Eltern, die ihren Kindern ihre eigenen Ansichten aufzwingen wollen, ist ein Zeichen dafür, dass auch sie den Gedankengang vollkommen akzeptiert hat. Unser aller Leben wird von der sukzessiven Machtübernahme der Kinder geprägt. Diese mal *zerbrechlichen*, mal *kompetenten* Wesen haben die Macht nicht selbst ergriffen, die Erwachsenen haben sie ihnen überlassen. In seinem Buch *Warum Kinder mutige Eltern brauchen* beschreibt der Soziologe Frank Furedi weitere Aspekte dieses Vorganges:

»Politische Diskussionen zu Themen, die Kinder betreffen, werden von einzelnen Menschen dominiert, die hervorheben, dass sie die Bedürfnisse der Kinder vertreten. Oft bekommt man zu hören, dass die Kinder dies oder jenes brauchen. Diese Behauptungen – wie wohlwollend sie auch sein mögen – basieren immer auf den Deutungen Erwachsener über die kindlichen Absichten und Verhaltensweisen.«[78]

Allgemeinexperten und Lobbyistengruppen stellen sich als Vertreter der Kinder dar. Darüber hinaus gibt es eine ganze Menge internationaler Experten, die einen Gesellschaftstrend vorantreiben, alle Menschen als gleich zu betrachten. In meinen früheren Büchern habe ich das Missverständnis kritisiert, das besagt, dass Gleichwertigkeit dasselbe ist wie Gleichsein, aber hier kann ich genauso gut die Worte von Bent Hougaard anführen:

»Gleichwertigkeit darf nicht mit der Gleichstellung verwechselt werden. Gleichwertigkeit darf auch nicht mit Ebenbürtigkeit verwechselt werden, und Gleichwertigkeit bedeutet auch nicht, dass wir alle die gleichen Rechte haben.«[79]

Manche Dinge scheinen bei allen Lebewesen durchgehend gleich zu sein. Laut der klassischen Systemtheorie ist es erforderlich, dass eine Gesellschaft nach festgelegten Prinzipien aufgebaut ist. Um das hinzubekommen, braucht man eine gewisse Form der Hierarchie, in der jeder seinen Platz kennt. Die Hierarchie bringt mit sich, dass manche mehr bestimmen als andere und dass bestimmte Regeln befolgt werden, damit das System funktioniert. Nichts spricht dafür, dass es bei den Menschen anders als bei anderen Lebewesen ist. Im Besonderen gibt es keine Hinweise darauf, dass dieses System auch funktioniert, wenn man den Kindern (denen es ja noch an Wissen und Fähigkeiten fehlt) die exakt gleichen Rechte wie den Erwachsenen verleiht. Wenn man das täte, würde man ja per Definition einem inkompetenten Menschen eine leitende Position zugestehen. Auf diese Weise würde man das Kind in der Hierarchie nach oben versetzen, auf einen Platz, der sein Kompetenzniveau übersteigt.

In Familien mit mehreren, verschiedenartigen Schwierigkeiten ist dies offensichtlich der Fall. Die Kinder haben ganz klar die Macht übernommen und machen einfach alles, was sie wollen. Man trifft dort in gewisser Weise auf scheinbar erwachsene Kinder und kindliche Erwachsene. Das Buch *Det infantile samhället* (auf Deutsch etwa *Die infantile Gesellschaft*) von Carl Hamilton thematisiert genau dieses Problem. Das Phänomen betrifft nicht ausschließlich die betreffenden Familien, sondern ist ein allgemein verbreiteter Trend. Dass Kinder heute reifer und erwachsener als in früheren Zeiten sein sollen, ist eine Aussage, die einer gewissen Modifikation bedarf. In mancher Hinsicht stimmt es tatsächlich. Kinder wissen heute einfach mehr über das Leben und die Gesellschaft im Allgemeinen als die früheren Generationen. Hamilton ist der Meinung, dass die Erwachsenen in ihrer Infantilisierung viel zu viel Verantwortung auf die Kinder übertragen. Diese Entwicklung verbirgt sich stillschweigend hinter der Tatsache, dass die Kinder mit den Erwachsenen gleichgestellt werden. Weil die Erwachsenen ihre Machtposition aufgegeben haben, müssen die Kinder sie ganz einfach übernehmen. Und so lassen wir sie im Stich.

Die Psychiaterin Krystyna Malm beschreibt bei Hamilton ebenfalls das geschilderte Phänomen:

»In früheren Generationen gab es klare Regeln für das, was Gültigkeit hatte. Die Erwachsenen waren die Säulen der Gesellschaft. Sie standen still. Aber nun gibt es eine Instabilität, nicht nur in der Umgebung, in der die Regeln schützen sollten, sondern auch in den Regeln selbst.«[80]

Dass es erwachsene Menschen gibt, die sich schon dem Rentenalter nähern, sich aber trotzdem mit der typischen Jugendkultur identifizieren, kann man natürlich merkwürdig finden. Solche Menschen haben wahrscheinlich unweigerlich auch Probleme mit ihrer Elternschaft (und wie anfangs erwähnt, gehört diese Altersgruppe ja eher zu den Eltern als zu den Großeltern). Eine solche

Mutter oder ein solcher Vater wird automatisch die Erziehung dem Kind selbst überlassen, da sie ja »auf der gleichen Wellenlänge schwimmen«. Ohne Wissen ist es für Kinder schwierig, Schlussfolgerungen, die zu rationalen Entscheidungen führen, zu ziehen. Also ist es komplett verrückt, ihnen die Entscheidungen in der Familie zu überlassen. Dadurch bekommt die Redewendung »Früher oder später stößt jeder an seine Grenzen« eine ganz neue Bedeutung. Normalerweise meint man damit, dass jeder so lange weiterkommt, bis er die gestellten Aufgaben nicht mehr meistern kann, und an diesem Punkt muss er seine Begrenzung erkennen oder er sieht sich in einer Situation gefangen, die ihn stetig überfordert. Auf Kinder angewendet ist das ziemlich schlimm, denn da ist von vornherein klar, dass sie die Aufgaben nicht meistern können. Und so besteht die Gefahr, dass sie für immer einer Überforderung ausgesetzt sind. Diese Kinder werden entweder nicht erwachsen oder, was noch häufiger vorkommt (Hamilton ist auch dieser Meinung), sie sind für ihr Alter viel zu erwachsen: Kinder, die gezwungen werden, Verantwortung für Dinge zu übernehmen, für die sie noch zu klein sind, die aber gleichzeitig alle Rechte der Welt besitzen. Das führt zu einer totalen Anarchie, in der keiner irgendwas gegen irgendetwas sagen kann. Da muss man sich nicht wundern, wenn die Kinder meinen, dass sie sieben Tage die Woche Eis bekommen und dass ihre Eltern auf den kleinsten Fingerzeig von ihnen reagieren müssen. Sie sind ganz einfach nicht reif genug für die Verantwortung, die ihnen aufgebürdet wird und die bei ihnen zur paradoxen Verantwortungslosigkeit führt.

Disneyfizierung

Wenn Eltern alles tun, was ihre Kinder sagen, wird dies so manche absurde Konsequenz haben. Einen ungefähren Eindruck von dessen Ausmaß bekommt man, wenn man sich die Kinderzimmer anschaut. Bent Hougaard meint:

»Die meisten Kinderzimmer ähneln mittelgroßen Spielwarenläden. Darin liegen aber eine ganze Menge Probleme versteckt. Die Hälfte der Sachen, die auf dem Boden verteilt sind, ist aus Billigplastik hergestellt und sollte verschrottet bzw. an die chinesischen Hersteller zurückgeschickt werden, weil die Qualität zu schlecht ist (...) und bei der anderen Hälfte sind die Batterien leer.«[81]

Er bezeichnet das Phänomen als McDonaldisierung. In meinem Buch *I trygghetsnarkomanernas land* (*Im Land der Geborgenheitssüchtigen*) nannte ich diesen Zustand die »Disneyfizierung«. Damit meine ich unser Verhältnis zur Natur und, weiter gedacht, auch zu unseren zwischenmenschlichen Beziehungen und die damit verbundene Bagatellisierung unserer komplexen Welt. Ausschließlich niedliche Tiere können eine Hauptrolle in den modernen Zeichentrickfilmen bekommen. Haie bilden Freundschaften mit kleinen Fischen. Der große, böse Wolf hat seinerzeit noch die kleinen Schweinchen aufgefressen. Heute gibt es eine Serie darüber, wie der Sohn des Wolfes der beste Freund genau dieser Schweinchen geworden ist. Dasselbe gilt beim Remake von Disneys großem Film *Das Dschungelbuch*. Dort können unsere Kinder lernen, dass alle Tiere dicke Freunde sind. Wer etwas anderes behauptet, ist gemein. Wer seine natürlichen Beutetiere auffrisst, wird nicht mehr als normaler Teil des Kreislaufs dargestellt, sondern als eine Anomalie, die aus der kindlichen Welt einfach herausgeschnitten wird. Denn wir glauben ganz im Ernst, dass unsere Kinder Schaden nehmen, wenn sie erfahren, dass der Löwe Antilopen frisst.

Die Disneyfizierung ist möglicherweise die Ursache für das Aussehen der heutigen Kinderzimmer. Die zensierte Wirklichkeit versucht unseren Kindern beizubringen, dass man zu Kleineren und Schwächeren nicht gemein sein darf. Ein hübscher Gedanke, der sofort von den Kindern ausgenutzt wird. Sie sind ja kleiner und schwächer und können somit so viel Süßigkeiten bekommen, wie sie wollen, jedes Spielzeug, auf das sie zeigen, und sie können überhaupt machen und tun, was sie wollen. Denn die Erwachsenen wollen den Kindern nichts Böses anhaben. Das wäre ja auch gemein. Sie sind ja so klein und unverdorben. Aber außerhalb der disneyfizierten Welt verhält es sich ganz anders und eben nicht immer niedlich und lieb. Die Welt unserer Kinder ist frei von Forderungen geworden, aber diese Erwartungslosigkeit ist nicht lieb und gut. Mein Kollege Stefan Einhorn nennt dieses Phänomen in seinem Buch *Die Kunst, ein freundlicher Mensch zu sein* die »falsche Freundlichkeit«.[82]

Die bedingungslose Liebe

Viele Experten predigen die Liebe. Das Problem ist, dass die Liebe in Verbindung mit der Kindererziehung gleichbedeutend mit Erwartungslosigkeit geworden ist. Diese ist immer normaler geworden, und das Phänomen verbreitet sich wie ein Lauffeuer in der ganzen westlichen Welt. Als Folge eines solchen Denkens wird die Zurechtweisung des Kindes unmöglich. Deshalb ist es nicht ungewöhnlich zu hören, dass Eltern auf jedes kleine Signal eines Kindes reagieren sollen und jedes Zeichen der kleinsten Veränderung aufmerksam verfolgt werden muss. Das hat ichbezogene Kinder und frustrierte Eltern mit schlechtem Selbstwertgefühl zur Folge.

Zunächst stellt sich die Frage, warum es auch nur im Geringsten lieblos sein sollte, die Kompetenz und das Wissen des Kindes infrage zu stellen. Wie kommen die Menschen überhaupt darauf, dass ein Mangel an Liebe dahintersteckt, wenn strenge Eltern versuchen, ihren Kindern beizubringen, wie man sich in unserer Gesellschaft zurechtfindet? In anderen Zusammenhängen wird es noch deutlicher. Es ist ja nicht gerade nett, jemanden anzustellen und ihm zu erlauben, dass er kommen und gehen kann, wann er will, um ihn dann Jahre später vor die Tür zu setzen, weil er keine Leistung erbringt. So ungefähr gehen Eltern vor, wenn sie sich nicht darum kümmern, dass ihr Nachwuchs die geltenden sozialen Verhaltensregeln lernt. Aber der Vergleich hinkt ein wenig. Denn die Eltern trauen sich nicht, das Kind vor die Tür zu setzen, sondern überlassen das dann der Gesellschaft.

Es gibt aber noch gewichtigere Einwände gegen die allzu übertriebene Liebesbotschaft. Der offensichtlichste ist, dass sie sinnlos ist. Vermutlich ist es überhaupt nicht notwendig, den Eltern beizubringen, dass sie ihre Kinder lieb haben sollen. Es gibt dazu ein bekanntes Gedankenexperiment. Stellen Sie sich vor, dass es in einem brennenden Haus zwei Türen nach draußen gibt. Geht man durch die eine Tür, kann man das Leben des eigenen Kindes retten. Geht man durch die andere Tür, rettet man eine ganze Reihe Kinder anderer Leute. Die Frage ist, für wie viele Kinder anderer Leute es die Rettung bedeuten müsste, um die zweite Tür zu wählen, statt das eigene Kind durch die erste Tür zu retten.[83] Eine überwältigende Mehrheit der Eltern antwortete, dass die Zahl der Kinder anderer Leute niemals groß genug sein kann. Unabhängig von der Anzahl dieser fremden Kinder würden sie immer ihr eigenes Kind retten. Es fragt sich, ob mit jemandem etwas nicht stimmt, wenn seine Antwort anders lautet.

Dass man seine Kinder liebt, bedeutet aber nicht, dass man seine Kinder nicht zurechtweisen kann (oder sollte). Es bedeutet auch nicht, dass man nicht dafür sorgen sollte, dass sie ihre Hausaufgaben erledigen, dass sie älteren Menschen die Tür aufhalten, dass man mit vollem Mund nicht spricht, dass man andere nicht unterbricht, wenn sie etwas erzählen, oder noch ganz andere Dinge, die Eltern ihren Kindern beibringen wollen, damit sie bestmöglich auf ihr Erwachsenenleben vorbereitet sind. Es bedeutet nicht einmal, seinen Kindern sagen zu müssen, dass man sie liebt. Viele Eltern würden es gar nicht für notwendig erachten, es zu tun.

Wenn man auf die Experten unserer Zeit hört, scheint es, dass man eher auf das Kochen verzichten und stattdessen mit dem Kind Monopoly spielen sollte, wenn man keine Zeit für beides hat.[84] Deshalb hier ein kleiner Tipp an alle besorgten Eltern: Kinder kommen gut damit klar, dass ihre Eltern kochen, statt mit ihnen zu spielen. Wer es als Machtmissbrauch bzw. fehlende Liebe interpretiert, wenn man als Eltern nicht immer das macht, was die Kinder von einem wollen, wird als Vater oder Mutter zum Sklaven seiner eigenen Kinder.

Die verborgene Wirklichkeit

Es gibt keine Belege dafür, dass autoritärere Eltern ihre Kinder weniger lieben als Eltern, die ständig alles mit ihren Kindern verhandeln und dabei jedes Wort auf die Goldwaage legen. Kinder von autoritären Eltern sind auch selbst nicht der Meinung, dass sie weniger geliebt werden.[85] Wenn das stimmt, liegen alle modernen Experten mehr oder weniger falsch.

Es wird aber etwas kompliziert, wenn man weiter darüber nachgrübelt. Denn alles kann ja so oder so gedeutet werden. Vielleicht lieben Kinder tatsächlich ihre autoritären Eltern. Wenn man jedoch gewissen Experten Glauben schenkt, ist dies ganz und gar nicht der Fall. Wenn es nach ihnen geht, *vermuten* diese Kinder bloß, dass sie ihre Eltern lieben, weil eine enge Bindung zwischen ihnen besteht. Das sei auch die Erklärung dafür, dass Kinder, die von ihren Eltern schlecht behandelt werden, diese trotzdem lieb haben. Man kann, so die Meinung dieser Experten, eine enge Bindung zu einem richtig gemeinen Menschen haben, sodass eine äußerst destruktive Beziehung entsteht, in der der Schwächere dauerhaft leiden wird. Ein Kind, das in einer solchen Beziehung zu seinen Eltern steht, kann diese hartnäckig verteidigen, obwohl es sie eigentlich kritisieren müsste. Hat es eine enge Bindung zu einem krankhaften Elternteil, wird das Kind diese Bindung nicht auflösen können und dadurch Schaden nehmen.

Dies stimmt sicherlich – zumindest zum Teil. Wir alle haben von richtig schlechten Eltern gehört, die ihren Kindern wirklich schaden. Es ist nur so, dass sie eine äußerst seltene Ausnahme darstellen. Das Problem mit der Bindungstheorie ist, dass sie häufig zu leichtfertig angewandt wird. Sobald jemand nicht damit einverstanden ist, dass manche Eltern an ihre Kinder Forderungen stellen, wird er behaupten können, dass diese Kinder eine krankhafte Bindung zu ihren Eltern haben und dass dies der Grund dafür sei, warum sie anscheinend trotzdem ihre Eltern mögen. Dass genau diese Kinder auch später im Leben weiterhin ihre Eltern lieben und auch sonst ein vollkommen normales Leben, mit dem sie vollauf zufrieden sind, führen, scheint überhaupt keine Bedeutung zu haben.

Da Kinder sich ja ganz leicht an die »Falschen« binden könnten, bedeutet dies folglich, dass man niemandem trauen kann, der von sich behauptet, seine Eltern zu lieben. Ganz besonders nicht, wenn er strenge Eltern hatte, denn heutzutage weiß doch jeder liebenswürdige Mensch, dass da etwas faul sein muss.

Ungefähr so klingt es auch, wenn jemand behauptet, dass »es doch gar nicht schlimm war, als Kind mal eine Ohrfeige bekommen zu haben. Es hat mir überhaupt nicht geschadet.« Dann nicken alle allwissend über den armen Trottel, der keine Ahnung hat, wie falsch es ist, Kinder körperlich zu züchtigen. Und selbst wenn dieser armselige Mensch ein Teil der Gemeinschaft ist und mit ihr auch ausgezeichnet zurechtkommt, spielt das überhaupt keine Rolle. Wenn wir in unserer modernen Gesellschaft etwas gelernt haben, dann, dass nichts so ist, wie es scheint. Das ist, wie ich auch in meinen früheren Büchern geschrieben habe, unser Erbe des guten, alten Sigmund Freud und seiner Psychoanalyse. Wenn jemand behauptet, dass es ihm gut geht, ist ganz bestimmt mit ihm etwas ernsthaft im Argen, und er erkennt es eben nicht oder will es sich nicht eingestehen. Muss ich noch hinzufügen, dass es für diese Schlussfolgerung keine wissenschaftlichen Belege gibt?

Um die Frage zu beantworten, wie man Kinder erziehen sollte, ist es sinnvoller herauszufinden, wie Kinder, die eine schlimme Kindheit hatten, später in ihrem Leben zurechtkommen. Man landet dann wieder bei den Untersuchungen darüber, wie Eltern ihre Kinder beeinflussen. Es gibt keine Belege dafür, dass es Kindern, die eine autoritäre Erziehung bekamen, schlechter ergeht. Nicht einmal bei denen, die während der Kindheit körperliche Zurechtweisungen (Züchtigungen) erfuhren.[86] Was man dagegen deutlich erkennen kann, ist die Tatsache, dass es Kindern, die außerhalb der Leitkultur aufwachsen, oft schlechter ergeht. Das heißt, dass Kinder, die in einer Gesellschaft gezüchtigt werden, in der dieses Verhalten von der Allgemeinheit nicht akzeptiert wird (wie in Schweden), es schwer haben werden.[87]

Es gibt weiterhin einige Probleme, wenn man verstehen will, wie diese Kinder als Erwachsene zurechtkommen. Da es nur wenige, wirklich objektive Parameter gibt, ist es am sinnvollsten, die Menschen einfach zu fragen, wie es ihnen geht. Es fällt einem aber häufig schwer, die Antwort zu glauben, egal wie sie ausfällt. In anderen Kontexten fällt es uns unheimlich schwer, eine subjektive Aussage zurückzuweisen, auch wenn sie unglaubwürdig klingt. Behauptet irgendein Mensch, er sei deprimiert oder leide unter einem Trauma, ist man heute nur zu gerne dazu bereit, diese subjektive Aussage für wahr zu halten. Unabhängig davon, ob es eventuell noch objektive Einflussgrößen geben könnte. Der Mensch gilt als deprimiert, auch wenn er mit Freunden lacht. Es macht auch keinen Unterschied, dass er problemlos stundenlang fernsehen kann, ohne die Konzentrationsfähigkeit zu verlieren. Oder dass er ohne Zögern erklären kann, dass es ihm schlecht geht, weil sein Chef gemein zu ihm gewesen ist oder weil seine Eltern sich scheiden ließen, als er zehn Jahre alt war. Menschen definieren ihren Zustand über ihr subjektives Befinden. Die Forderung nach objektiven Kriterien, die erfüllt sein müssen, um jemandem eine echte Depression zu attestieren, ist so vage, dass man die subjektiven Probleme eines Menschen nicht als Unsinn abtun kann. Dieses Phänomen steht ganz im Einklang mit der Relativierung des Leidens. »Es kann doch wohl kein anderer sagen, ob ich deprimiert bin oder nicht. Das muss ich doch wohl selbst am besten wissen!«

Wenn es um Menschen geht, die der körperlichen Züchtigung ausgesetzt waren und auch noch der Meinung sind, dass es ihnen gutgetan hat, kommen scheinbar objektive Parameter ins Spiel. Oder nicht. Wir reagieren nämlich darauf, indem wir die subjektive Beurteilung des Betroffenen für nicht wahr halten. Umgekehrt reagieren wir ganz anders, wenn der Betroffene sagt, dass es ihm deswegen schlecht gehe. Ich möchte nicht darüber urteilen, welche Reaktion die bessere ist. Es ist irgendwie tragikomisch, wenn wir dieser ziemlich unlogischen Verfahrensweise folgen und auf diese Weise eher Opfer schaffen, als dass wir Traumata mildern. Jesper Juul geht noch einen Schritt weiter. Er behauptet, dass diejenigen, die sich glücklich fühlen, es eigentlich nicht sind, weil sie keine vollwertigen Menschen sind. Sie tragen vermutlich das ganze Leben lang latente Konflikte mit sich herum, die sie aber niemals preisgeben.[88] Gegen eine solche Argumentation ist eine Verteidigung schier unmöglich. Demnach gibt es in der Kindererziehung nur einen einzigen richtigen Weg. Man muss dem Kind gegenüber immer ganz lieb, ganz aufmerksam und äußerst serviceorientiert sein. Anstatt ihm zu widersprechen (das könnte ja jahrzehntelange, negative Auswirkungen haben, Suchterkrankungen hervorrufen oder ernsthafte, psychische Leiden, die nicht einmal sichtbar werden müssen), gilt es, als perfekter Diener des eigenen Kindes zu agieren.

Mit Kindern spielen

Es ist unter den Eltern ein regelrechtes Konkurrenzverhalten entstanden, bei dem es darum geht, wer dem Kind am meisten Aufmerksamkeit schenkt und wer am meisten mit ihm *spielt*. Als ich klein war, spielte ich mit meinen Freunden, wir spielten zusammen verschiedene Spiele. Wenn ich niemanden zum Spielen hatte, lernte ich mich selbst zu beschäftigen und eigene Spiele zu erfinden. In der modernen Gesellschaft wird das Kind mit immer neuen Eindrücken überschüttet. Was natürlich nicht nur schlecht ist. Vermutlich ist dies eine nicht unwesentliche Erklärung des Flynn-Effektes, wonach der Durchschnitts-IQ seit Beginn der Messung alle zehn Jahre um drei Einheiten nach oben kletterte. In unserer Gesellschaft, in der jeder erwartet, dass ständig etwas los ist, gilt es jedoch ganz andere Aspekte zu bedenken. Das überstimulierte Kind droht sich bei mangelnder Erziehung zu einem echten Despoten zu entwickeln.

Da die Kinder erwarten, dass sie ständig unterhalten werden, haben die Eltern nur eine einzige Möglichkeit, Zeit mit ihnen zu verbringen: Sie müssen sie unterhalten. Das Kind allein spielen zu lassen, stellt keine Alternative dar, weil die Eltern sich dann als Versager fühlen würden. Vielleicht stellen sie auch fest, dass ihre Kinder sich in unserer heutigen Gesellschaft niemals allein beschäftigen müssen, es gibt ja immer einen Computer und dazugehörige Spiele in der Nähe, und die Kinder finden es toll. Da taucht jedoch ein neues Problem auf. Die Kinder spielen zu viele Computerspiele und wissen nicht mehr, was sie tun sollen, wenn kein Bildschirm in der Nähe ist. Die Eltern raufen sich die Haare. Was sollen sie mit einem Kind anstellen, das zu viel am Computer spielt? Man kann das Spielen am PC ja nicht regulieren, ohne dem Kind Grenzen aufzuzeigen oder gar Verbote auszusprechen. Etwas zu verbieten wird als repressiv betrachtet und wäre somit ganz unmöglich. Es gibt also nur einen Ausweg für diese armen Eltern: Sie müssen mitspielen.

Dass Eltern hin und wieder mit ihren Kindern spielen, ist natürlich schön. Wahrscheinlich hat es aber für das Kind keine große Bedeutung. Für das Kind ist es wesentlich wichtiger, die Eltern als Erwachsene zu erleben. Denn nur so kann es allmählich lernen, was es heißt, erwachsen zu sein. In der Erziehung geht es darum, die Kinder möglichst gut auf das Erwachsenenleben vorzubereiten. Es geht nicht darum, welche Spiele sie als Kinder mit ihren Eltern spielen. Kinder können sowieso viel besser spielen als wir Erwachsene.

Es gibt Untersuchungen, die zeigen, dass ganz normale dreijährige Jungen alle acht Sekunden eine neue Idee haben. Solche wissenschaftlichen Erkenntnisse machen es einem leicht, bestimmte Schlussfolgerungen in Sachen Erziehung und Spielen zu ziehen. Ein neugieriges Kind muss allein spielen dürfen. Die Erwachsenen können einfach nicht mithalten. Die Herausforderung besteht also nicht darin, mit dem Kind zusammen zu spielen, sondern – wie ich schon dargelegt habe – zu versuchen, nicht wütend zu werden, wenn das Kind Ermahnungen schon vergessen hat, kurz nachdem man sie ausgesprochen hat. Lassen Sie die Kinder frei miteinander spielen.

Aber wie soll man das freie Spielen mit den Anforderungen unserer Gesellschaft an die Kinder verbinden? Ich habe schon mehrmals erwähnt, dass die Kinder lernen müssen, dass sie ein Teil der Gesellschaft sind. Ihr Weg führt sie durch die vorschulischen Kindertageseinrichtungen und danach durch die Schule. Dies erscheint vielleicht selbstverständlich. Wenn man nicht die totale Anarchie befürwortet, wird die Gesellschaft irgendwie funktionieren müssen. Deshalb muss man das Kind dabei begleiten, damit es sich den sozialen Bedingungen seines Umfeldes anpassen kann. Darin sind sich sicherlich die meisten Eltern einig. Trotzdem darf man nicht vergessen, dass auch das freie Spielen wichtig ist. Folgerichtig muss man also nicht alles steuern. Man *sollte nicht* alles steuern.

Müssen Kinder in die Kita gehen?

Ein weiteres Problem ist, dass die reglementierte Gleichmacherei immer deutlicher wird. Man kann sich fragen, woran das liegt. Schon vor 2 400 Jahren diskutierten Sokrates und Platon Fragen der Kindererziehung. Platon war der Meinung, dass man den Eltern nicht das Recht geben dürfe, ihren Kindern nach eigenem Gutdünken alles Mögliche einzurichten. Stattdessen müsste seiner Meinung nach der Staat die Kinder indoktrinieren und sie somit vor dem Einfluss der Familie schützen. Nicht um der Kinder willen, sondern um das Weiterbestehen des Staates zu sichern. Der Kolumnist Poirier Martinsson beschreibt in einem Zeitungsartikel der *Svenska Dagbladet* Platons Masterplan wie folgt:

> »Es reicht nicht aus, die Menschen zu indoktrinieren und sie dazu zu zwingen, richtig zu denken und zu handeln. Der Fortschritt muss dadurch gesichert werden, dass die Bevölkerung davon überzeugt wird, dass diese Indoktrinierung niemals stattgefunden hat, dass sie nur ein Wahnbild sei.«[89]

Die Frage ist, ob die skandinavischen Länder das nicht schon fast erreicht haben, was Platon voraussagte. Man hört immer häufiger lautstarke Forderungen nach einem obligatorischen Kitabesuch, sogar schon ab dem Säuglingsalter. Auch wenn er heute noch nicht Pflicht ist, ist er in der Praxis für die große Mehrheit aller Kinder schon zur Realität geworden. Die Möglichkeiten der Eltern, sich selbst um ihre Kinder zu kümmern, sind sehr begrenzt. Eine breite politische Front ist heutzutage dafür, dass der Staat sich von der Wiege bis zum Grabe um uns kümmert und damit die interne Macht der Familie minimiert.

Die gleiche Entwicklung ist in der ganzen westlichen Welt vorangeschritten, aber die skandinavischen Länder liegen ganz klar vorne. Was auch nicht merkwürdig ist, da sie schon seit Jahrzehnten diese Strategie verfolgen. Schon Anfang der 1970er-Jahre schrieb der damalige Bildungsminister und spätere Staatsminister Ingvar Carlsson in einer Anmerkung an den Staatsminister Olof Palme, dass es eine notwendige Maßnahme sei, die vorschulischen Einrichtungen auszubauen, weil seiner Meinung nach die Kitas für den Staat »lebenswichtig seien bei der Eliminierung des sozialen Erbes der Eltern mit ihren unerwünschten, reaktionären Ansichten«.[90]

Bent Hougaard greift in seinem Buch auch dieses Thema auf. Er beklagt, dass Dänemark die staatliche Erziehung schon eingeführt hat. Ob es nun gut oder schlecht sei, darüber ließe sich streiten. Das Interessanteste ist aber, dass kaum Diskussionen zu diesem Thema stattfinden, besonders im Hinblick auf den Gedanken, den ich schon früher berührt habe, nämlich dass in der ganzen westlichen Welt in den jeweiligen Bevölkerungen eine fast totale Übereinstimmung darüber herrscht, wenn es darum geht, wie wichtig die Eltern-Kind-Bindung ist.

Wenn die Menschen wirklich an die Bindungstheorie glauben, würde man doch erwarten, dass ein Großteil der Bevölkerung lauthals gegen die vorschulischen Verordnungen protestieren würde. Man muss man sich doch fragen, wie es kommt, dass wir, obwohl wir unsere Kinder für so viele Stunden am Tag weggeben, uns selbst gleichzeitig eine so immens große Bedeutung zuschreiben. Dementsprechend müsste es einen Volksaufstand von ziemlich großen Ausmaßen geben, der fordern würde, dass Eltern mit ihren Kindern zuhause bleiben dürfen, anstatt den ganzen Tag von ihnen getrennt zu sein.

Seit mehreren Jahrzehnten geht es unseren Jugendlichen immer schlechter, und diese Entwicklung ist mehr oder weniger parallel zur Einführung der obligatorischen, vorschulischen Betreuung für alle verlaufen. Es ist in der Tat auffallend, wie schlecht es unseren Kindern heute im Vergleich zu vor 30 Jahren geht, als sie in viel höherem Maße zuhause erzogen wurden. Junge Mädchen haben sich noch nie so oft selbst Schaden zugefügt wie heute. Jungen waren in der Schule noch nie schlechter … Zu behaupten, dass eine unzulängliche Bindung an die Primärfamilie eine potentielle Ursache der steigenden Probleme sein könnte, scheint trotz alledem mit einem Tabu belegt zu sein.

Ob die Ursache nun wirklich in einer unzulänglichen Bindung liegt, ist natürlich nicht ganz sicher. Es gibt keine 100-prozentige Kausalität, nur weil gleichzeitige Ereignisse über einen gewissen Zeitraum parallel verlaufen. Es gibt, wie schon erwähnt, eine ganze Reihe anderer Erklärungen für diese Entwicklung. Es wäre doch verwunderlich, wenn die gesteigerte Wahlfreiheit, die vielfältigeren Möglichkeiten zur Selbstverwirklichung und die gewachsene Informationsflut die Jugend nicht prägen würden. Es gibt so viele neue Dinge heute, die – obwohl sie im Grunde genommen alle durchaus einen positiven Einfluss auf unser aller Leben haben – vermutlich manche (oder gar viele) Jugendliche ernsthaft stressen können. Und wie lautet unsere Schlussfolgerung? Ich selbst glaube nicht an einen Mangel an Bindung als Erklärung. Aber ich frage mich schon, warum die Thematik eigentlich kaum diskutiert wird. Beruht es darauf, dass die Menschen auf das Wohlbefinden ihrer Kinder nicht mehr achten? Liegt es daran, dass sie doch nicht an die Bindungstheorie glauben? Oder weil sie ihre Meinungen dem politischen Kontext anpassen? Vielleicht liegt es daran, dass die Eltern ganz einfach nicht mehr daran glauben, dass sie gute Eltern sind. Sie müssen ihre Kinder also den Profis überlassen.

Finden Sie das nicht auch merkwürdig? Trotzdem sollte man sich nicht allzu sehr darüber aufregen. Die allermeisten Kinder kommen in ihrem Leben ganz gut klar, auch wenn sie jahrelang in die Kita gegangen sind. Doch fällt es mir schwer zu verstehen, wie die Eltern so große Anhänger der Bindungstheorie sein können, wenn sie doch gleichzeitig auf ihr Recht pochen, ihre Kinder mehrere Jahre lang vor der Einschulung von Fremden betreuen zu lassen. Fremde, zu denen ihre Kinder enge Bindungen eingehen werden, die aber garantiert für immer aus dem Leben des Kindes verschwinden, wenn es in die Schule kommt. Diese Unlogik macht wiederum deutlich, dass es in der Erziehung (oder bei der Vermeidung dergleichen) fast ausschließlich um ideologische Fragen geht.

In diesem Zusammenhang taucht schon die nächste Frage auf: Wie kann es sein, dass Eltern eine dermaßen große Angst davor haben, ihre Kinder zu erziehen, dass sie es ihnen selbst überlassen und infolgedessen die Kinder alles bestimmen dürfen? Der einzige vernünftige Grund für diesen Verzicht kann ja nur sein, dass man der Meinung ist, die Kinder würden von Zurechtweisungen und Regeln Schaden nehmen. Aber wenn die Kinder keinen Schaden davontragen, wenn sie ab etwa einem Jahr bis zu acht Stunden täglich Fremden überlassen werden, zu denen sie zwar eine enge Beziehung aufbauen, die aber schon bald wieder aus ihrem Leben verschwinden, kann man sich nur fragen: *Wie schädlich kann eine Zurechtweisung dann noch sein?* Die Logik dahinter ist gelinde gesagt obskur. Welche Erklärung kann es dafür geben, dass es im Interesse der Kinder sein soll, dass man ihnen nicht beibringt, was richtig und was falsch ist? Wie kann es im Interesse des Kindes sein, dass ihm niemals widersprochen wird? Um den Allrounder Paolo Roberto zu zitieren: »Ein sicherer Weg zur Zerstörung des Lebens deines Kindes ist, ihm alles zu geben.«

Das ist mir leider ganz oft während meiner Arbeit mit jungen Menschen begegnet, die von klein auf in materiellem Überfluss gelebt und alles bekommen haben, was sie haben wollten, ohne überhaupt irgendeine Gegenleistung zu erbringen. Viele von ihnen haben eine bedingungslose Liebe erfahren, wie sie auch Penelope Leach befürwortet. Einer meiner Patienten, an den ich mich besonders gut erinnern kann, ist der junge Petter. Petter hatte in seiner Kindheit und Jugend ausschließlich Bücher gelesen und Computerspiele gespielt. Als kleines Kind war er sozial und begabt, aber mit 20 Jahren hatte er noch nie gearbeitet. Er lebte immer noch bei seinen fürsorglichen und liebevollen Eltern und trieb die beiden ständig in den Wahnsinn, weil er die Nacht zum Tag machte und sich weigerte, im Haushalt zu helfen. Er hatte bislang nichts zur Haushaltskasse beigetragen und erwartete, dass das Essen auf dem Tisch stand, kurz nachdem seine Eltern von der Arbeit nach Hause gekommen waren. Er setzte sich dann an den Tisch und schaufelte seine Mahlzeit in sich hinein, bedankte sich aber nicht einmal fürs Essen. Beklagten sich die Eltern, bekam er regelrechte Wutanfälle. Sie trauten sich nicht, ihn vor die Tür zu setzen, da sie davon überzeugt waren, dass er nicht allein klarkommen würde. Petter hat sicherlich eine genetische Veranlagung für diese Entwicklung. Vielleicht würde er sogar genügend Kriterien erfüllen, um eine medizinische Diagnose zu rechtfertigen. Viele verschiedene Umstände haben ihn so werden lassen. Entscheidend ist nicht in erster Linie, dass er bei *seinen* Eltern aufgewachsen ist, sondern die vorherrschende Kultur, die es ihnen nicht erlaubt hat, dem Sohn zu widersprechen. Er ist in einer Gesellschaft aufgewachsen, in der eine ganz neue Form von eingeimpfter Hilflosigkeit vermittelt wird. Ein Verhalten, das von unserer Kultur geprägt wird und mit dem gerade die jungen Männer lange Zeit ganz gut klarkommen, das aber dauerhaft zur totalen Passivität und sehr wahrscheinlich zum Versagen bzw. Zusammenbruch führt.

Jetzt finden Sie vielleicht, dass ich ungerecht bin. Und dass die bedingungslose Liebe doch etwas Schönes sei. Sie denken möglicherweise, dass ich hier einen Einzelfall beschreibe und dass er nicht repräsentativ ist. Petter ist aber nur ein Beispiel von vielen. Sicherlich gibt es auch Jugendliche, die bezeugen, dass sie ihr Leben lang im Übermaß geliebt worden sind, dass sie verwöhnt wurden und trotzdem gelernt haben, Dankbarkeit zu zeigen und ihre Talente zu entfalten. Sie haben sich durch die Liebe gestärkt gefühlt und kommen mit ihrem Leben ausgezeichnet klar. Es gibt aber eine große Anzahl junger Menschen, denen es in unserer westlichen Kultur schlecht geht. Dies ist keine Folge von Armut, sozialer Ausgrenzung oder psychischen Traumen. Sehr vielen dieser jungen Menschen geht es schlecht, weil es ihnen von außen betrachtet scheinbar so gut geht. Das heißt natürlich nicht, dass die Eltern schlechtere Eltern sein müssen. Es bedeutet auch nicht, dass man seine Kinder »weniger« lieben sollte. Es legt aber nahe, weniger Angst davor zu haben, Forderungen an sie zu stellen.

Die umgekehrte Bindung

Man kann die Bindungstheorie auch anders betrachten, sodass man nicht den Teufel an die Wand malen muss. Bei dieser Theorie geht es ja im Normalfall nicht um die Frage, ob es dem Kind gut geht oder nicht, sondern schlicht um Bindung. In der ganzen westlichen Welt kann man erleben, wie Eltern damit zu kämpfen haben, dass ihre Kinder nicht auf sie hören. Dieses Phänomen wird in säkularen Ländern besonders signifikant, umso mehr, wenn ein antiautoritäres, antitraditionelles Denken in der Allgemeinheit vorherrschend ist. Damit kann man vermutlich leben, es gibt aber schlimmere Auswirkungen. Viele Eltern fühlen sich allein gelassen, wenn sie älter werden, und können nur neidisch zuschauen, wie sich Menschen in anderen Teilen der Welt ihren Eltern und auch anderen Verwandten gegenüber verhalten.

Trotzdem findet man in nordeuropäischen bzw. angelsächsischen Zeitungen nur selten Berichte darüber, dass erwachsene Kinder in den Mittelmeerländern ihre Eltern mehr lieben. Selten wird davon berichtet, dass die Kinder aus südlicheren Ländern beleidigt reagieren, wenn man schlecht über ihre Eltern spricht. Und noch seltener erfährt man etwas über das Verhalten muslimischer Kinder ihren Eltern gegenüber. Es kommt auch nicht häufig vor, dass sich jemand darüber beklagen, dass chinesische Eltern auf ihre alten Tage viel mehr Unterstützung durch ihre Kinder erfahren. Mein Schwiegervater hat einen Großteil seines Erwerbslebens in ostasiatischen Ländern verbracht. Es ist ihm häufig aufgefallen, dass man in den Familien dort überaus harmonisch miteinander umgeht. Er erzählte mir von seinen Erfahrungen aus Japan, Taiwan und Singapur: »Dort sieht man Familien mit Kindern auf Straßen und Marktplätzen, aber man sieht nie Kinder, die jammern und schreien. Man sieht auch nie Eltern, die ihren Nachwuchs zurechtweisen. Warum es so ist, weiß ich nicht, aber für einen Nordeuropäer wirkt es sehr eindrucksvoll.«

In ostasiatischen Ländern ist es unerhört, über die eigenen Eltern schlecht zu reden. In der Bibel kann man lesen, dass es auch im Abendland einmal so war. Das vierte Gebot lautet: »Du sollst deinen Vater und deine Mutter ehren, damit du lange lebest und es dir wohl ergehe auf Erden.« Das zeigt ziemlich deutlich, was früher von den Kindern erwartet wurde.

Es ist interessant, darüber nachzudenken, warum man in den meisten Kulturen sehr viel Wert darauf legt, dass die Kinder ihre Eltern ehren, andersherum jedoch selten. Die natürliche Erklärung ist wahrscheinlich die, die ich schon an anderer Stelle erwähnt habe: Eltern – egal aus welcher Kultur – lieben ihre Kinder. Das braucht man ihnen nicht vorzuschreiben. Eine Verordnung, dass man seine Kinder lieben solle, würde nur lächerlich wirken. Dass man seine Eltern lieben soll, ist dagegen etwas, das kulturell regulierbar ist.

Schweden ist in dieser Hinsicht gewissermaßen einzigartig. In der weltweiten Umfrage *World Values Survey* misst man, was die Menschen im Allgemeinen von Traditionen, Autorität, Religion und Selbstverwirklichung halten. In diesem Zusammenhang tanzt Schweden – wie in vielen anderen Bereichen auch – etwas aus der Reihe. Global gesehen befinden wir uns ganz am Rande mit unseren extremen Ansichten zu Themen, die traditionell als wichtig galten. Unsere Ansichten sind genauso extrem, wenn es darum geht zu beurteilen, wer eine Autorität ist, wie man sich innerhalb der Familie verhalten sollte und wie wichtig die Selbstverwirklichung ist.[91] Die westliche Welt ist ohne Zweifel generell weniger familienorientiert als die übrige Welt, hier wird die Selbstbestimmung der Kinder in den Mittelpunkt gestellt. Wir sind in der Regel auch weniger traditions- und autoritätsgebunden und eher auf Selbstverwirklichung eingestellt.

Bisher habe ich mich im Hinblick auf die Bindungstheorie etwas zögerlich gezeigt. Es spricht ja in der Tat nichts dafür, dass es einzelnen Menschen statistisch gesehen so viel schlechter geht, wenn ihre Bindung zu ihren Eltern mangelhaft gewesen ist. Trotzdem hört sich die Bindungstheorie überzeugend an, und es gibt ja auch einige Prägungsexperimente, die für die Theorie sprechen. Kann es sein, dass ich falschliege? Ist es vielleicht so, dass eine schlechte Bindung nicht zu einer unglücklichen Jugend, sondern stattdessen zu undankbaren Erwachsenen führt? Wenn dies der Fall ist, sind die Bindungen unter den Menschen in der westlichen

Welt vielleicht generell gestört. Die Kinder sind nicht ernsthaft traumatisiert, weil sie nicht lange genug zuhause betreut und erzogen werden. Sie können ganz einfach keine Bindung zu ihren Eltern aufbauen und sich folglich auch nicht sonderlich um sie kümmern. Eine durchaus denkbare Erklärung.

Ein italienisches oder tunesisches Kind ist sein Leben lang dankbar dafür (oder sagt das zumindest), dass seine Eltern für es da waren. Diese Kinder haben also das Gefühl, dass sie ihren Eltern etwas zurückgeben müssten und wollen. Und das in Form von Respekt und Achtung. Worte, die überall dort, wo Kinder schon ganz früh in die Kita gehen, einen fast unangenehmen Klang bekommen haben. Genau wie alles andere auch, wenn es darum geht, sich etwas oder jemandem unterzuordnen, außer der anonymen Staatsmaschine.

Wenn der Staat die Erziehung übernimmt

Der Organismus Staat

Wie kann man mit der langjährigen Staatsindoktrinierung brechen, die längst die übliche, familiäre Prägung ersetzt hat? Die Familienindoktrinierung – auch Erziehung genannt – ist zu etwas Bösem geworden, während die Indoktrinierung durch den Staat, der nur schöne und positive Werte vermittelt, blendend voranschreitet. Stellen Sie sich vor, die Eltern könnten selbst entscheiden, was sie ihren Kindern an Werten weitergeben wollen. Das könnte ja, wie Platon meinte, ein ganz böses Ende nehmen. Den Leuten könnte ja alles Mögliche und Unmögliche einfallen. Das geht doch nicht!

Scheinbar sind die Menschen des 21. Jahrhunderts der Meinung, dass man sich am besten an der Utopie der beiden Nobelpreisträger Gunnar und Alva Myrdal[92] orientiert. Eine Zukunftsvision aus den 1930er-Jahren, die in Skandinavien schon längst Wirklichkeit geworden ist. Man kann schon sagen, dass das Ehepaar Myrdal gewissermaßen den schwedischen Wohlfahrtsstaat gegründet hat, der nun schon lange auf der ganzen Welt zum Vorbild genommen wird.

Es reicht aber nicht aus, dass man den Besuch der vorschulischen Einrichtungen obligatorisch macht. Viele Menschen der westlichen Welt würden sich wünschen, dass eine Elternausbildung (wie *Komet* oder *Cope* in Schweden) für alle Eltern obligatorisch werden müsse. Die Gefahr ist aber groß, dass eine solche Ausbildung in staatlicher Hand politisiert werden könnte.

Sind diese Elternausbildungskurse denn nicht gut? Es scheint, dass die Teilnehmer sie gut finden. Da die Eltern diese Kurse aus freien Stücken besuchen, kann es doch nicht so schlimm sein. Bei der grundlegenden Fragestellung geht es mir hier gar nicht um die Qualität solcher Kurse. Die fundamentale Frage lautet jedoch, ob man der Meinung ist, dass der Staat eine solch große Verantwortung für die Erziehung unserer Kinder tragen sollte. Denn es bedeutet ja eine Erweiterung der immer umfassenderen staatlichen Erziehung.

In einer Welt, in der die Kinder nicht mehr auf ihre Eltern hören sollen, stehen viele Eltern vollkommen ratlos da. Lassen sich pragmatische Ratschläge für Eltern in einem obligatorischen Kursus vermitteln? Ist die staatliche Erziehung die Lösung? Ein solches Angebot kann ja ganz verlockend wirken. Vielleicht ist es ja tatsächlich an der Zeit, dass die Erziehungsprofis das Ruder ganz und gar übernehmen.

Elternschaft in der Krise?

Was wir auch davon halten mögen, die Frage, wie Eltern ihre Kinder erziehen sollen, ist immer mehr eine Angelegenheit des Staates geworden. Wir haben in Schweden eine Gesetzgebung, die es den Behörden erlaubt, sich um die Kinder zu kümmern, wenn es die Eltern nicht selbst schaffen. Der Staat darf natürlich nur eingreifen, wenn es dafür gewichtige Gründe gibt. Im Jahr 2011 wurden ca. 20 000 Kinder von unterschiedlichen sozialen Einrichtungen betreut.[93] Die Gesetzgebung muss aber mit Vorsicht angewandt werden. Erstens muss es sich um extrem elendige Familienverhältnisse handeln, um einen solchen, staatlichen Eingriff zu rechtfertigen. Zweitens gehören die Kinder zu ihren Eltern – und sind nicht Kinder des Staates.

Man muss bedenken, dass es Eltern gibt, die es nicht schaffen, ihre Kinder großzuziehen. Die Gesellschaft sollte dann eingreifen und durch die Sozialbehörden die Verantwortung übernehmen. Es ist selbstverständlich, dass man in einem Rechtsstaat zum Wohle der Kinder handeln sollte. Es besteht aber die Gefahr, dass man sich in einem Rechtsstaat, in der die Bedeutung der Familie zugunsten verschiedenster Experten herabgesetzt wurde, nicht damit begnügt, sich um Kinder aus Extremfamilien zu kümmern. Warum sollte der Staat sich nicht in die Erziehung einmischen, auch wenn die Umstände weit weniger traumatisch sind? Die allgemeine Auffassung scheint ja doch zu sein, dass er es viel besser macht als die Eltern.

Die Gründer des schwedischen Wohlfahrtsstaates Gunnar und Alva Myrdal hatten 1934 einen enormen Erfolg mit ihrem Buch *Die Krise in der Bevölkerungsfrage* (Original: *Kris i befolkningsfrågan*). Darin plädierten sie dafür, dass die Kinder in höherem Maße vom Staat erzogen werden sollten. Sie meinten, man solle besondere Kinderhäuser bauen, in denen professionelle Erzieher und anderes Personal sich um die Kinder kümmern könnten, während die Eltern zur Arbeit gingen. Es wurden solche Häuser in Schweden gebaut, und die ihnen zugrundeliegende Vision hat die Kibbuze in Israel geprägt. Im Kibbuz sollten Eltern sich nicht um ihre eigenen Kinder kümmern, die Kinder sollten Gegenstand der allgemeinen Fürsorge sein. In gleicher Weise hatte das Ehepaar Myrdal ein Bild von einer utopischen Gesellschaft, in der Experten verschiedener Richtungen sich um die Kindererziehung kümmerten, während die Eltern anderweitig beschäftigt waren. Eine Gesellschaft, die ja in der Tat in vielerlei Hinsicht Wirklichkeit geworden ist.

Ich selbst wundere mich ein wenig darüber, wie es sein kann, dass so wenig Menschen darauf reagieren, dass die Eltern heute tatsächlich nicht mehr die Hauptverantwortung für ihre eigenen

Kinder tragen. Den größten Teil ihrer ersten sechs Lebensjahre verbringen diese in Kitas. Und die folgenden zwölf Jahre gehen sie zur Schule. Und wenn sie nicht in der Schule sind, werden sie im Hort betreut.

Schweden wird als Vorreiter dieser Entwicklung betrachtet. In anderen Ländern der westlichen Welt ist die Situation nicht ganz so wie bei uns, aber alle streben sie danach, Gleichberechtigung zu erreichen. Eine Gleichberechtigung, die darauf baut, dass beide Elternteile arbeiten gehen können. Auch noch gleichberechtigt zu sein, indem man gemeinsam die Verantwortung für die Aufgaben zuhause übernimmt, ist nicht ganz so populär. Die Selbstverwirklichung findet eben nicht zuhause statt.

Dies hat zur Folge, dass die Gesellschaft sich umso mehr einmischen *muss*. Sie werden keine vorschulische Einrichtung finden, in der es keine Regeln und Richtlinien dafür gibt, was Kinder lernen sollen und müssen. Manche dieser Richtlinien sind sogar gesetzlich vorgeschrieben. Im Frühjahr 2013 wurde eine Studie publiziert, die zeigte, dass Vorschulkinder, die sogenannte Natur- und Waldkindergärten besuchen und sich also während des Kindergartentages nur draußen aufhalten, ein erhöhtes Niveau des Stresshormons Kortisol aufweisen. Den Journalisten Erik Helmerson von Dagens Nyheter überrascht dies nicht. Anstatt die Stresssymptome ausschließlich darauf zurückzuführen, dass die kleinen Kinder tatsächlich in der Kälte dort draußen frieren, glaubt er, eine weitere Dimension dieses Phänomens ausmachen zu können. Er hat sich damit beschäftigt, wie sich diese vorschulischen Einrichtungen vermarkten, und kommentiert die Studie dementsprechend:

> »Jedoch glaube ich nicht, dass es nur die Kälte, der Wind und die blauen Nasen sind, die bei Zweijährigen zu einem erhöhten Kortisolspiegel führen. Es ist zu befürchten, dass eher als die Krankheiten die Waldkindergärten an sich ein Symptom sind. Man könnte so weit gehen zu behaupten, dass es keine

schlechte Kleidung gibt, sondern Eltern, die sich unter Druck setzen lassen. Innerhalb von wenigen Minuten wird man im Internet Kindergärten finden, die sich wie folgt vermarkten: ›Ein gebildeter Mensch ist ein Mensch, der seine inneren Eigenschaften gesteigert hat (...). Wenn es gelingt, die seelischen Fähigkeiten zu stärken, werden der Wissensdurst und das Bildungsniveau sich erhöhen.‹ Oder auch: ›Alles an unserer Einrichtung, Ausrüstung, Auswahl an Spielsachen und Literatur sind für den Umgang mit Kindern und Erwachsenen gedacht, sowohl aus einer Geschlechts- als auch aus einer Gleichberechtigungsperspektive.‹ Die Krönung ist vielleicht diese Formulierung: ›Wir bauen unsere Tätigkeit auf dem schulischen Lehrplan Lpfö 98/10 und auf der modernsten Forschung auf und bereiten Ihre Kinder mit dem Programm International Primary Curriculum Early Years Programme (IPC) auf die zukünftige, globale Welt vor.‹«[94]

Die hohen Ambitionen der Eltern sind sicherlich lobenswert. Und die Kinder werden es überstehen. Sie haben aber nicht darum gebeten. Vielleicht können sie sogar mit Freude auf ihre Kindheit zurückblicken. Wenn dies der Fall ist, beruht diese Einschätzung sicherlich nicht auf dem Gleichberechtigungszertifikat oder auf dem Spielen in der Natur. Die Moral ist ja nicht dauerhaft die gleiche. Was wir heute als richtig empfinden, wird sich ändern, und unsere Kinder werden eine andere Meinung haben als wir. Ihre Kinder und Enkelkinder werden sich noch weiter von uns entfernen. Sie werden wahrscheinlich der Meinung sein, dass unsere Zeit scheinheilig, albern, unbegreiflich, antiquiert und reaktionär war. Genauso wie die meisten heute der Ansicht sind, dass das Ehepaar Myrdal reaktionär war, als sie die Zwangssterilisation von geistig Behinderten forderten.

Die globale Elternbildung

Die Gesellschaft will Menschen beeinflussen, die nicht so sind, wie »sie sein sollen«. Deshalb gibt es nicht nur in Schweden, sondern in der ganzen westlichen Welt Elternausbildungskurse wie *Komet*. Der Disput zwischen denjenigen, die die Elternausbildung gut fanden, und denjenigen, die eine solche Ausbildung ablehnten, war im Endeffekt sinnlos. In mehreren Studien hat man feststellen können, dass solche Ausbildungsmaßnahmen keinen besonderen Einfluss auf die Kinder haben.[95] Was ja eigentlich der Sinn einer solchen Ausbildung gewesen wäre. Das hat wiederum dazu geführt, dass in den USA seit etwa zehn Jahren Bildungsmaßnahmen direkt auf die Kinder ausgerichtet werden. Man hätte gar nicht gedacht, dass gerade die USA das erste Land auf der Welt seien, das beim Ausbau des staatlich regulierten Himmelreiches auf Erden so weit gehen würde. Wir bewegen uns in Richtung des Traumszenarios der britischen Autorin Jean Aylings, die darüber schrieb, wie die Geburtenrate berufstätiger Frauen zu heben sei.[96] Sie machte 1930 deutlich, was sie von den Fähigkeiten der Eltern, sich selbst um ihre Kinder zu kümmern, hielt, nämlich nicht viel. Ihrer Meinung nach hatten die meisten Kinder in ihrem Bekanntenkreis schon im Kleinkindalter einen Schaden. Ihr Vorschlag zur Lösung war noch extremer als die Vorstellungen des Ehepaars Myrdal. Sie wollte nicht nur die Macht der Eltern begrenzen, um so die Kinder prägen zu können. Ihr Ziel war eine elternlose Gesellschaft. Diese *schöne neue Welt* à la Aldous Huxley ist nur noch Millimeter von uns entfernt. Eine Gesellschaft, von Alfa- bis hin zu Ypsilon-Klonen bevölkert, die jeweils zu Gruppen ausgebildet werden, ohne von Gefühlen geleitet zu sein – zumindest nicht von »störenden« Gefühlen. Alva und Gunnar Myrdal haben wirklich Spuren hinterlassen. Und sie sind so tief, dass wir nicht einmal merken, einer Gehirnwäsche unterzogen worden zu sein. Stellen Sie sich vor: Wir gehören alle der gleichen Sekte an, wir wissen es nur nicht.

Die erwartungsfreie Utopie

Wir brüten unseren Nachwuchs im großen, kibbuz-ähnlichen Staatsmechanismus aus und überlassen verschiedenen Experten alle Aspekte der Erziehung. Wir selbst können dadurch unsere eigenen Expertenjobs in anderen Bereichen des Systems ausüben, um abends eventuell den Kindern noch ein Gutenachtlied vorzusingen. So muss es sein, wenn man sichergehen will, dass keine Fehler passieren. Denn Fehler stören die anderen. Es gibt Menschen in unserem Staatengebilde, die grobe Fehler begehen, sie wollen vielleicht sogar bestimmen, was ihre Kinder in ihrer Freizeit machen. Sie träumen womöglich davon, dass ihr Kind schon früh in einer Elite-Fußballmannschaft spielt. So etwas wäre ja in den Augen der übrigen, eigentlich überflüssigen Eltern des Staatsmechanismus unangenehm. Anderswo reagiert man darauf, wie verantwortungslos sich Eltern verhalten, die sich bestimmt nicht genug um die Belange ihres Kindes kümmern oder viel zu wenig Rücksicht auf die Meinung der anderen Eltern nehmen. Vielleicht würden solche unsolidarischen Eltern sogar erlauben, dass ihr Kind allein zum Kiosk geht. Der fünfjährige Sohn meines Kollegen bekam genau diese Erlaubnis. Seine Mama ließ ihn alleine losziehen, um Süßigkeiten in einem Laden in ihrer Straße zu kaufen. Daraufhin kam die Polizei und brachte den Jungen nach Hause. Sie verwarnte die Eltern für ihr verantwortungsloses Verhalten.

Früher drohten Eltern hier in Schweden ihren unartigen Kindern damit, dass die Russen kommen und sie holen würden. Oder man erschreckte sie mit Trollen und Zwergen. Auch die Polizei war, als ich klein war, als drohende Erziehungsmaßnahme recht beliebt, obwohl wir damals noch alleine zum Kiosk gehen und Süßigkeiten kaufen konnten. Die Drohung wurde eher ausgesprochen, wenn wir Äpfel geklaut hatten. Wenn es um widerspenstige Kinder geht, hat der Staat schon immer freie Hand zum Eingreifen gehabt. Während unsere Gesellschaft immer sicherer wird, werden immer mehr Verhaltensweisen als unpassend klassifiziert. Die kleinsten Gefahren werden für lebensbedrohlich erklärt. Und da müssen die westlichen Staaten ja eingreifen.

Stellen Sie sich einen Fußballverein vor, der sich dazu entschließt, schon früh unter den Kindern die Stars von morgen herauszupicken. Eine solche Spekulation könnte rein sportlich gesehen aus vielen, höchst relevanten Gründen eine ziemlich zweifelhafte Entscheidung sein. Die sportlichen Ziele stehen aber nicht im Mittelpunkt der allgemeinen Kritik. Viele Menschen werden stattdessen das Ansinnen des Fußballvereins als unmoralisch und falsch betrachten. Obwohl die betroffenen Kinder, die bei einer solchen Auswahl ausgesucht werden, sehr gerne dabei wären. Es wird empörte Proteste darüber hageln, wie äußerst unmoralisch sowohl der Verein als auch die Eltern handeln. Es werden abendliche Diskussionstreffen veranstaltet, und es wird in den Zeitungen geschrieben. Ein Boykott wird diskutiert, drastische Maßnahmen wie Verbote werden vorgeschlagen. Schon bald wird die Lösung präsentiert: Es soll keinen Konkurrenzkampf mehr geben. Alle, ja wirklich alle, sollen Fußball spielen dürfen.

Dies hört sich alles ganz sympathisch an, und wahrscheinlich ist es aus sportlicher Sicht auch nicht ganz falsch. Denn die Kinder entwickeln sich zeitlich unterschiedlich, und eine Strategie, die es allen erlaubt, über längere Zeit zusammenzuspielen, wird dazu führen, dass man über die Jahre immer mehr gute Spieler haben wird, sowohl bei den Jugendlichen als auch bei den Erwachsenen. Es wird nur alles dermaßen auf die Spitze getrieben, weil die emotionsgesteuerten Eltern es so wollen. Und dann mischt sich auch noch die ganze Gesellschaft ein. Man begnügt sich nicht damit, die extremeren Trends zu kritisieren. Plötzlich dürfen ebenbürtige Spieler nicht mehr zusammenspielen, weil es dazu führen könnte, dass schlechtere Spieler keine Chance mehr hätten, in diese Mannschaft aufgenommen zu werden. Es entsteht somit eine unechte »Freundlichkeit« – eine Disneyfizierung. Gibt es denn Beweise dafür, dass ein ziemlich schlechter Fußballspieler besser wird, wenn er mit Gleichaltrigen spielen darf, die wesentlich besser spielen als er selbst? Oder anders herum: Worin liegt der Vorteil für den besseren Spieler, wenn er auf einem niedrigeren Niveau in einer Mannschaft spielen muss, deren Spieler nicht mit ihm mithalten können? Es wäre wohl am besten, wenn man darauf achtet, dass Kinder mit anderen Kindern auf ungefähr gleichem Niveau zusammen spielen und dass es kein Problem ist, in eine andere Mannschaft zu wechseln, wenn die Voraussetzungen sich mit der Zeit verändern. Und das tun sie garantiert. Erstens hören viele Kinder, die richtig gute Fußballer waren, irgendwann auf zu spielen, und andere, die als Kinder eher schlecht gespielt haben, mausern sich und werden richtig gute Jugendfußballer. Mit anderen in einer Mannschaft zu spielen, die sich auf einem ganz anderen Niveau als man selbst bewegen, ist für alle Beteiligten nur Quälerei.

In sportlichen Zusammenhängen die ziemlich harmlose Ansicht »Gleich und gleich gesellt sich gern« zu vertreten, kommt jedoch nicht immer gut an. Eine ganze Menge empörter Stimmen hält sich in den Medien nicht zurück, sondern geht so weit, dies als pure Kindesmisshandlung zu bezeichnen. Aber wenn das Kindesmisshandlung sein soll, dann kann man das ja fast von allem behaupten. Die Relativierung dessen, was als Übergriff bezeichnet werden kann, verbreitet sich auf Sportplätzen und Schulhöfen. Und eine solche Relativierung gibt es schon länger, wenn es um Gefahren geht, auf die unsere Kinder stoßen könnten.

Kulturelle und geschlechts-spezifische Unterschiede

Das Leben ist gefährlich

Obwohl es keine sicherere Altersphase im Leben eines Menschen als die Zeitspanne von null bis 15 gibt, herrscht in großen Teilen der westlichen Welt eine Einigkeitskultur darüber, dass Kinder so zerbrechliche Wesen sind, dass man sie vor allem, was gefährlich werden könnte, schützen muss. Diese Besorgnis kommt aber in verschiedenen Ländern auf unterschiedliche Weise zum Ausdruck. In den skandinavischen Ländern soll die Gemeinschaft für die Erziehung und den Schutz der Kinder hauptverantwortlich sein. Aber auch in anderen Ländern, in denen die Familie noch mehr im Mittelpunkt steht, wie z. B. in Deutschland und anderen Ländern auf dem europäischen Kontinent, ist die Auffassung vorherrschend, dass Kinder wie kleine Porzellanfiguren behandelt werden müssen. Und in den USA ist man vielleicht sogar noch etwas vorsichtiger als in Skandinavien.

Als meine Frau und ich im Frühjahr 2013 in San Francisco waren, lernten wir viele Leute vom exilschwedischen Verein SWEA (Swedish Women's Educational Association) kennen. Die Schweden, die in den USA leben, hatten viel zu berichten, sowohl über ihre neue als auch über ihre alte Heimat. Als Einwanderer hat man die einzigartige Gelegenheit, alles miteinander zu vergleichen. In der multikulturellen, heterogenen Gesellschaft der USA ist es außerdem möglich, sich mit Familien aus ganz anderen Kulturen, wie z. B. Indien und China, zu vergleichen. In Schweden haben alle die gleiche Meinung, und man ist als Schwede vollkommen davon überzeugt, dass Menschen, die eine andere Auffassung von Erziehung haben, böse sind.

In den USA hat man keine Angst davor, die Kinder zurechtzuweisen. Das ist eher eine skandinavische Spezialität. Dagegen hat man dort Angst vor allen möglichen physischen Traumen. Das ist deutlich spürbar. Als wir unseren Kinderwagen mit auf eine Rolltreppe nahmen, kamen besorgte Leute zu uns und warnten uns davor, dass der Wagen steckenbleiben könnte. Die Verkäufer in größeren Kaufhäusern wiesen uns ziemlich streng darauf hin, dass wir den Fahrstuhl benutzen müssten. Wenn wir Kaffee tranken, wurden wir davor gewarnt, das heiße Getränk in der Nähe unserer Kinder zu trinken. (Außerdem wurden alle Kunden mit Hilfe von großen Schildern davor gewarnt, dass Kaffee Acrylamid enthält. Und ich hatte bis dahin geglaubt, dass man deswegen eher auf Chips verzichten sollte …). Saßen wir im Restaurant, machte uns das Personal darauf aufmerksam, dass ein Tablett auf den Kopf unseres Kindes fallen könnte. Wir konnten uns kaum vor die Tür bewegen, ohne dass unsere Mitmenschen ihre Besorgnis darüber zeigten, dass uns etwas zustoßen könnte.

Verglichen damit sind die skandinavischen Kinder freier und können tun, was sie wollen – und das ohne jegliche Verwarnungen, solange sie unter elterlicher Aufsicht stehen. Vergleicht man unsere Gesellschaft mit der vor 40 Jahren, ist es sonnenklar, dass die ganze westliche Welt sich harmonisierend auf den geringsten gemeinsamen Nenner hinbewegt. In Europa übernehmen wir aus den angloamerikanischen Ländern die Überzeugung, dass die Welt ein gefährlicher Ort zum Leben ist. Gleichzeitig exportieren wir die Auffassung, dass jeder emotionale Wiederstand im Leben eines Kindes zu lebenslangen Traumen führen wird.

Die Frage, wer nun Recht hat, ist ganz und gar sinnlos. Die

Folge wird sein, dass die Kinder in Zukunft nichts Gefährliches tun dürfen und dass sie, wenn sie es doch tun, dafür nicht zurechtgewiesen werden dürfen.

Die Eigenartigkeiten der beiden verschiedenen Systeme sind von außen deutlich sichtbar. Eine der Frauen, die ich in San Francisco kennenlernte, hat zwei Söhne. Der eine lebt in Schweden und der andere in Texas. Die Enkelkinder in Texas dürfen – anders als die schwedischen Enkel – nichts unternehmen, ohne dass eine erwachsene Person dabei ist. In einigen amerikanischen Bundesstaaten hat man ernsthaft darüber diskutiert, per Gesetz festzulegen, wie alt ein Kind sein muss, bevor man es zuhause allein lassen darf. Es geht hier nicht um eine feste Altersgrenze von zwei, drei oder vielleicht sechs Jahren. Im Bundesstaat Virginia wurde darüber debattiert, ob ein zwölfjähriges Kind für mehr als drei Stunden zuhause allein bleiben dürfe.[97] In Kalifornien berichtete das Personal einer skandinavischen Schule, dass es verboten sei, dass sich ein Schüler allein in einem Raum der Schule aufhalte. Es muss immer eine Lehrkraft da sein.

Auf der anderen Seite darf man in den USA seine Kinder zurechtweisen. Teenager können sogar Stubenarrest bekommen. Und die Kinder der chinesischen Tigermütter haben ständig Ausgangsverbot.

Tigermütter

Es ist wirklich nicht leicht, seine Kinder zu erziehen, wenn man sich außerhalb der eigenen Kultur aufhält. Jemand, der dies auf eine ziemlich brutale Weise deutlich gemacht hat, ist die amerikanische Juristin und Autorin Amy Chua. Ihr Buch *Die Mutter des Erfolgs. Wie ich meinen Kindern das Siegen beibrachte*[98] ist in großen Auflagen überall auf der Welt verkauft worden. Darin beschreibt sie, wie sie – auf traditionell chinesische Art – ihre beiden Töchter zu exzellenten Musikerinnen drillte. Die älteste Tochter fand sich mit der strengen Erziehung ab und darf nun nach vielen Strapazen als Pianistin in der Carnegie Hall auftreten. Die Kinder erhielten aus westlicher Perspektive eine extreme Erziehung. Sie durften niemals bei Schulfreundinnen übernachten. Sie durften keine Freunde mit nach Hause bringen oder überhaupt außer der Schulzeit Umgang mit anderen haben. Sie wurden gezwungen, jeden Tag mehrere Stunden auf ihren Instrumenten zu üben, darüber hinaus mussten sie ihre Hausaufgaben machen, bis sie diese auswendig konnten. Hatten sie bei Klassenarbeiten nicht alles richtig gemacht, wurden sie ausgeschimpft. Die jüngere Tochter Lulu rebellierte – auf traditionell amerikanische Art –, als sie ein Teenager wurde, und die Tigermutter musste ihre Träume aufgeben. Diese Tochter wird keine professionelle Geigerin werden. Entgegen der deutlich ausgesprochenen Überzeugung ihrer Mutter fängt sie an, Tennis zu spielen. Wie schief doch alles laufen kann …

Eine meiner Mitschülerinnen aus meiner Zeit am Gymnasium wurde während ihrer ganzen Kindheit streng erzogen und durfte nie abends ausgehen und sich auch nicht schminken. In der Schule probte sie heimlich ihre kleine Revolte, und ihre roten Lippen und das übertriebene Rouge leuchteten auf den Fluren unserer Schule. Ihre Eltern wussten nichts davon. Sie schminkte sich auf dem Weg zur Schule. Ähnlich erging es einem Freund meines Bruders. Seine Eltern hatten sich in den Kopf gesetzt, dass Donald Duck unmoralisch und ein Ausdruck des amerikanischen Imperialismus sei. Das war ihrem Sohn aber egal. Außerhalb seines Zuhauses war er der größte Donald-Duck-Konsument im ganzen Ort. Die Kultur ist stärker als die Familie.

Man kann Amy Chua verstehen. Sie war selbst so erzogen worden und versuchte, ihre Töchter auch so zu erziehen. Asiatische Kinder sind sehr erfolgreich in der US-amerikanischen Gesellschaft, vermutlich, weil sie von ihren Eltern ganz anders gedrillt werden, als es in der westlichen Welt üblich ist, obwohl es durchaus einige Bevölkerungsgruppen in den USA gibt, in denen die Kinder ebenfalls sehr streng erzogen werden. Meine Freundin Ursula erzählte mir, dass sie nicht in Cupertino (einem Ort im Silicon Valley, Kalifornien) wohnen bleiben konnte. Alle Kinder in der Schulklasse ihrer Tochter wurden von ihren Eltern so extrem gedrillt, wie es bei den Chinesen üblich ist. Es wurde traumatisch für ihre Tochter, die als Einzige in der Klasse im Alter von fünf Jahren noch nicht lesen konnte.

Die sogenannten Tigermütter überwachen alles im Leben ihrer Kinder. Auf diese Weise entsteht eine Atmosphäre in der Familie, die man nur als hysterisch bezeichnen kann. Auf der anderen Seite weist unsere westliche Kultur Aspekte auf, die Menschen mit anderem kulturellen Hintergrund etwas unbekömmlich erscheinen. In *Die Mutter des Erfolgs* schreibt Amy Chua:

> »Offenbar vermittelt Amerika den Kindern etwas, das der chinesischen Kultur fehlt: Dort fiele es keinem Kind ein, Anweisungen zu hinterfragen, ungehorsam zu sein oder den Eltern zu widersprechen. In der amerikanischen Kultur punkten die Kinder mit Aufmüpfigkeit und frechen Antworten – so erzählen es alle Bücher, Fernsehprogramme, Filme. Und dort sind es typischerweise die Eltern, die eine Lektion fürs Leben brauchen: von ihren Kindern.«[99]

Man könnte meinen, dass es nur von Vorteil ist, wenn die Kinder (in vernünftigem Maße) selbständig denken können. Autoritäten infrage zu stellen kann man als fortschrittlich betrachten. Es ist doch den westlichen Ländern gut ergangen. Was gegen diese Theorie spricht, ist die Tatsache, dass es vor ein paar Hundert Jahren, als die moderne Gesellschaft das Licht der Welt erblickte, ganz anders aussah. Die Menschen, die damals den Grundstein für die fortschrittliche, westliche Kultur legten, wären selbst niemals auf die Idee gekommen, über ihre Eltern Scherze zu machen. Vielleicht ist das aber eigentlich gar kein Ausdruck des kulturellen Verfalls. Viel schlimmer ist die fehlende Belastbarkeit. Dies hebt auch Amy Chua hervor:

»Spaß macht gar nichts, solange man nicht gut darin ist; chinesische Eltern wissen das. Um auf irgendeinem Gebiet gut zu werden, muss man sich anstrengen, und von selber haben Kinder grundsätzlich keine Lust, sich anzustrengen – deshalb ist es ja so immens wichtig, dass man sich über ihre natürlichen Tendenzen hinwegsetzt. Von den Eltern erfordert dies Stärke und Standhaftigkeit, denn das Kind leistet selbstverständlich Widerstand. Am schwersten ist es immer am Anfang; westliche Eltern geben deshalb oft auf. Aber konsequent durchgeführt, erzeugt die chinesische Strategie eine Aufwärtsspirale zum Erfolg.«[100]

All dies lässt sich am leichtesten durchführen, wenn alle anderen es genauso machen. Ist das der Fall, wird man ein gutes Ergebnis erzielen können. Keines der Kinder wird sich als andersartig empfinden, etwas, das einem Kind in der Regel gar nicht gefällt. So wird es auch einfach, eine gute Entwicklung zu fördern. Bedeutend schwieriger wird es, wenn man von allen Seiten zu hören bekommt, dass man dem Kind niemals widersprechen sollte.

Der Teufelskreis der Helikopter-Eltern

Eine interessante Beobachtung im Hinblick auf die Tigermutter ist, dass sie in mancher Hinsicht nur eine Extremvariante der Helikopter-Eltern darstellt. Auf den ersten Blick scheinen das ja beinahe diametrale Gegensätze zu sein. Die Tigermutter steuert wirklich alles, was das Kind unternimmt, und sie weicht keinen Millimeter von der Idee ab, was es ihrer Meinung nach tun muss. Sie treibt es quasi mit der Peitsche an und akzeptiert kein Scheitern. Die Helikopter-Eltern dagegen machen die Bahn frei für ihr Kind, damit geben sie auch die Richtung vor – genau wie die Tigermutter, aber in den meisten Fällen sind die Helikopter-Eltern so erwartungslos, dass ihr Kind trotzdem tun kann, was es will.

Auch wenn die Tigermutter nicht zulässt, dass das Kind selbst die Tagesordnung bestimmt, ist ihr Leben doch ganz und gar auf die Bedürfnisse dieses Kindes fokussiert – genau wie bei den Helikopter-Eltern. Auf der anderen Seite haben auch sie ihre ganz eigenen Vorstellungen davon, was ihr Kind in seinem Leben erreichen sollte. Gemeinsam ist ihnen, dass die komplette Freizeit des Kindes mit verschiedenen für das Kind (oder doch eher für die Eltern?) wichtigen Aktivitäten gefüllt wird. Die Tigermutter bestimmt, welches Instrument das Kind beherrschen soll und wie lange es üben muss. Der Helikopter-Vater wird verschiedene Aktivitäten zur Auswahl stellen, aber auch er wird sein Kind hierhin und dorthin kutschieren (genau wie die Tigermutter) und ihm vorbehaltslos zujubeln (während die Tigermutter daneben sitzt und mit ihrem Kind schimpft). Wahre Helikopter-Eltern sind wie Tigermütter – nur ohne Disziplin. Ein vollkommen unnatürliches Phänomen, ein Paradoxon und doch weiter verbreitet, als man glaubt. Die überemotionalen Helikopter-Eltern haben normalerweise die feste Vorstellung, dass Forderungen schädlich sind, und ihre Kinder werden nicht lernen, was man darf und was nicht. Die übermäßig strategische und weniger emotionale Tigermutter hat die Vorstellung, dass nur das Beste gut genug ist. Alles andere ist miserabel, und somit werden ihre Kinder ihrer Meinung nach entweder gute Leistungen erbringen oder gar nichts taugen. Und damit ist die Ähnlichkeit ganz offensichtlich. Beide Strategien sind Beispiele für das sogenannte dichotome Denken. Alles ist entweder schwarz oder weiß. Entweder sehr gut oder sehr schlecht. Entweder frei oder unterdrückt. Aber das Leben ist grau, und eine »ausreichend gute Mutter« (a good enough mother) ist vermutlich besser als jede Tigermutter oder jeder Helikopter-Vater.

Damit möchte ich nicht sagen, dass alles, was Amy Chua sagt, falsch ist. Wahrscheinlich wäre es ganz gut, wenn die skandinavischen Eltern ein bisschen von ihr lernen würden. Umgekehrt könnten Amy Chua und ihresgleichen vielleicht ein wenig von Pippi Langstrumpf lernen. Ich glaube in der Tat, dass es in Chuas

Buch für Eltern westlicher Prägung eine ganze Menge zu holen gibt. Nicht zuletzt, wenn es um Dankbarkeit geht. Amy Chua beschreibt, wie sich die Eltern von den ihr wohlbekannten chinesischen und den amerikanischen Erziehungsweisen unterscheiden. Die chinesischen Eltern (genau wie viele andere Eltern auf der Welt) sind der Meinung, dass die Kinder ihren Eltern alles zu verdanken haben. Die westlichen Eltern sind eher gegenteiliger Auffassung. Hier hört man häufiger die Bemerkung, dass »das Kind sich seine Eltern nicht aussuchen kann«. Eine im Grunde genommen vollkommen sinnlose Aussage, wenn man das betroffene Kind nicht schon früh in seinem Leben als Opfer abstempeln möchte. Außerdem eine Feststellung, die gerade die Kinder einer Tigermutter annehmen könnten, um auf diese Weise über Jahre hinweg in der Opferrolle zu verweilen. Dem scheint aber nicht so zu sein. Ganz im Gegenteil. Sie huldigen ein Leben lang ihren Eltern. Warum?

Konsequenz ohne Konsens

Die Tigermutter schimpft mit ihren Kindern, um ein Ziel zu erreichen. Wenn das Kind dieses Ziel erreicht, verspürt es eine enorme Zufriedenheit. Um dies zu schaffen, darf man als Eltern niemals nachgeben. In diesem Sinne predigt Amy Chua Konsequenz. Eben diese Konsequenz taucht als roter Faden immer wieder beim Thema Kindererziehung auf. Die positive Entwicklung, die die standhafte, chinesische Tigermutter ihrem Kind ermöglichen möchte, soll das Selbstvertrauen des Kindes stärken. Sie ist der Meinung, dass die westlichen Eltern sich viel zu große Sorgen um das Selbstwertgefühl ihrer Kinder machen. Und da kann – wenn man an den elterlichen Einfluss auf Kinder denkt – durchaus etwas dran sein.

Dass es wichtig ist, konsequent zu sein, können wohl die meisten Eltern bezeugen. Das Problem ist nur, dass es einem in einer schwierigen Situation deutlich schwerer fällt, konsequent zu sein, als wenn man in einem Buch oder bei einem gemütlichen Gespräch in einem Café darüber theoretisiert. Der Journalist Jan Söderquist erzählte mir, dass er eine andere, aber sehr konsequente Art gefunden hat, mit Konflikten umzugehen. Der Vorteil seiner Methode ist, dass er unnötige Konflikte ganz vermeidet: »Ein verheerender Fehler, den man überall beobachten kann, sind die vielen, unbeständigen Neins der Eltern, die von den Kindern schnell als nicht beachtenswert eingestuft werden. Mama oder Papa sagen Nein, weil sie genervt oder müde sind. Das Kind leitet sofort eine Überredungsmaßnahme ein, es quengelt und bekommt nach einigen Minuten Streitens seinen Willen. Hier ist es viel besser, sich vorher genau seine Antwort zu überlegen, um in den meisten Fällen gleich Ja zu sagen und das Nein nur zu äußern, wenn man dazu bereit ist, sich auf einen Streit einzulassen und dabei standhaft zu bleiben. Dann gibt es in der Regel nur wenig Streit. Die Kinder wissen bald aus Erfahrung, dass es sich nicht lohnt zu streiten. Man sagt Nein, erklärt kurz warum und betont deutlich, dass dieses Nein unumstößlich ist. Anderenfalls sagt man ganz einfach Ja.«

Ich selbst tendiere eher dazu, zu streiten und nicht so oft Ja zu sagen. Im Übrigen bleibe ich dabei standhaft. Wählt man den Konflikt, darf man keinen Rückzieher machen. Meine Strategie ist deshalb etwas anstrengend und oft ziemlich nervig für meine Frau, die der Meinung ist, dass ich nachgiebiger sein müsse. Der Vorteil ist aber, dass man nicht Gefahr läuft, in die nächste Elternfalle zu tappen: den verlockenden Waffenstillstand. Es ist leicht, in eine Situation zu geraten, in der man einfach keinen Streit über gar nichts mehr führen möchte. Denn wenn man genau überlegt, spielt das doch alles wirklich keine große Rolle.

Wenn ich über solche Zusammenhänge nachdenke, muss ich immer wieder an den Rat meines besten Freundes Isak denken. Isak hielt vor vielen Jahren eine Ansprache auf der Hochzeitsfeier meines Bruders. Mein Bruder – übrigens ein wunderbarer Vater –

hat vielleicht nur einen großen Fehler. Er ist allzu kompromissbereit. Und genau dies hat Isak in seiner Rede aufgegriffen. Auf Kompromisse einzugehen hört sich doch toll an, dieses Verhalten kann aber in einer Beziehung oder, wenn es um Kindererziehung geht, verheerende Folgen haben. Wenn man immer nachgibt und ein Stück weit auf die Bedingungen des anderen eingeht, besteht die Gefahr, dass man selbst vollkommen gleichgültig wird. Nichts ist mehr wichtig, weil alles in Kompromissen versinkt. Isak ist der Meinung: »Geh niemals Kompromisse ein!« Mit anderen Worten: Suchen Sie sich Ihre Streitfälle aus, bleiben Sie standhaft, und seien Sie davon überzeugt, dass Ihre Meinung wichtig ist. Treffen Sie doch die Entscheidung, sich mit jemandem zu einigen, dann tun Sie es aus der Überzeugung heraus, dass der andere in der Tat Recht hat. Und nicht weil Ihnen egal ist, was richtig und was falsch ist. Wenn Sie der Überzeugung sind, dass Ihr Kind die Kleidung, die Sie ausgesucht haben, anziehen muss, dann setzen Sie sich durch. Lassen Sie nicht zu, dass es dann doch noch selbst etwas anderes wählt, auch wenn Sie einsehen, dass es im Grunde genommen nicht so wichtig ist, ob der Kleine nun das feine Hemd oder das T-Shirt mit dem Dinosaurier anzieht. Wenn Sie aber meinen, dass Ihr Kind seine Kleidung selbst aussuchen soll, dann überlassen Sie es ihm.

Ich möchte noch hinzufügen, dass Menschen unterschiedlich sind und dass bei Weitem nicht alle aus Isaks Tipp Nutzen ziehen werden. Es gibt eine Menge Leute, die das genaue Gegenteil beherzigen müssten. Wie die Tigermutter und der Helikopter-Vater. Wer zu hart ist, muss lernen, Kompromisse einzugehen, und wer immer nachgibt, bis nichts mehr wichtig erscheint, muss lernen, an sich zu glauben. Erscheint Ihnen dies alles ganz selbstverständlich? Umso besser. Aber das Leben ist voller Selbstverständlichkeiten. Wie sollte man sonst Bücher über Kindererziehung schreiben können?

Das plastische Gehirn

Was man mit absoluter Sicherheit weiß und was bei jedem Aspekt der Erziehung wieder auftaucht – egal ob man in einem Neugeborenen ein unbeschriebenes Blatt oder ein Individuum mit vererbten, klaren Veranlagungen sieht –, ist die Tatsache, dass das Gehirn formbar ist. Ein Mensch, der wie die Töchter von Amy Chua seit einem Alter von drei Jahren täglich stundenlang ein Musikinstrument gespielt hat, verfügt über ein Gehirn, das dadurch geprägt wurde. Das lässt sich mit verschiedenen biotechnologischen Aufnahmen des Gehirns ganz leicht nachweisen. Ein blinder Mensch aktiviert das Sehzentrum seines Gehirns (das eigentlich durch Sehen aktiviert wird), wenn er Blindenschrift *liest*, ein tauber Mensch aktiviert sein Hörzentrum, wenn er Zeichensprache *liest*. Und genauso kann man das Gehirn mit Training aktivieren. Torkel Klingberg beschreibt in seinem Buch *Multitasking: Wie man die Informationsflut bewältigt, ohne den Verstand zu verlieren*, wie wir durch gezieltes Training unser Gehirn verändern können:

»Als Forscher bei Streichmusikern die Areale kartographierten, die Signale von der linken Hand empfangen, war zu beobachten, dass die durch taktile Reize aktivierte Region größer war als bei Personen, die kein Instrument spielten. Ebenso hat man beobachtet, dass die Hirnregion, die beim Hören von Klaviertönen angeregt wird, bei Klaviermusikern um ungefähr 25 Prozent größer ist als bei Nichtmusikern und dass die Nervenbahnsysteme zur Übermittlung motorischer Impulse ebenfalls Veränderungen unterworfen sind.«[101]

Eine ziemlich sichere Schlussfolgerung ist, dass sich unsere Gehirne auch in ganz anderen Situationen durch verschiedene Aktivitäten verändern. Das ist eigentlich schon selbstverständlich und etwas, das wir alle wissen. Wenn das Gehirn sich nicht verändern könnte, würden wir ja nichts lernen. Es konnte auch nachgewiesen werden, dass uns eine Aktivität umso leichter fällt, je öfter wir sie wiederholen. Leider ist es aber auch so, dass keine Abkürzungen möglich sind, wenn es darum geht, neue Fähigkeiten zu erlangen. Der Übungseffekt betrifft nur die Aktivität, die geübt wird. Das heißt, dass Schüler, die tagaus tagein Geschichte lernen, nicht gleichzeitig in Erdkunde besser werden. Es gibt aber Ausnahmen. Mehrere Untersuchungen zeigen, dass gerade das Musizieren eine generelle Verbesserung unserer Fähigkeiten, z. B. in Mathematik und beim Lösen komplexer Probleme, bewirkt. Amy Chua hat also zumindest teilweise Recht. Wahrscheinlich beruht die allgemeine Leistungssteigerung darauf, dass das Musizieren ein gutes Kurzzeitgedächtnis erfordert, und eben dieses wird trainiert, wenn man das Spielen eines Instrumentes übt. Das wiederum verbessert die Fähigkeit, Probleme zu lösen.

Aber warum ist es so schwierig – außer bei der Musik –, einen guten Lerneffekt auch für andere Bereiche als das, was man gerade trainiert, zu erzielen? Es ist eigentlich ganz logisch. Trainiert man jeden Tag seinen Bizeps (und wirklich nur den), bekommt man extrem starke Oberarme, aber die Beinmuskeln werden dabei nicht gestärkt. So funktioniert es auch beim Gehirntraining. Nun sucht die Forschung weiter nach Methoden, die unsere Fähigkeiten auf mehreren Gebieten gleichzeitig verbessern könnten.

Es ist auch denkbar, dass diese natürlichen Veränderungen im Gehirn – abgesehen vom fehlenden Multiplikatoreffekt – auch andere Veränderungen, die in den letzten Jahrzehnten zu beobachten sind, erklären können. Vielleicht kann der Flynn-Effekt, die deutliche Steigerung des durchschnittlichen IQs, dadurch erklärt werden. Er hängt vermutlich in hohem Maße damit zusammen, wie gut das Kurzzeitgedächtnis des Menschen ist. Es korreliert weitgehend mit Ravens Matrizen[102], die oft angewendet werden, um den IQ zu messen. Und wenn es etwas gibt, das wir in der modernen Gesellschaft ganz selbstverständlich und natürlich trainieren, dann ist es unser Kurzzeitgedächtnis. Dass die gleiche Wirkung sich überall auf der Welt zeigt, beweist, dass dieser Effekt von Schulsystemen oder anderen kurzfristigeren Veränderungen unabhängig ist.

Was wäre die Tigermutter ohne Disziplin?

Viele verschiedene Fähigkeiten sind erforderlich, damit man in einer komplizierten Welt zurechtkommt. Umfassendes Wissen ist die eine Sache. Die andere ist die Disziplin. Die strenge Erziehung der Tigermutter fördert beides und ist somit von Vorteil für das Kind. Man kann aber auch auf ganz andere Art und Weise die eigenen Möglichkeiten verbessern. Durch Fantasie und Kreativität zum Beispiel. Oder durch soziales Engagement – die sozialen Fähigkeiten sind ein ganz wichtiger Faktor, sowohl wenn es um Erfolg geht, als auch wenn wir von einem glücklichen Leben reden. Wir möchten doch alle, dass unsere Kinder glücklich werden. Das ist auch einer der Gründe dafür, dass unsere moderne Gesellschaft so viel Wert auf Selbstverwirklichung legt. Wie werden meine Kinder (und auch ich) glücklich? Dahinter verbirgt sich eine nicht unerhebliche Portion Egoismus. Und das passt wunderbar zur Helikopter-Methode. Hegen und pflegen Sie Ihre Kinder, damit sie ihre (und auch Ihre) Träume verwirklichen können.

Es ist nur leider so, dass anscheinend alle die gleichen Träume haben. Alle wollen Berühmtheit erlangen, Krimis schreiben, ein bekannter Schauspieler oder Rockmusiker werden. Hat man keine Lust (und die haben nur die wenigsten), die hierfür notwendige Arbeit und das harte Training zu absolvieren, kann man ja stattdessen einfach einen Blog über das eigene Sexleben schreiben. Die Gesellschaft braucht aber gute Arbeitskräfte. Dafür wäre eine andere Erziehungsmethode als das Kreisen im Helikopter sicherlich besser. Im Übrigen werden die allermeisten der Kinder von Helikopter-Eltern ohnehin nicht das werden, wovon sie geträumt haben. Sie werden höchstens enttäuscht durchs Leben gehen.

Von Kindesbeinen an werden sie bespaßt und in den Mittelpunkt gestellt. Sie werden zu ihren geregelten Aktivitäten gebracht und von der Seitenlinie noch bejubelt. Es scheint, als wären die Eltern der Meinung, dass das Schlimmste, was ihrem Kind passieren könnte, ist, allein spielen zu müssen, ohne ihre Aufsicht oder die eines Trainers, der alles unter Kontrolle hat. Tatsächlich ist eher das Gegenteil der Fall. Der amerikanische Psychiater Alvin Rosenfeld warnt in seinem Buch *The Over-Scheduled Child. Avoiding the Hyper-Parenting* (auf Deutsch etwa *Zu viele Termine für das Kind – Vermeiden Sie die Hyper-Elternschaft*) davor, dass die total verplante Freizeit der Mittelklassekinder gar keinen Spielraum lässt, damit sie sich auch einfach mal langweilen können. Etwas, das in vieler Hinsicht wahrscheinlich wichtig für die Entwicklung des Kindes wäre. Davon war schon die Rede, als ich von den bildschirmfreien Tagen in meiner Familie sprach. Einem Menschen, der erwartet, dass sich andere um seinen Spaß kümmern, fällt es vermutlich schwerer, eigenständig etwas zu unternehmen. Wenn die Gesellschaft den Eltern auch noch Angst einjagt, sodass sie sich nicht trauen, die Kinder sich selbst zu überlassen, ganz ohne Aufsicht und Schutz, besteht die Gefahr, dass sie in ihrer Entfaltung noch mehr gehemmt werden.

Überbehütet

Die Überbehütung der Kinder ist heutzutage fast schon institutionalisiert. Damit entsteht eine scheinbare Geborgenheit, und die Eltern können sich in unserer »lebensgefährlichen« Welt sicher fühlen. Die Kinder werden rund um die Uhr umsorgt und fühlen sich dabei allem und jedem gegenüber unsicher. Es liegt nicht daran, dass sie nicht die Fähigkeiten haben, auch schwierige Situationen zu meistern, sondern daran, dass niemand zugelassen hat, dass sie auch mal allein etwas schaffen müssen. Dass man die Kinder somit daran hindert, etwas Neues auszuprobieren und zu lernen, wird sie auf Dauer teuer zu stehen kommen. Lebt man als Eltern nach der Devise, dass man das Kind um jeden Preis vor jeder noch so kleinen Gefahr schützen muss, ist letztlich keine Gefahr klein genug, um ignoriert zu werden. Es reicht dann schon aus, wenn man davon gehört hat, dass es irgendwo auf der Welt einen einzigen Fall gegeben hat, bei dem etwas schiefgelaufen ist, und schon macht man sich Sorgen um das eigene Kind. Dass dieser eine Fall bei sieben Milliarden Menschen so wenig zählt, dass er für den einzelnen Menschen vollkommen bedeutungslos ist, spielt dann keine Rolle.

Viele Eltern haben beispielsweise Angst davor, dass ihr Kind von einem Pädophilen entführt werden könnte. Das ist eine so furchtbare Vorstellung, dass die besorgten Eltern nur selten überlegen, wie groß diese Gefahr tatsächlich ist. Die realistische Einschätzung der Gefahr ist wahrscheinlich nicht gerade das, was ihnen durch den Kopf geht, wenn sie in der Zeitung von einer solchen Entführung lesen. Stattdessen reagieren sie überaus ängstlich und schreien »Gefahr!«.

Man sollte aber häufiger einen Schritt weiter denken. Früher lebten die Menschen in ihrer kleinen, begrenzten Welt. Es war überschaubar, was im Ort vor sich ging und vielleicht auch was in der nächstgelegenen Großstadt los war. Heutzutage leben wir in einer globalen Welt und werden rund um die Uhr mit Nachrichten aus allen Erdteilen überschüttet. Dadurch erfahren wir viel mehr von meist erschreckenden Ereignissen. Es gibt überall auf der Welt Kinder und Jugendliche, denen etwas Schlimmes zugestoßen ist. Denken wir nur an die kleine Madeleine, die in Portugal verschwand, ein Ereignis, über das die Medien seitdem weltweit berichtet haben. Der Bericht über einige junge Frauen, die in Cleveland von einem Mann jahrelang gefangen gehalten wurden, ist ebenfalls um die ganze Welt gegangen. Auch über Josef Fritzl konnte man in den Zeitungen lesen, der seine Tochter 24 Jahre lang in einem schalldichten Raum im Keller seines Hauses eingesperrt und regelmäßig vergewaltigt hatte. Aber warum schreiben die Zeitungen über solche Geschehnisse? Das tun sie, weil es eine

Neuigkeit ist. Und eine Neuigkeit ist es insofern, als so etwas nämlich so gut wie nie vorkommt! Sollte meinem Kind statistisch gesehen etwas Ähnliches zustoßen, müsste es vermutlich einige Jahrtausende leben.[103]

Und doch kommt es vor. Irgendwo auf der Welt. Und dann gibt es überladene Schlagzeilen über Vergewaltiger, Serienmörder und andere Widerwärtigkeiten. Solche Nachrichten lesen wir und stufen sie nicht als statistisch irrelevant ein, sondern glauben an eine reelle Gefahr für unsere eigenen Kinder. Ich bin mir aber ganz sicher, dass es darüber höchstens eine kleine Notiz auf Seite zwölf der örtlichen Zeitung geben würde, wenn solche Sachen häufig vorkämen. Dort wird nämlich üblicherweise über alltägliche Ereignisse berichtet.

Es ist ja ganz natürlich, dass man sich nicht traut, seinem Kind zu erlauben, sich überall frei und allein zu bewegen, wenn man von den neuesten Nachrichten erschreckt wurde. Es können aber anscheinend nicht nur fremde Menschen einem Kind gefährlich werden. Mein zweitjüngster Sohn, Otto, geht hier vor Ort in den Kindergarten. Vor einiger Zeit hatten wir unsere Babysitterin darum gebeten, ihn dort abzuholen. Wir erklärten es dem Kindergartenpersonal vorher. Wir gaben ihnen den Namen und eine Beschreibung unserer Babysitterin. Trotzdem verlangten sie von uns (vermutlich aufgrund einer behördlichen Richtlinie), dass wir ein Foto von ihr vorlegten, bevor sie erlaubten, dass sie den Kleinen abholt. Eine Entwicklung, die in den angelsächsischen Ländern noch weiter ist und schon für normal gehalten wird.

In der Tageszeitung Svenska Dagbladet konnte man Anfang 2013 über einen anderen Aspekt unserer Gefahrenbeurteilung lesen. Die meisten Eltern bringen ihre Kinder lieber mit dem Auto zur Schule, als sie mit der S-Bahn fahren zu lassen. Das liegt vor allem an der Angst, dem Kind könne unterwegs etwas zustoßen:

»Aber statistisch gesehen ist es weitaus gefährlicher, mit dem Auto zu fahren. In Schweden werden jährlich vier bis fünf Kinder unter 15 Jahren ermordet. Die allermeisten von ihnen, etwa 90 Prozent, werden im eigenen Zuhause von einem Elternteil umgebracht. Im Durchschnitt wird alle anderthalb Jahre hier in Schweden ein Kind von einer ihm fremden Person ermordet. Jedes Jahr sterben aber hierzulande 30 Kinder bei Verkehrsunfällen.«[104]

Dies ist ein globaler Trend. Überall auf der Welt werden immer mehr Kinder von ihren Eltern mit dem Auto zur Schule gebracht. Es gibt eine unendliche Reihe von Beispielen dafür, wie ängstlich und isoliert Eltern heute geworden sind. Als meine Frau und ich vor einigen Jahren mit unseren Kindern Ella und Ludvig auf einem Spielplatz waren, konnten wir ein Phänomen erleben, das auf den meisten Spielplätzen der westlichen Welt zu finden ist (und das wir auch später immer wieder beobachten konnten). Unsere kleine Ella wollte gerne mit den anderen Kindern zusammen schaukeln, das ging aber nicht, weil das Mädchen, das sie angesprochen hatte, sich nur traute, mit ihrer Mutter zusammen zu schaukeln. Als das ungleiche Paar fertig war, kam sofort das nächste Mama-Tochter-Paar und besetzte die Schaukel. Und so ging es immer weiter. Die ganze Zeit spielten die Kinder etwas träge mit ihren eher desinteressierten Eltern zusammen. Man hatte den Eindruck, dass die Eltern eher aus Pflichtbewusstsein mit ihren Kinder da waren, weil sie ja sonst als »schlechte Eltern« dastehen könnten. Keines der Kinder spielte mit den anderen. Als ich klein war, waren nur wenige Erwachsene auf dem Spielplatz. Die Kinder konnten frei miteinander spielen.

Die Frage ist, warum das so geworden ist. Eine Erklärung ist aus meiner Sicht die übertriebene Sorge der Eltern. Sie trauen sich nicht, ihre Kinder sich selbst zu überlassen. Was wäre, wenn das eigene Kind auf ein »ungezogenes« Kind trifft? Vor allem aber denken sie: »Was ist, wenn mein Kind nicht mitspielen darf? Wird es davon dauerhaft Schaden nehmen?« Oder: »Meine Tochter könnte traurig werden, wenn sie ausgegrenzt würde – oder sie könnte sich verletzen, wenn die anderen zu wild sind.« Oder auch:

»Was ist, wenn das fremde Kind egoistisch und aggressiv ist? Vielleicht wird es auf mein Kind gar keine Rücksicht nehmen. Es ist wohl doch besser, wenn ich selbst mit meinem kleinen Mädchen auf die Schaukel gehe, damit kein anderes Kind ihm den Platz wegnehmen kann. Das wäre ja ungerecht. Mein Kind steht hier in erster Reihe. Den anderen Kindern werde ich es schon zeigen!«

Oder die Eltern machen sich Sorgen, dass das gemeinsame Spiel der Kinder aus dem Ruder läuft und dass ihr Kind sich dabei verletzen könnte. Solche Sorgen sind in ganz Europa schon ziemlich weit verbreitet, aber auf der anderen Seite des Atlantiks sicherlich noch mehr, wo man das Kind niemals sich selbst überlassen darf. Wir sind aber auch nicht viel besser. Europa hinkt nur einen kleinen Schritt hinterher. Es geht ja um die Sicherheit der Kinder! In Schweden müssen die Spielplätze EU-Vorschriften erfüllen, und jedes Gerät muss mit Gummi überzogen sein. Die Kinder müssen einen Helm tragen, wenn sie mit dem Schlitten einen fünf Meter hohen Hügel hinunterfahren, und vielerorts ist es den Kindern verboten, in den Bäumen zu klettern.

Es gibt andere denkbare Gründe, warum die Eltern es als wichtig empfinden, dass ihre Kinder mit ihnen statt mit anderen Kindern spielen. Einer ist das schlechte Gewissen. Überall werden die Eltern vollgestopft damit, dass alles gefährlich sei, und mit »Analysen«, die besagen, dass Eltern nicht genug Zeit mit ihren Kindern verbringen. Wenn man dann Zeit für das Kind hat, muss man auf die Qualität des Zusammenseins achten. Man muss mit dem Kind Nähe erleben. Wir glauben allen Ernstes, dass die Eltern der früheren Generationen mehr Zeit für ihre Kinder hatten, als es heutzutage der Fall ist. Aber in der Tat ist es eher umgekehrt. Vor 100 Jahren verbrachten die Eltern nicht annähernd so viel Zeit mit ihren Kindern, wie es heute in der westlichen Welt der Fall ist, aber es gibt keine Eltern, die so ein schlechtes Gewissen haben wie wir. In den USA hat man herausgefunden, dass die Kinder durchschnittlich vier bis sechs Stunden pro Woche mehr mit ihren Eltern verbringen als Anfang der 1980er-Jahre.[105]

Die Folge der Ängste und des schlechten Gewissens ist, dass die Kinder außerhalb der Schulzeit nur selten mit anderen Kindern spielen. Und genau deshalb ist es ja für die kindliche Entwicklung so wichtig geworden, dass die Kinder in die Kita gehen. Das passt dann wiederum hervorragend mit den Utopien von den Eheleuten Myrdal, Ingvar Carlsson und Platon zusammen. Denn auf diese Weise kann der Staat tatsächlich steuern, was die Kinder über dies und jenes denken und glauben sollen.

Das freie Spiel

Die Rettung der Kinder ist das freie Spielen. Dabei werden sie mehr von ihren Gleichaltrigen geprägt als von den Erziehern. Eine Frage, die seit Langem die Anthropologen beschäftigt, ist, wie Kinder in ursprünglichen Gemeinschaften miteinander gespielt haben. Man hat herausgefunden, dass sie sich in Gruppen zusammenschlossen, die nicht von den Erwachsenen, sondern von den ältesten unter ihnen angeführt wurden. Innerhalb dieser Gruppen herrschte eine strenge Hierarchie, und die Kleinen mussten den Großen »hinterherrennen«. Ebenso teilten sie sich in der Regel auch nach Geschlechtern auf. Eine solche Aufteilung findet schon im Alter von etwa fünf Jahren statt.[106] Nur wenn eine Gruppe aus ganz wenigen Kindern besteht, wird sie sich nicht nach Alter bzw. Geschlecht aufteilen. Manche erwachsene Frau kann sich vielleicht daran erinnern, dass sie als Kind ein typisches »Jungsmädchen« war und nur mit Jungen gespielt hat. Aber die allermeisten werden sich erinnern, dass sie fast ausschließlich mit gleichgeschlechtlichen Kindern gespielt haben. Diese natürliche Aufteilung findet man in allen Kulturen der Welt.[107]

Dass sich Kinder spontan nach Geschlechtern aufteilen, heißt nicht automatisch, dass es immer erstrebenswert ist, wenn sie in getrennten Gruppen spielen. Man kann ja der Meinung sein, dass es doch gut wäre, wenn die Erwachsenen versuchten, die Kinder auf eine bestimmte Weise zu prägen, besonders da es den wenigsten von ihnen wirklich gelingt. Die Kinder sollen ja auf das Erwachsenenleben vorbereitet werden und lernen, sich in die Gesellschaft zu integrieren. Die vorschulischen Einrichtungen haben daher meist die ausgeprägte Zielsetzung, dass die Kinder in geschlechtsgemischten Gruppen spielen sollen. Als meine Tochter Cornelia klein war, war diese Regelung noch strenger als heute. Sie durfte keine beste Freundin / keinen besten Freund haben, eine Strategie, die in meinen Augen nicht ganz durchdacht ist. Ehrlich gesagt glaube ich, dass die Erwachsenen gut daran täten, sich in solche Dinge nicht allzu sehr einzumischen. Am besten überlässt man es den Kindern, ihre Spiele und ihre Spielkameraden auszusuchen. Erst wenn etwas schiefläuft, sollte man eingreifen.

Wenn wir wirklich versuchen wollen, das Verhalten eines Kindes zu ändern, sollte das vonseiten der Erwachsenen erst nach gründlicher Überlegung geschehen. Man muss ja nicht jede Norm, auf die unsere Gesellschaft pocht, ohne Kritik annehmen. Vielleicht sollten die Eltern eher überlegen, welchen anderen Kindern sie die Möglichkeit geben wollen, ihre Kinder zu beeinflussen. Wenn man als Eltern diesbezüglich Einfluss genommen hat, kann man sie auch frei spielen lassen. Möglicherweise finden Sie, dass eine solche Strategie nicht besonders sympathisch klingt. Das ist sie auch nicht. Sie ist aber wahrscheinlich der beste Weg (oder gar der einzige), wenn Sie überhaupt einen spürbaren Einfluss auf die Eigenschaften Ihres Kindes haben wollen. Wenn Sie das denn möchten.

Gibt es den Unterschied der Geschlechter?

Heute bringen die Erwachsenen den Kindern bei, dass es zwischen Jungen und Mädchen keine Unterschiede gibt. Man soll begreifen, dass alle Schüler in allen Fächern gleich gut sind. Sollten Unterschiede erkennbar sein, beruht das den Erwachsenen zufolge auf diagnostizierbaren Sonderfällen. Dies gilt besonders bei den Jungen, die im Allgemeinen chaotischer sind. Die Diagnose muss dann gefunden und entsprechend behandelt werden. Diagnosen von Symptomen, die dafür sorgen, dass der Junge bestimmte Dinge einfach nicht schafft. Und weil die Gesellschaft nicht wahrhaben will, dass es Geschlechtsunterschiede gibt, sucht man händeringend nach auffälligen Mädchen, die ebenfalls behandelt werden müssen ...

Kinder stimmen nicht mit dem Gleichberechtigungsplan überein. Sie nehmen keine Rücksicht darauf, dass die Gesellschaft sich Gleichbehandlung wünscht, sie unterscheiden stattdessen gnadenlos zwischen Mädchen und Jungen. Und Tatsache ist: Es scheint gar kein Problem für sie darzustellen. Aus welchem Grund auch immer. Geschlechtsunterschiede sind für Kinder eine ganz natürliche Sache. Und ein dreijähriges Mädchen kann ohne Zögern ganz klar sagen, dass es ein Mädchen ist. Auch wenn seine Eltern ihm von Geburt an geschlechtsneutrale Kleidung angezogen haben.

Es wird also in vielen Teilen der westlichen Welt lautstark propagiert, dass es keine Geschlechtsunterschiede gebe. Zumindest keine, die nicht durch die geschlechtsbedingte Machtverteilung erklärt werden könnte. Dass die Geschlechter sich unterschiedlich verhalten und unterschiedlich aussehen, beruht auf strukturellen Ungerechtigkeiten zwischen den Geschlechtern. So muss es zum Beispiel an der männerdominierten Welt liegen, dass die Jungen heutzutage in der Schule viel schlechter zurechtkommen als die Mädchen.[108] Es muss dann auch an der Herrschaft alter Leute liegen, dass zweijährige Jungen diejenigen Menschen sind, die auf der ganzen Welt am häufigsten zu Gewalt neigen. In gleicher Weise muss es an Männern mittleren Alters mit weißer Hautfarbe liegen, dass Frauen und Männer mit unterschiedlich großen Verbindungen zwischen der rechten und der linken Gehirnhälfte auf die Welt kommen. Dass sie unterschiedlich große Gehirne haben und dass sie sich fortan unterschiedlich entwickeln. Kann wirklich die Gender-Hierarchie die Ursache dafür sein, dass einige kognitive Funktionsstörungen, die in frühester Kindheit entstehen (wahrscheinlich von Geburt an), häufiger bei den Jungen auftreten als bei den Mädchen? Oder dass die Geschlechter unterschiedliche hormonelle Entwicklungen durchleben und dies während der Kindheit und Jugend auch noch altersunterschiedlich?[109]

Wir sind keine unbeschriebenen Blätter, wenn wir geboren werden. Wir sind auch keine deterministischen Maschinen, die ausschließlich von der Genetik gesteuert werden, sondern wir werden uns nach den Regeln, die genetisch veranlagt sind, entwickeln. Wir werden uns garantiert unterschiedlich entfalten, abhängig davon, ob wir als Frau oder als Mann auf die Welt kommen. Das ist vollkommen in Ordnung. So ist es von der Natur vorgesehen. Es bedeutet nicht, dass es keine femininen Männer oder maskulinen Frauen gibt. Es bedeutet auch nicht, dass eine Frau nicht körperlich mal sehr viel maskuliner sein kann als so mancher Mann. Sie kann beispielsweise stärker oder schneller als viele Männer sein, obwohl die meisten von ihnen physisch betrachtet stärker sind als Frauen.

Die Unterschiede lassen sich nicht immer so klar aufzeigen, und das gilt nicht nur für die genetischen Unterschiede. In meinem Buch *Ingen tar skit i de lättkränktas land? (Wen kümmert es im Land der schnell Gekränkten?)* habe ich – in meinen Augen – unwiderlegbare Forschungsergebnisse zusammengetragen, die zeigen, dass schon bei ganz kleinen Kindern, die von der vorherrschenden, geschlechtlichen Machtverteilung noch nicht geprägt sein können, Unterschiede zwischen den Geschlechtern feststellbar sind. Viele der unzähligen Untersuchungen, die gemacht worden sind, um festzulegen, welche biologischen Unterschiede es zwischen Jungen und Mädchen gibt, wurden von Steven Pinker, Psychologieprofessor an der Harvard Universität, in seinem Buch *Das unbeschriebene Blatt* vorgestellt. Die Quellenliste, die er seinen Ausführungen angefügt hat, um die wissenschaftlichen Erkenntnisse in Bezug auf diese Unterschiede zu verdeutlichen, ist enorm lang.[110]

Pinker listet unzählige Beispiele solcher Unterschiede auf. Unter anderem stellt er fest, dass Jungen, die als Mädchen aufwachsen (aufgrund des fehlenden Penis bei der Geburt, aber mit für Männer normalem Testosteronspiegel), trotzdem ein klassisches Jungenverhalten entwickeln. Das Geschlecht sitzt nämlich nicht im Penis, sondern beruht auf Chromosomen und vor allem Hormonen. Ebenso kann man nachweisen, dass Mädchen mit dem sogenannten adrenogenitalen Syndrom, das bewirkt, dass sie eine stark erhöhte Produktion männlicher Geschlechtshormone aufweisen, in ihrer Entwicklung eine Vermännlichung durchleben, die auch ihr Spielverhalten und ihre ganze Denkweise beeinflusst. Sie identifizieren sich selbst als Jungen. Außerdem werden sie – auch wenn sie als »Mädchen« erzogen werden – ganz klar »Jungsspielzeug« bevorzugen.

Die Produktion von Geschlechtshormonen wird von biologischen/genetischen Mechanismen gesteuert. Das Gehirn verändert sich aufgrund der Geschlechtshormone. Und dies umso mehr, je weiter und aktiver das Gehirn sich entwickelt. Und das Meiste findet schon in allerfrühstem Alter statt. Normal entwickelte, fünfjährige Jungen durchleben einen wahren Schub in der Testosteronproduktion, der oft von gewaltgeprägtem Spielverhalten begleitet wird, das man als *Flegelalter* bezeichnet. Heute könnte man es vielleicht eher *Star-Wars-Alter* nennen. Das Schwert ist zwar ein Laserschwert, aber die Spiele sind die gleichen geblieben. Die Jungen mögen es, Krieg zu spielen. Die Testosteronproduktion vermännlicht das Gehirn ab dem fötalen Stadium und fortan. Dementsprechend durchleben auch die Mädchen eine solche Phase im Alter von etwa vier Jahren, und sie spielen in diesem Alter am liebsten traditionell weibliche und umsorgende Spiele.[111]

Ebenso hat man festgestellt, dass Jungen, die mit zwei Müttern aufwachsen, genauso männlich werden wie andere Jungs auch.

Eine ausgezeichnete Widerlegung derjenigen, die vermuten, dass solche Jungen es im Leben schwerer haben werden als andere. Ein gleichgeschlechtliches Elternpaar hat keinen Einfluss darauf, ob das Kind besonders männlich bzw. weiblich wird, denn dies beruht nicht auf der Umgebung, in der das Kind aufwächst, sondern ist biologisch festgelegt.

Es hat sich auch gezeigt, dass die Eltern in den – zumindest in schwedischen Augen – weniger gleichberechtigten USA ihre Kinder ausgeprägt gleich behandeln.[112] Ein weiteres Argument gegen die Annahme, dass die Unterschiede zwischen den Geschlechtern dadurch entstehen, dass man Jungen bzw. Mädchen unterschiedlich behandelt.

Wie ich schon erwähnt habe, ist das männliche Gehirn etwas größer und weist mehr Nervenzellen auf, dafür besitzt das weibliche Gehirn mehr von der grauen Substanz. Der Hirnbalken ist bei Frauen ausgeprägter, und sie haben mehr Verbindungsstellen zwischen linker und rechter Gehirnhälfte.[113] Die Geschlechtshormone haben also eine deutliche Wirkung darauf, wie das Gehirn aussieht. Auch in bestimmten Hirnkernen, die sich im Hypothalamus befinden und für die Steuerung der Geschlechtsidentität zuständig sind, werden die Unterschiede deutlich.[114]

Die Pubertät verläuft, wie wir alle wissen, bei den Geschlechtern ganz unterschiedlich. Es dürfte schwierig sein, das mit der Gender-Hierarchie zu erklären. Besonders weil die Mädchen früher in die Pubertät kommen als die Jungs und somit einen Vorteil gegenüber den *kindlicheren* Jungen haben müssten. Und obwohl es überall in der Öffentlichkeit nackte Frauen zu sehen gibt, und man vermuten könnte, dass sie doch auf die Jungen anziehend wirken und ihre Pubertät ankurbeln müssten, ist dies nicht der Fall. Alles ist, wie gesagt, biologisch gesteuert.

Die Geschlechtsunterschiede im Verhalten sind auch bei anderen Säugetierarten deutlich erkennbar. Sofern also nicht auch im Tierreich die Macht der Gender-Hierarchie zugeschlagen hat, muss es dafür andere Gründe geben. Eine lustige Beschreibung bekamen wir von der Stallmeisterin unseres königlichen Hofstalls, Sara Thavenius, in einem Interview in der Tageszeitung Dagens Nyheter geliefert. Darin erklärt sie, warum man Wallache (kastrierte Hengste) für die Vierergespanne des Königshauses benutzt.

»Wenn man von einem Wallach etwas will, gibt man ihm einen Befehl. Wenn man von einem Hengst etwas will, muss man ihn darum bitten. Und wenn man von einer Stute etwas will, muss man einen Antrag in vierfacher Ausführung stellen. Deshalb benutzen wir Wallache.«[115]

Die Geschlechtsunterschiede sind von Anfang an sichtbar. Es ist z. B. offensichtlich, dass die Jungen aggressiver sind als die Mädchen. Das kann man als Eltern nicht übersehen. Heutzutage wird aggressives Verhalten keinesfalls toleriert, weshalb man sich kaum vorstellen kann, dass die Jungs mehr wertgeschätzt werden als die Mädchen. Man sollte ja meinen, dass es umgekehrt wäre, was wiederum auch nicht gerade als theoretische Erklärung für die geschlechtliche Machtverteilung dienen kann. Pinkers Zusammenfassung seiner eigenen, ellenlangen Liste der Geschlechterunterschiede ist ein ziemlich harter Angriff gegen die Vorreiter der Gender-Theorie:

»Ehrlich gesagt spricht nicht vieles für die Theorie, dass Jungen und Mädchen – abgesehen von den Geschlechtsorganen – identisch auf die Welt kommen oder dass die unterschiedliche Entwicklung der beiden Geschlechter darauf beruht, dass die Gesellschaft sie unterschiedlich behandelt. Wäre dies der Fall, wäre es doch ein merkwürdiger Zufall, wenn der Münzwurf, der den Mädchen einen gewissen Satz an Eigenschaften und den Jungen einen ganz anderen Satz zuteilt, in beiden Fällen das gleiche Endergebnis hätte [...] Schlussendlich sind die beiden Hauptthesen der Theorie, die besagt, dass Geschlechtsunterschiede rein soziale Konstruktionen sind – dass Jungen, die wie Mädchen behandelt werden, mit den psychischen Zügen eines Mädchens aufwachsen werden und dass die Unterschiede zwischen Jungen und Mädchen auf die unterschiedlichen Erziehungsweisen ihrer Eltern zurückzuführen sind –, bei dieser Sachlage schon ziemlich zerschlagen.«[116]

Wenn nun die Gender-Theoretiker vollkommen falschliegen, wie erreichen wir dann eine Gleichberechtigung der Geschlechter? Das ist eine schwierige Frage. Machen wir es uns etwas einfacher. Bei der Gleichberechtigung geht es ja nicht darum, dass alle gleich sind. Es geht darum, dass alle gerecht und gleichberechtigt behandelt werden. Weder Pinker noch sonst jemand, der klarstellen möchte, dass es in der Tat Unterschiede zwischen den Geschlechtern gibt, ist darauf aus, die Vorkämpfer der Gleichberechtigung zu kritisieren – ganz im Gegenteil. Gleichberechtigung ist etwas, das jeder moderne Mensch sich wünscht. Sie steht aber eher im Widerspruch zu den Vorstellungen der Gleichheitsfanatiker und der Gender-Theoretiker. Das Problem in vielen Ländern der westlichen Welt (vielleicht in besonderem Maße in Schweden) ist, dass die Gender-Theoretiker bei Interpretationsfragen den Vorrang einnehmen. Sie gründen ihre Fragestellung auf der Annahme, dass man eine Gleichberechtigung nur erreichen kann, wenn alle gleich sind. Obwohl es keine Spur von Beweisen für diese Theorie gibt, prägt sie weiterhin sowohl die mediale Debatte als auch die wissenschaftlichen Diskussionen der Akademiker. Somit prägen die Theorien der Gender-Theoretiker unsere ganze Gesellschaft und finden sich in den Richtlinien unserer vorschulischen Einrichtungen wieder.

Die Mathematikerin Tanja Bergkvist[117] hat aus ihrer naturwissenschaftlichen Sicht jeden Gleichberechtigungsplan, den es in unserer Schul- und Berufswelt gibt, erörtert. Unter anderem hat sie mit viel Humor darauf aufmerksam gemacht, dass man in der schulischen Gleichberechtigungsarbeit den schwedischen Begriff für »Kraft« als problematisch eingestuft hat, weil er zu männlich sei (und somit nicht gleichberechtigt). Da muss man sich fragen, ob die Gravitation auf solche Gleichberechtigungsfragen Rücksicht nimmt.

Harald Eia ist in Norwegen ein bekannter Komiker. Er hat außerdem Soziologie studiert. In einfacher, aber fast überdeutlicher Weise zeigt er in einer Fernsehserie, wie wenig Substanz hinter den Ansichten der norwegischen Soziologen und Gender-Theoretiker liegt. Er stellte ihnen die Frage, welche Belege sie für ihre Thesen hätten. Gar keine, so zeigte sich, denn später reiste er in die USA und nach Großbritannien und diskutierte dort dieselben Fragen mit Menschen, die große globale und bahnbrechende Untersuchungen gemacht haben. Danach reiste er zurück nach Norwegen und konfrontierte die Sozialkonstruktivisten und Gender-Theoretiker damit. Für die norwegischen Wissenschaftler war das in einigen Fällen ziemlich peinlich. Die Serie wurde ein monumentaler Erfolg. Sie zeigte, dass ein Großteil der Geschlechterforschung wissenschaftlich betrachtet unseriös ist. Man fragt sich, wann das Gleiche in Schweden passieren wird. Selbst im skandinavischen Bereich geht man andernorts ganz anders mit der Gleichberechtigung um. Man bekräftigt, dass es zwischen den Geschlechtern Unterschiede gibt. Als das dänische Fernsehen ein Programm ausstrahlte, in dem zwei Männer dasitzen und den Körper einer nackten Frau kommentieren, gab es Proteste – aus Schweden. Dies führte dazu, dass der dänische Anthropologe Dennis Nørmark die Gleichheitsnorm wie folgt kommentierte:

>»Die Geschlechterrollen können in Dänemark sehr wohl etwas traditioneller erscheinen, und in vieler Hinsicht sind sie es auch. Aber vielleicht beruht das darauf, dass die Dänen sich mit den Geschlechtsunterschieden wohler fühlen und keine absolute Gleichmachung zum Ziel haben. Hier können wir uns sorglos humoristische TV-Programme über ›den klei-

nen Unterschied‹ anschauen, weil wir es genießen, sie mit unserem eigenen Leben in Beziehung zu setzen. Hier in Dänemark wurden die schwedischen Experimente, geschlechtsneutrale Personalpronomen in die Kindertageseinrichtungen einzuführen, höhnisch belächelt und es wurde ihnen mit Ablehnung begegnet, oft mit dem Zusatz, dass die Unterschiede zwischen den Geschlechtern in der Tat etwas sind, das wir wertschätzen sollten. Die Dänen versuchen nicht, diese zu unterdrücken, weder sprachlich noch konkret.«[118]

Sein Text hat die Herzen der schwedischen Gleichheitsfanatiker wohl nicht erreicht.

Lassen Sie mich ganz deutlich werden: Das alles heißt natürlich nicht, dass es keine Unterschiede zwischen den Geschlechtern gibt, die darauf zurückgeführt werden können, dass man unterschiedlichen sozialen oder strukturellen Voraussetzungen unterworfen ist. Es bedeutet ganz bestimmt auch nicht, dass Frauen nicht diskriminiert werden, denn das ist leider immer noch der Fall. Es impliziert also nicht, dass keine unterschwellige Gender-Hierarchie am Werk ist. Wenn man aber seine Theorie auf Annahmen, die falsch sind, aufbaut, wird es mit großer Sicherheit schwieriger sein, der echten Diskriminierung beizukommen. Das stellte Nørmark auch fast überdeutlich dar, als er darauf hinwies, dass in Dänemark trotz seines Umgangs mit der Gleichberechtigung eine Frau Premierministerin ist – was in Schweden bisher nicht der Fall war. Schweden ist das einzige nordische Land, das noch nie von einer Frau regiert wurde. Die Lösung der Gleichberechtigungsfrage ist wahrscheinlich bedeutend leichter zu erzielen, wenn wir erkennen, dass Frauen und Männer überhaupt nicht gleich sind. Gott sei Dank verbreitet sich dieses Wissen nun zuweilen auch außerhalb der medizinischen Fakultäten, auch wenn es nur sporadisch und langsam geschieht.

Martin Ingvar ist Professor der klinischen Neurophysiologie am Karolinska Institutet, Stockholm. Er hat viel Zeit in genaue und sachliche Vergleiche zwischen Männern und Frauen investiert. Er hat unter anderem festgestellt, dass die klaren, biologischen Unterschiede in der Tat die Jungen in unserer Schulwelt nachhaltig benachteiligen – genauso wie ich es schon beschrieben habe. Dementsprechend wäre es auch seriöser, biologische Argumente für die Benachteiligung von Mädchen in anderen Situationen nachzuweisen, anstatt ungenaue Hinweise auf die diffuse Machtverteilung unter den Geschlechtern zu geben. Denn selbstverständlich gibt es auch Situationen, in denen die Frauen im Nachteil sind. Dass die pflegenden Erwerbszweige nicht genauso wertgeschätzt werden wie technische Berufe, ist nur ein Faktor von vielen. Es gibt auch unzählige Erklärungen für die unterschiedlichen Einkommen, die aber nichts mit Geschlechtern zu tun haben müssen. Es geht hier auch um Angebot und Nachfrage. In dem von mir bereits erwähnten, vom Bildungsministerium in Auftrag gegebenen Bericht *SOU 2010:52* wird darauf eingegangen, wie man Unterschiede der Geschlechter bestimmen und herausfinden kann, wann diese biologisch bedingt seien und wann es sich um Auswirkungen der Gender-Hierarchie oder anderer soziologischer Einflüsse handelt."[19] Was man heute über die Unterschiede zwischen den Geschlechtern weiß, basiert auf mehreren verschiedenen Arten von Informationen. Dazu gehören genetische Analysen, hormonelle Untersuchungen sowie rein soziologische, sozialanthropologische und psychologische Experimente. Man hat Mädchen und Jungen in alle Richtungen hin untersucht. Nichts spricht dafür, dass sie gleich sind.

Eltern – so cool wie ihre Kids?

Die Eltern-AG

Männer und Frauen sind von Anfang an verschieden. Dies ändert nichts an der Tatsache, dass viele das Gefühl haben, sie lebten in einer sehr ungleichberechtigten Gesellschaft. Ein Phänomen, das beim Kinderkriegen besonders deutlich wird. Das Interessanteste daran ist nicht, dass die Eltern dazu tendieren, unheimlich schnell bestimmte (oft traditionelle Rollen) innerhalb der Familie einzunehmen, sobald ein Kind geboren wird. Das ist ja eigentlich ihre private Angelegenheit.

Interessant ist, dass so viele, die bisher in so modernen und gleichberechtigten Beziehungen gelebt haben, nach der Geburt ihres Kindes plötzlich das Gefühl haben, ungerecht behandelt zu werden. Diejenigen, die finden, dass Männer sich nach der Geburt in aufgeblasene Machos verwandeln, scheinen selbst aber kaum etwas dagegen unternehmen zu wollen. Stattdessen fordern sie lautstark, dass der Staat das Problem lösen müsse. Heftig bejubelt von diversen »Gender-Experten« wirkt es, als ob die Leute nicht an ihre eigenen Entscheidungen glaubten. Mich erinnert das stark an die »Kindererziehungsexperten«. Deshalb kann ich es nicht lassen, Ihnen hier einen kleinen, wohlgemeinten Rat zu geben: Hören Sie lieber auf sich selbst. Wenn Sie mit einem Mann, der sich wie ein Schwein benimmt, zusammenleben, verlassen Sie ihn. Jeder Mensch hat das Recht auf eine eigene, freie Wahl. Deshalb erscheint es auch eher merkwürdig, wenn andere Menschen sich in Angelegenheiten einmischen, die sie gar nichts angehen.

Wenn Susanne mit ihrem Sohn zuhause bleiben möchte und ihr Mann Peter weiter arbeiten geht, ist es wohl kaum die Sache eines Politikers, der nichts über ihre Beziehung weiß, ihnen klarzumachen, dass sie eine falsche Entscheidung getroffen haben. In diesem Fall wären doch eher Susannes Freunde oder eventuell ihre Mutter oder (noch besser) sie selbst gefordert, diese Entscheidung zu überdenken, wenn es notwendig sein sollte.

Die wichtigste Gleichberechtigungsfrage – die übrigens nie diskutiert wird – ist aus meiner Sicht, warum es überhaupt einen höheren Stellenwert hat, arbeiten zu gehen als bei den Kindern zuhause zu bleiben. Wer hat das entschieden? In wessen Interesse liegt es, diese Frage in diese Richtung zu lenken? Wohl kaum im Interesse der Kinder. Eine Gesellschaft, die so extrem kinderfixiert ist wie die unsere, sollte starke Lobbyisten haben, die dafür eintreten, dass es mit einem hohen Status verbunden ist, zuhause zu bleiben. Wenn es sie jemals gegeben hat, sind sie längst verstummt. Eine Erklärung dafür ist der Gruppendruck. In einem Experiment Anfang der 1970er-Jahren fand der Sozialpsychologe Henri Tajfel heraus, dass Menschen ihnen völlig unbekannte Menschen höher belohnten, wenn sie vorher in »ihre« Gruppe eingestuft worden waren. Das Experiment mahnt zum Nachdenken. Wir sollten mal darüber nachdenken, was wir eigentlich über dies und jenes wirklich denken. Vielleicht liegt hier die Erklärung dafür, dass alle dazu tendieren, sich in die gleiche Richtung zu bewegen. Wir gehören heutzutage alle der Gruppe an, die der Meinung ist, dass selbstverständlich beide Eltern arbeiten sollen und dass dies mit einem gewissen Status verbunden sein sollte. Wie sehr wir doch betrogen worden sind. Das Pochen auf dem Recht, dass ein Elternteil zuhause bleiben darf, gehört nicht gerade zu den Parolen heutiger Demonstrationszüge. Vielleicht, weil unsere Gesellschaft alle Arbeitskräfte braucht. Wir leben in einer Gemeinschaft, in der sich alle mit ihrer Arbeitskraft einbringen sollen. Es ist ja auch gar nichts falsch daran. Selbstverständlich muss man dazu beitragen, dass die Gemeinschaft funktioniert, und werden heute doppelt so viele Arbeitskräfte wie früher gebraucht, dann ist dieser Wandel für uns eine ganz natürliche Entwicklung. Sie muss aber nicht zur Folge haben, dass auf diejenigen, die sich trotzdem dafür entscheiden, zuhause zu bleiben, hinabgeschaut wird. Darin liegt ja die wahre Ungleichheit. Und ich wage zu behaupten, ein bisschen Gehirnwäsche.

Das Edelste, das man in unserer Gesellschaft leisten kann, ist doch wohl, sich um die nächste Generation zu kümmern. Es sollte einem die höchstmögliche Anzahl an Statuspunkten einbringen. Wenn man sich um seine Familie kümmert und diese höher wertschätzt als alles andere, sollte man automatisch ganz oben auf der Statusleiter einen Platz erhalten. In subjektiven, eher theoretisierenden Listen ist dies auch der Fall. Beispielsweise in Maria Söderqvist Traulaus Buch *Status – wägen till lycka* (auf Deutsch etwa *Status – der Weg zum Glück*): Welche Auffassung haben die Menschen, wenn es darum geht, was einem selbst Status bringt? Es stellt sich heraus, dass »engagierte und tüchtige Eltern« zu sein ganz oben auf den Top Ten landet, nämlich auf Platz vier. Dies ist scheinbar überall in der westlichen Welt so. In Schweden, Finnland und auch in den USA sehen die Listen ungefähr gleich aus. Interessanterweise taucht dieser Punkt weder auf der Liste Russlands noch auf der Indiens auf.[120]

Dieses elterliche Engagement scheint aber in der Realität nicht so viel Status einzubringen wie auf einer ganz persönlichen Liste. Sonst würde unsere Gesellschaft sicherlich auch anders aussehen. Dann würden sich sehr viele Menschen dafür entscheiden, zuhause bei ihrem Kind zu bleiben, um auf diese Weise einen hohen Status erreichen. Das tun sie aber nicht. Mit dem Wissen darüber, wie die Menschen – wenn auch nur theoretisch – denken, könnte man im Rahmen einer Gleichberechtigungsutopie erwarten, dass es Demonstrationszüge gäbe, bei denen gefordert würde, dass der Mann bei seiner Familie bleiben sollte. Aber eigentlich bin ich gar nicht für solche Gleichberechtigungsutopien zu haben. Ich glaube einfach daran, dass man die Menschen tun und lassen sollte, was sie wollen. Selbst dann wird vielleicht das Zuhause für viele nicht so verlockend scheinen. Man sollte nicht zu naiv sein. Nach einer Trennung als Alleinerziehende ohne Ausbildung, ohne Arbeit dazustehen ist kein Traum vom Glück.

Meistens ist das Zusammenleben in der Familie ziemlich vorhersehbar. Man streitet sich um die Aufgabenverteilung. Das ist ganz normal und muss eventuell mit Hilfe von Außenstehenden gelöst werden. Es handelt sich aber kaum um Fragen, auf die die sogenannten allwissenden Experten überall in den Medien eine Patentlösung parat haben werden. Auch nicht, wenn sie selbst das Gefühl kennen, in einer Beziehung benachteiligt zu werden. Und auch nicht, wenn man ein Buch darüber geschrieben hat, wie unmöglich der eigene Lebenspartner sich verhalten hat.

Die große Masse an modernen Menschen wird von einer kleinen Gruppe von »Experten«, die stellenweise extreme Ansichten zu den Geschlechterrollen haben, gelenkt. Sie regen gerne zu Streits über Nichtigkeiten an, statt Liebe und Fürsorge zu verfechten. Aber die Leute in Beziehungen sollten sich individuell frei entscheiden dürfen. Eine Sache, die in der Tat die Streitigkeiten über Alltagsdinge fördert, sind die Erwartungen des Einzelnen. Statt seine ganze Energie darauf zu verschwenden, sich über alles, was nicht gleichberechtigt ist, aufzuregen, kann man entweder versuchen, sein Leben zu ändern oder es so akzeptieren, wie es ist.

Nichts darf der Selbstverwirklichung im Wege stehen

Als Eltern muss man sich in erster Linie um das Wohl des Kindes kümmern. Man hat weniger Zeit zum Feiern. Darin sieht die sich selbst verwirklichende Elterngeneration einen langweiligen Nachteil. Man kann sich ja unmöglich zuhause selbst verwirklichen. Lassen Sie mal das Wort »Hausfrau« auf Ihrer Zunge zergehen. Es schmeckt nicht nach 21. Jahrhundert. In unserer sich selbst verwirklichenden Gesellschaft entstehen automatisch Probleme, wenn man auf einen anderen Menschen, z. B. ein Baby, Rücksicht nehmen muss. Es stellt aber in Gesellschaften, in denen man ums Überleben kämpfen muss, kein Problem dar, denn dort hat man gar keine Zeit und kann es sich auch gar nicht leisten, die Familie zerbrechen zu lassen. Dies ist vielleicht etwas leichter zu begreifen, wenn man bedenkt, wie es für die Eltern unserer Eltern war, als sie Anfang des 20. Jahrhunderts unter wesentlich härteren Bedingungen arbeiten mussten. Damals konnte man nicht einfach umziehen und sich einen besseren Job suchen, um ein noch tolleres Leben führen zu können. Damals hat man größere Widrigkeiten geduldet als heute, wo doch die schönen Alternativen allem Anschein nach wie auf einem Präsentierteller bereitliegen. Wer damals die Entscheidung getroffen hat – oder eher dazu gezwungen war –, sich scheiden zu lassen, stand alleine da. Es gab keinen Wohlfahrtsstaat, der einem unter die Arme griff. Vor allem gab es keine gesellschaftliche Akzeptanz. Man stand wirklich ganz alleine dar, ein furchtbares Erlebnis, wenn man bedenkt, wie hart man fürs eigene Überleben arbeiten musste. Eine solche Situation erwies sich für eine alleinstehende Mutter oft als katastrophal.

Sich über unsere 40-Stunden-Woche zu beklagen, klingt da fast schon ein bisschen armselig im Vergleich zu den täglichen 12-Stunden-Schichten, die in der ersten Hälfte des 20. Jahrhunderts Standard waren. Dass wir heutzutage trotzdem mehr psychische Probleme haben als jemals zuvor, sagt wohl am meisten darüber aus, wie hoch unsere Forderungen nach Selbstverwirklichung und wie groß unser Mangel an Einsicht den Widrigkeiten des Lebens gegenüber sind. Eigentlich müssten wir dankbar sein, dass wir überhaupt unter einem solchen Mangel leiden können. Wir leben in einem einzigartigen Wohlstand.

Damit ist nicht gesagt, dass es in der modernen Gesellschaft keine Widrigkeiten gäbe. Es ist nur so, dass sie ziemlich diffus sind und, wie gesagt, mit sehr hohen Erwartungen ans Leben verknüpft. Wir leiden keine echte Not und durchleben auch keine schweren Zeiten. Viele unserer Probleme drehen sich darum, wie wir uns zu unseren Anforderungen an uns selbst verhalten sollen. Oder, wie Frank Furedi es formuliert:

»In der heutigen Gesellschaft haben wir keine Kultur mit langen Arbeitszeiten, sondern eine Kultur, die den eigenen Wunsch des Einzelnen danach, Eltern zu werden, begünstigt. Und genau dies verstärkt viele der Probleme der heutigen Mütter und Väter.«[121]

Diese Entwicklung ist schwer zu vermeiden, da man sonst über die hochgeschraubten Erwartungen, welche wir fast alle haben, hinweggehen müsste, weil wir doch in jedem Zusammenhang perfekt sein wollen. Es scheint beinahe, als würden viele das Elternsein und die Erziehung der Kinder als Imageverbesserung betrachten, und sich nicht dafür entscheiden, damit es den Kindern gut geht und sie eigenständige erwachsene Menschen werden. Es ist ganz normal, dass man versucht, sich Zeit für sich selbst zu bewahren. Man gibt sich viel Mühe, um weiterhin mit den Kinderlosen mithalten zu können. Nicht, indem man genauso oft wie vorher feiern geht, sondern indem man die Kinder als Accessoires benutzt. Und das ist wiederum ein Zeichen dafür, dass wir uns ganz weit vom Kampf ums Überleben entfernt haben. Frank Furedi:

»Ein ›cooler‹ Name für ein neugeborenes Kind soll einen dazu verleiten, zu denken, dass auch die Eltern ›cool‹ sind. [...] Eltern, die bei ihren kleinen Kindern Ohrlöcher stechen lassen, betrachten die Kinder als kleine Erwachsene, und Eltern, die dafür sorgen, dass ihre Kinder ausschließlich vegetarisches Essen bekommen, tun es als Teil ihrer Selbstdarstellung. Die Eltern definieren sich über ihre Art, die Kinder zu erziehen.«[122]

Sowohl Hamilton als auch Furedi beschreiben Eltern, die nicht erwachsen geworden sind. Auf Englisch nennt man sie *kidults*. Also Peter-Pan-Erwachsene, die versuchen, für immer Kinder zu bleiben. Es ist klar, dass diese Menschen Probleme haben werden, wenn sie Kinder bekommen. Es gibt aber noch Schlimmeres.

Die Selbstverwirklichung ist zur Norm aller Erwachsenen geworden. Die individualfixierte Verwirklichung eigener Vorstellungen zeigt sich auch bei modernen Eltern. Sie sind nicht gewillt, etwas zu opfern, nicht einmal, wenn es zum Wohle des Kindes ist. Zwar sollen die Kinder an allen möglichen Freizeitaktivitäten teilnehmen. Und sie sollen natürlich auch als Erwachsene richtig coole Jobs bekommen. Und sie sollen sich auf keinen Fall von anderen, weniger wohlmeinenden Erwachsenen zurechtweisen lassen. Dies alles darf aber nicht auf Kosten dessen gehen, was die Eltern in ihrem Leben erreichen wollen. Sie müssen doch weiterhin die Welt erobern, auch wenn sie im Alter von 50 Jahren gerade zum ersten Mal Vater werden und mit nach hinten gedrehter Baseballmütze auf der Entbindungsstation eintreffen, um die Geburt ihres Kindes zu filmen. Ein Film, der später – mit Technomusik unterlegt – auf YouTube gepostet wird.

Der Peter-Pan-Papa

In der ganzen westlichen Welt, aber vielleicht ganz besonders in den angelsächsischen und nordeuropäischen Ländern, hat man ein sehr ausgeprägtes Jugendideal. Alle müssen jung und frisch sein, und das Wissen der Älteren – früher Weisheit genannt – wird in vieler Hinsicht als veraltet angesehen, manchmal sogar als reine Torheit. Dies zeigt sich vor allem bei der Kindererziehung. Interessanterweise greift dieses Jugendideal immer weiter um sich, während die Eltern gleichzeitig immer älter werden. Vermutlich lässt sich hier ein Kausalzusammenhang herstellen.

Es hört sich vielleicht etwas spekulativ an (und ist es gewissermaßen auch), aber je ausgeprägter das Jugendideal ist, desto länger muss der Mensch durchhalten, bevor er die Jugend hinter sich lassen kann. Und in der Tat können sich die meisten Menschen erst selbst verwirklichen, wenn sie über die Jugend hinausgekommen sind. Ein verschwindend kleiner Prozentsatz kann tatsächlich seine Jugendträume wahr werden lassen. Deshalb muss man mit dem Kinderkriegen warten, bis die Karriere richtig in Fahrt gekommen ist. Dies wiederum hat großen Einfluss darauf, wie die Eltern ihre neuen Rollen bewältigen werden.

Eine ältere Frau, die zum ersten Mal Mutter wird, tendiert dazu, die Entwicklung ihres Kindes so emotional zu überfrachten, dass es ängstlich wird. Dieselbe Mutter möchte gleichzeitig weiterhin selbst eine Jugendliche sein. Dasselbe gilt für die Väter. Und diese Kombination macht es den Eltern schwer, etwas anderes als Kumpel für ihre Kinder zu sein. Die ausgesprochene Jugendkultur bewirkt, dass die Eltern Schwierigkeiten haben, als Autoritäten aufzutreten. Autorität erwirbt man ja durch Lebenserfahrung und Wissen. Paradoxerweise sind das Eigenschaften, die die älteren Eltern heute besitzen müssten. Es müsste ihnen eigentlich leichtfallen, nicht auf jeden Wunsch und jede Forderung des Kindes einzugehen. Dass dies nicht der Fall ist, liegt wohl daran, dass sie zwar ihre Beinmuskeln trainiert haben, aber nicht ihre Arme. Sie können auf ihrer Karriereleiter immer höher steigen, aber kein Kind tragen.

Wenn Eltern wieder eine machtvollere Position einnehmen würden, könnte viel erreicht werden. Das wäre sicher besser als der heutige Trend, die Kinder immer mehr an allen möglichen Entscheidungen zu beteiligen. Alter ist selbstverständlich keine Garantie für Weisheit. Wir sind alle hin und wieder Dummköpfen begegnet, die ein ansehnliches Alter erreicht haben. Aber für die große Mehrheit gilt, dass man, an der eigenen Entwicklung gemessen, mit den Jahren immer klüger wird. Die Gesellschaft sollte fördernd eingreifen, damit ein Mensch, der in der Tat viel Lebensweisheit besitzt, sein Wissen anwenden und weitergeben kann.

Man sollte als Eltern das Gefühl haben, eine staatliche Vollmacht zu besitzen, die einem erlaubt, die unerfahrenen Kinder zu lenken. Dies gestaltet sich aber immer schwieriger.

In den USA findet seit Längerem eine Diskussion statt, bei der verschiedene Lobbyisten durchsetzen wollen, dass Kinder eine Trennung der Eltern verlangen können.[123] Auch das genaue Gegenteil wird vertreten: Die Kinder sollten das Recht haben, ein Veto gegen die Scheidung der Eltern einzulegen. Und es gibt auch Amerikaner, die der Meinung sind, dass das Kind ein Mitspracherecht haben sollte, wenn es darum geht, ob seine Mama sich für oder gegen eine Abtreibung entscheidet. Die Kinder bestimmen schon heute, wo wir als Familie unseren Urlaub verbringen und welche Musik zuhause gehört wird. Mit der gegenwärtigen Entwicklung ist es nur eine Frage der Zeit, bevor sie auch bei so schwerwiegenden Entscheidungen wie den oben genannten das Sagen haben. Die darin liegende Ironie ist offensichtlich, da die Entwicklung gleichzeitig dazu geführt hat, dass die Kinder sonst gar nichts dürfen. Diese kleinen Fürsten dürfen ja kaum mal allein zuhause bleiben. Noch weniger dürfen sie allein zum nächstgelegenen Kiosk gehen, um Süßigkeiten zu kaufen.

Sind Eltern die besten Freunde ihrer Kinder?

»Moderne Eltern« trauen sich einfach nicht, ihre Kinder zu erziehen. Man diskutiert mit ihnen, als wäre man mit ihnen befreundet. Man dealt und jongliert. Man versucht, das Kind niemals zu bestrafen und es stattdessen als einen kompetenten, erwachsenen Menschen zu betrachten. Und das, obwohl sie überhaupt nicht kompetent sind, sondern übermüdet, mürrisch, unerzogen und allgemein ziemlich quengelig. Zumindest, wenn es zu Diskussionen kommt. Wenn also der Zweijährige am Mittagstisch schreit und sich weigert, die Nudeln mit Tomatensauce zu essen, und stattdessen den Teller an die Wand wirft, dann reagieren Eltern heute, indem sie ihn besorgt fragen, warum er so schlecht drauf sei. Sie fragen sich, ob er in der Kita gemobbt worden ist, ob er krank wird oder ob er einfach einen schlechten Tag hat. Sie coachen ihn und muntern ihn auf, wie man es normalerweise bei einem Teenager machen würde.

Heute halte ich häufiger Vorlesungen zu Themen wie dem übertriebenen Sicherheitsdenken und dass die moderne Gesellschaft die gerechteste und gleichberechtigtste ist, die es jemals gegeben hat. Und ich konstatiere dann meistens, dass Carl Hamilton in der Tat nur fast Recht hatte, als er das Bild einer Gesellschaft malte, die aus erwachsenen Kindern und kindlichen Erwachsenen besteht. Denn die Wahrheit ist vermutlich viel schlimmer. Wir leben heute in einer Gesellschaft, in der alle Teenager sind. Vom Zweijährigen, der sein Essen an die Wand wirft, bis zum älteren Herrn, der seine Baseballmütze falsch herum trägt.

Die ultimative Gefahr bei dieser Form der Erziehung liegt darin, dass das natürliche Fundament für die Beziehung zwischen Kindern und Erwachsenen untergraben wird. Wenn die Erwachsenen sich nicht anders verhalten als ihre heranwachsenden Kinder, muss man sich doch fragen, warum sie sich überhaupt um die Erziehung kümmern. Alles endet in diversen Verhandlungen zwischen den Erwachsenen und ihren Kindern. Es geht gar nicht mehr darum, dass das Kind die Fürsorge und die Pflege seiner Eltern braucht. Das partnerschaftliche Verhältnis zwischen Eltern und Kind erschwert die erzieherische Aufgabe der Eltern, weil es mit ihrem biologischen Fürsorgeinstinkt nicht harmoniert, denn das Gehirn sagt ihnen weiterhin, dass sie sich um das Wohlergehen der Kinder kümmern müssen. In etwa genauso wie das Gehirn des Kindes dem kleinen Menschen sagt, dass es eine Bindung zu seinen schützenden Eltern aufbauen muss. Wenn die elterliche Fürsorge nicht mehr klar und selbstverständlich ist, sondern sich stattdessen in eine Art Freundschaftsbeziehung verwandelt, werden sich vermutlich auch die jeweiligen gegenseitigen Gefühle entsprechend verändern.

Kehren wir wieder dahin zurück, wie es dem Kind *eigentlich* geht. Biologisch betrachtet ist es nicht besonders merkwürdig, dass sich Kinder von etwas autoritären, aber liebevollen Eltern oft genauso geliebt fühlen wie Kinder, deren Eltern weicher, partnerschaftlicher und scheinbar mitfühlender sind.

Das geschiedene Gewissen

Welche Intentionen man auch hatte und wie man sich auch anstellt, nach der Ankunft eines Kindes wird es eine neue Form des Zusammenlebens geben. Wahrscheinlich entwickelt es sich in Richtung der altbewährten Kernfamilie. Alles, was das Zusammenleben von Mann und Frau bis dato ausgezeichnet hat, ändert sich, wenn ein Kind auf der Bildfläche erscheint. In früheren Zeiten stellte das kaum ein Problem für die Partnerschaft dar, weil die Eltern keine besonders hohen Ansprüche an ihr jeweiliges eigenes Leben hatten. Vor wenigen Jahrhunderten noch handelte es sich bei der Ehe meistens um eine auf Vernunft gegründete Lebensgemeinschaft. Und so verhält es sich auch heute in vielen Teilen der Welt. Damals ging es bei der Ehe darum, eine gut funktionierende Arbeitsgemeinschaft aufrechtzuerhalten, und nicht darum, verzweifelt zu versuchen, in den Erinnerungen an vergangenes Verliebtsein zu schwelgen. Der Vorteil damals war, dass die Partner sich nicht von einer scheinbar flüchtigen Liebe betrogen fühlten, weil diese irgendwann in den ständigen Streitereien um den Abwasch unterging.

Heute haben Eltern aber ganz andere Ansprüche. Die Kinder müssen erfolgreich sein, die Eltern müssen für den Rest des Lebens total ineinander verliebt sein. In einer solchen Konstellation sind die Experten heute sicherlich kaum die besten Freunde der Familie. Denn überall kann man beispielsweise nachlesen, dass das Kind bei den Eltern im Bett schlafen soll. Man erfährt auch, dass das Kind immer an erster Stelle steht. Das schlechte Gewissen, das die Experten auf meisterliche Art modernen Eltern aufbürden, hat ihren Ursprung selten darin, dass die Eltern keine Zeit mehr füreinander finden, sondern darin, dass sie dem Kind nicht ausreichend viel Zeit widmen.

In einer Welt, in der die Eltern so viel Zeit wie noch nie zuvor mit ihren Kindern verbringen, ist dies ein ganz merkwürdiger Vorwurf. Umso mehr, als immer mehr Eltern sich scheiden lassen. Dieses Phänomen müsste doch dazu führen, den Fokus auf etwas anderes als die Kinder zu verlegen. Das würden die Eltern vielleicht auch tun, wäre da nicht das hartnäckige schlechte Gewissen. Ein Gewissen, das eigentlich nichts damit zu tun hat, dass wir heutzutage weniger Zeit mit den Kindern verbringen, sondern damit, dass wir uns selbst mehr verwirklichen als früher. Es fühlt sich so an, als würden die Kinder dadurch automatisch benachteiligt werden. Das werden sie aber nicht. Es ist eher die Beziehung zum Partner, die unter Druck gerät.

Selbstverständlich ist die gestiegene Scheidungsrate nicht nur negativ zu bewerten. Früher ist man trotz großer Meinungsverschiedenheiten und Streit in einer Ehe zusammengeblieben. Oft haben sich die Probleme mit der Zeit gelegt, aber nicht selten ist man viel zu lange zusammengeblieben. Nichtsdestotrotz ist das Problem heutiger Lebensgemeinschaften, dass die Menschen nicht mehr zusammenhalten. Ich selbst bin auch ein gutes Beispiel dafür, obwohl ich mich persönlich ob dieser Entwicklung glücklich schätze, nicht zuletzt weil es dazu beigetragen hat, dass ich heute sechs fantastische Kinder habe. Es ist aber schwierig, Kinder großzuziehen, wenn man getrennt lebt.

Ein Grund, warum man versuchen sollte, die Familie zusammenzuhalten, sind die Kinder. Dies ist die natürlichste Sache der Welt, und es bringt einem ja auch einige Vorteile, wenn man nicht allzu sehr streitet. Man könnte behaupten, dass es zumindest sinnvoll ist, damit die Kinder ihr eventuelles Leiden nicht auf die Scheidung der Eltern schieben können. Die vermutlich beste Weise, die Lebenspartnerschaft zu erhalten, ist aus meiner Sicht, nicht zu sehr auf das Kind fixiert zu sein, sondern sich mehr um einander zu kümmern. Um des Kindes willen sollte man also weniger Rücksicht auf das Kind nehmen. Lassen Sie nicht zu, dass es dauerhaft bei Ihnen beiden im Ehebett schläft. Planen Sie regelmäßig ein romantisches Essen zuhause, für Sie beide, ohne Kind. Unternehmen Sie auch andere Dinge zusammen, wie zusammen ins Kino zu gehen, gemeinsam Sport zu treiben, oder machen Sie etwas ganz anderes, das Sie verbindet. Beklagen Sie sich nicht ständig darüber, dass Ihr Partner oder Ihre Partnerin zu wenig mache oder zu rechthaberisch sei. Sagen Sie zu fast allem Ja! Und wenn Sie es trotzdem nicht miteinander aushalten, ist eine Scheidung ja auch keine Katastrophe.

Ein generelles Problem ist, dass man als Eltern bei der Kindererziehung immer zu zweit ist. Oft wird der/die andere etwas entscheiden, mit dem man selbst nicht einverstanden ist. Eine Scheidung macht es nur noch schwieriger, weil man dann keine Möglichkeit hat, den anderen zu beeinflussen. All das, worüber man vor der Scheidung uneinig war, wird weiterhin zu Streitigkeiten führen. Aber der entscheidende, prinzipielle Unterschied ist, dass die Kommunikation dann vielleicht über Dritte läuft oder nur noch zu festgelegten Zeiten, übers Internet oder via Telefon.

Nun gibt es – Gott sei Dank – natürlich ganz viele Ausnahmen von dieser Regel. Aber ist das der Fall, könnte man doch so frech sein und fragen, warum sie sich dann überhaupt getrennt haben. Für diese Situation sind die weisen Worte meines Freundes, Jan Larsson, sehr treffend. Er ist ein Mann in den Fünfzigern, der ein eigenes Kind und zwei Stiefkinder großzieht, und er sagt: »Das größte Problem ist meine Ex, das zweitgrößte ist meine neue Frau, und erst auf dem dritten Platz kommen die Kinder.«

Es ist in etwa genauso, als wenn man mit Kindern ins Restaurant geht. Wenn die Erwachsenen sich im Griff haben und sich benehmen, dann werden auch die Kinder sich entsprechend verhalten, und es wird keine größeren Probleme geben. Das Erste, was die Erwachsenen tun müssen, um anständiges Benehmen innerhalb der Familie durchzusetzen, ist, die Macht in der Familie wiederzuerlangen. Und dies kann einem nach einer Scheidung als unüberwindbares Problem erscheinen. Immer wieder tauchen neue Fragen auf. Wie geht man damit um, dass das Kind an zwei unterschiedlichen Orten lebt und jeweils unterschiedlich erzogen wird? Wie hält man es mit der Kleidung des Kindes? Welche Lebensregeln sind wichtig? Als Stiefeltern kann man erleben, dass einem die Hände gebunden sind. Es ist schwierig, die eigene Vorstellung von Erziehung hochzuhalten. Alle Beteiligten befinden sich in einer Situation, die nur schwer lösbar ist.

Und dann wird man vom schlechten Gewissen geplagt. Man hat ein schlechtes Gewissen, weil es einem nicht gelungen ist, die Familie zusammenzuhalten. Ein schlechtes Gewissen dem neuen Lebenspartner gegenüber. Ein schlechtes Gewissen, weil man es mit den neuen Stiefkindern nicht auf die Reihe bekommt. Man hat ein schlechtes Gewissen den eigenen Kindern gegenüber. Gibt es überhaupt etwas, das eine fehlende Erziehung und Inkonsequenz mehr fördert als das schlechte Gewissen? Unser schlechtes Gewissen flößt uns die Vorstellung ein, dass wir netter sind, wenn wir uns inkonsequent verhalten und keine Forderungen stellen. Wir bilden uns ein, dass Grenzen schlecht für die Kinder sind und dass wir liebevoll sind, wenn wir von den Erwartungen an unsere Kinder zurücktreten. Das schlechte Gewissen nagt an uns und gibt uns das Gefühl, dass wir als Eltern nicht gut genug sind. Von dieser Vorstellung müssen wir uns verabschieden und das Leben unserer Kinder so leicht wie nur möglich machen.

Darüber hinaus entstehen für alleinstehende Eltern auch andere Probleme. Es ist ja mit einem Partner zusammen schon schwierig genug, den Weltuntergangspropheten und der Elternschikane gegenüber standhaft zu bleiben. Es wird noch schwieriger, wenn man sich alleine gegen die nie endenden, wohlmeinenden Ratschläge wehren muss. Man findet nirgendwo Unterstützung. Es ist fast unmöglich, der immer größer werdenden Unsicherheit nicht zu verfallen.

Wenn man sich scheiden lässt, hat man dem Kind gegenüber eine noch größere Verantwortung, wenn es darum geht, sich so zivilisiert wie möglich dem/der Ex gegenüber zu verhalten. Es kann einem schwerfallen. Jesper Juul beschreibt, wie es in vielen Familien zugeht, wenn es Streitigkeiten gibt oder eine Scheidung stattgefunden hat:

»Natürlich gibt es alleinstehende Eltern, die die Verantwortlichkeit und den Kooperationswillen der Kinder missbrauchen und alle Sorgen und allen Kummer auf sie abladen. Das ist ein Problem, das es nicht nur in Familien mit nur einem Elternteil gibt. Es ist mindestens genauso aktuell in den vielen Familien, wo die Eltern nicht miteinander über Probleme sprechen können und wo insbesondere die Mütter deshalb oft eines der Kinder als Vertrauten auswählen.«[124]

Eine solche Entwicklung erscheint den meisten von uns als besonders unangenehm. Sie ist aber sehr verbreitet. Man kann dieses Verhalten auch als Beweis dafür sehen, dass die Kinder nicht immer im Zentrum stehen, wenn die Eltern sich streiten. Nicht einmal, wenn es damit endet, dass nur noch über die Kinder gestritten wird und sich die Eltern schlussendlich um das Sorgerecht streiten, geht es im Grunde genommen um die Kinder. Man kann sich fragen, in wessen Interesse die meisten Sorgerechtsklagen geführt werden. Wenn man darüber nachdenkt, tut es richtig gut, zu den Schlussfolgerungen aus dem Buch *Ist Erziehung sinnlos?* zurückzukehren. Es ist wohltuend, Aussagen des Buches im Hinterkopf zu behalten, wenn man darüber nachdenkt, wie schlecht es den Kindern wegen der Dummheit ihrer eigenen Eltern ergehen kann. Gott sei Dank passiert das ja äußerst selten, und wenn es passiert, dann ist es wahrscheinlich genetisch bedingt. Das schlechte Gewissen, das die geschiedenen Eltern oft plagt, kann ihnen ein Stück weit genommen werden, wenn man begreift, dass wir Eltern gar nicht so wichtig sind, wie wir meinen.

Es sind nun ungefähr hundert Jahre vergangen, seitdem Freud die Psychoanalyse auf den Weg brachte. In Schweden gibt es heutzutage genauso viele Scheidungskinder wie Kinder, die mit beiden Eltern zusammenleben. Vor hundert Jahren wäre man der Meinung gewesen, sie müssten alle traumatisiert sein. Heute ist es ganz normal. Freuds Ansichten sind für uns alle selbstverständlich geworden. Das Aufwachsen in der Familie *muss* doch das Kind irgendwie prägen. Freud hat einiges missverstanden (manche würden behaupten, dass er alles missverstanden hat), aber wenige haben die familiäre Prägung infrage gestellt. Wie wir gesehen haben, hat er wahrscheinlich auch in diesem Bereich falsch gelegen.

Freud war in den vergangenen hundert Jahren aber nicht alleine mit seinen Ansichten. Sogar seine Widerparts, Verhaltensforscher wie B. F. Skinner und John Watson[125], betrachteten Kinder als etwas, das man während ihrer Kindheit formen und indoktrinieren kann. Sie sind in der Tat noch weiter gegangen als Freud selbst. Die Vorstellung des Behavioristen John Watson ist berühmt geworden. Berühmt nicht nur für seine Absurdität, sondern am allermeisten für seine Überheblichkeit. Er prahlte, dass er aus neugeborenen, gesunden Babys alle Typen, die er sich vorstellte – Arzt, Jurist, Geschäftsmann oder Dieb – herantrainieren könne, egal, welche Talente, Neigungen, Vorlieben, Fähigkeiten, Berufe oder Rasse ihre Erzeuger besessen hätten. Als Aaron Beck[126] die hochgeschätzte, kognitive Therapie gründete, ging selbst er davon aus, dass man von den Eltern geprägt wird. Judith Rich Harris hat mit ihrem Buch *Ist Erziehung sinnlos?* im Prinzip die komplette, etablierte, psychologische Elite herausgefordert. Um nicht zu sagen: den ganzen Mythos der heutigen Zeit. Trotzdem ist es schwer, nicht daran zu glauben.

Die wichtigsten Argumente habe ich schon genannt. Eineiige Zwillinge, die zusammen aufwachsen, sind sich nicht ähnlicher als eineiige Zwillinge, die getrennt aufwachsen. Adoptierte Kinder ähneln ihren Adoptiveltern nicht mehr als jeder anderen, beliebigen Person. Wir reden so, wie unsere Freunde reden. Wir werden ganz klar von unseren Kindheitsfreunden geprägt, und wir lassen uns von Gruppendynamiken beeinflussen, ohne überhaupt darüber nachzudenken. Man ist Fan einer bestimmten Fußballmannschaft (und manche Leute schlagen sich deswegen sogar die Köpfe ein), weil man eben schon *immer* Fan von diesem Verein war.

Wir gewähren manchen Leuten eine Sonderbehandlung, weil wir der Meinung sind, dass sie genauso sind wie wir, ohne dass wir überhaupt sagen können, in welcher Hinsicht wir uns ähneln. Um das zu zeigen, braucht man nicht einmal Gruppenexperimente durchzuführen. Es passiert überall in der Realität. Ende der 1990er-Jahre arbeitete ich ein Jahr lang an der ambulanten, psychiatrischen Klinik *Serafen* auf Kungsholmen in Stockholm. Drei Jahre zuvor war diese Klinik mit einer anderen Ambulanz des Norrtull-Krankenhauses in Vasastan zusammengelegt worden. Obwohl drei Jahre vergangen waren, solidarisierten sich die verschiedenen Mitglieder der jeweiligen Ursprungsteams nicht miteinander. Sie verfügten sogar über zwei getrennte Pausenräume innerhalb einer Abteilung. Sie definierten sich – wie so viele andere Menschen auch – über ihren (ursprünglichen) Arbeitsplatz. Und warum taten sie das? Weil dort ihre Arbeit angesiedelt gewesen war. Sie hatten per Definition eine andere Einstellung als die neuen Kollegen zu der anderen Ambulanz. Und das lässt sich doch nur schwer mit ihrer Kindheit oder ihrer genetischen Veranlagung erklären, würde ich mal behaupten.

Wie ich schon an anderer Stelle festgestellt habe, stammt die beste Prognose in Sachen Kindererziehung wohl von Donald Winnicott, der über die ausreichend guten Eltern geschrieben hat. Es gibt ja sehr viele verschiedene Erziehungsmethoden. In den Ländern der westlichen Welt ist die Erziehung kinderfixiert und dreht sich um Selbstverwirklichung. In Asien ist die Erziehung traditionell und aus Sicht der Abendländer autoritär. In vielen Ländern werden Kinder, die sich nicht an die dort geltenden Traditionen halten, mit Scham und Schuldgefühlen belastet. Und trotzdem wird das für die Kinder erst zu einer ernsthaften Belastung, wenn sie auf ganz andere Sichtweisen treffen.

Die Kinder einer Tigermutter werden keinen Aufstand machen, wenn es um sie herum nur Tigermütter gibt und alle anderen Kinder auch Tigermütter haben. Ebenso werden die Kinder hier in der westlichen Welt sich nicht als Außenseiter fühlen, wenn ihre Eltern sich scheiden lassen. Dies beruht wahrscheinlich darauf, dass die Kinder sich gegenseitig beeinflussen und lenken. Das wirft ein ganz neues – und vermutlich überaus adäquates – Licht auf das angelsächsische Sprichwort, das die ehemalige amerikanische First Lady und Außenministerin Hillary Clinton zu ihrer Devise machte: »Es braucht ein ganzes Dorf, um ein Kind zu erziehen.«[127] Nach heutigen Erkenntnissen braucht es eben ausreichend viele Kinder, damit diese ihre eigene Kultur erschaffen können.

Der Einfluss der Erwachsenen vollzieht sich also über die Gruppe der Kinder in der Umgebung und nicht durch die einzelnen Eltern. In den ersten drei Jahren – wie auch die Bindungstheoretiker empfehlen – sollte man versuchen, den Kindern Eindrücke zu vermitteln, die dazu dienen, eine gute Basis für die zukünftige Entwicklung zu bilden. Es handelt sich hier nicht um das Niveau von Raketenforschung. Bleiben Sie entspannt, und versuchen Sie die Neugier der Kinder zu stimulieren. Wenn ein Kind die chinesische Sprache nicht zu hören bekommt, wird es nie Chinesisch lernen. Wenn das Kind nicht die Gelegenheit bekommt zu lernen, wie man sich am Esstisch oder in der U-Bahn verhalten sollte, kann es auch nicht wissen, welches Verhalten von ihm erwartet wird.

Danach übernehmen die Gleichaltrigen die Prägung. Kinder wollen nicht wie ihre Eltern werden, sondern so wie ihre Freunde sein. Und in diesem Fall hat Jesper Juul vielleicht doch Recht. Das kompetente Kind kann es in einer Hinsicht tatsächlich geben, nämlich *innerhalb seines eigenen, näheren Umfeldes*. Innerhalb der Familie ist das Kind aber im Vergleich zum Erwachsenen ganz klar inkompetent. Das Kind will – wie alle anderen auch – mit seinesgleichen verglichen werden.

Keine der sogenannten Experten, weder die Vertreter der Psychoanalyse, des frühen Behaviorismus noch der Bindungstheorie haben besonders gute Argumente. Man kann zwar das Verhalten des Kindes bis zu einem gewissen Grad beeinflussen, und auch innerhalb der Psychiatrie sind die verhaltenstherapeutischen Maßnahmen nützlicher als die Psychoanalyse von Sigmund Freud. Die Grundannahme ist trotzdem falsch.

Aber wie soll man denn nun die Kinder erziehen? In unserer modernen, westlichen Welt sollen wir unseren Kindern Zeit widmen. Wir sollen gemeinsam mit ihnen mit Legos bauen, wir sollen zuschauen, wenn sie Fußball spielen und wir sollen uns im Elternnetzwerk der Schule engagieren. Allem voran sollen wir Engagement zeigen.

Um zu den immerwährend engagierten Eltern am Fußballfeldrand zurückzukehren: Es kann nicht oft genug betont werden, dass die Eltern von Zlatan Ibrahimovic (schwedischer Nationalspieler) nur ganz selten zuschauten, als er als kleines Kind Fußball spielte. Tiger Woods, Andre Agassi und die Williams-Schwestern sind Ausnahmen. Bei den allerwenigsten Sportlern standen sklaventreibende Eltern an der Seitenlinie. Kinder machen nicht wegen ihrer Eltern Sport, sondern wegen der anderen Kinder. Vermutlich tut man dem Kind einen riesigen Gefallen, wenn man nicht dort steht und alles beobachtet, sondern das Kind nur auf dem Sportplatz abgibt und wieder geht.

Es ist ja in der Tat auch denkbar, dass man Kindern sogar einen Gefallen tut, wenn man sie in die Kita gibt – entgegen den Empfehlungen der Bindungstheoretiker. Aber vermutlich macht es gar keinen spürbaren Unterschied. Der amerikanische Psychologe Jerome Kagan hat nämlich Kinder, die zuhause großgezogen wurden, mit Kindern, die früh in die Kita gingen, verglichen. Er fand nur sehr kleine Unterschiede in Bezug auf Sprache, intellektuelle Fähigkeiten, Bindung(!), Separationsängste und Spielverhalten. Aber er weiß natürlich nicht, was diese Kinder im Erwachsenenalter von ihren jeweiligen Eltern halten werden.

235

Mangel an Zeit?

Da stößt man schnell auf das nächste Dogma. Es gibt eine immer größer werdende Gruppe von Eltern, die – im Gegensatz zu den Fürsprechern der Qualität der mit den Kindern verbrachten Zeit – begonnen haben, die Quantität der Zeit, die wir mit unseren Kindern verbringen, zu thematisieren. Etwas, das das schlechte Gewissen moderner Eltern weiter verstärkt. Wie viele Eltern jagen nicht jetzt schon andauernd ihrem Zeitplan hinterher, um ein bisschen mehr Zeit mit ihren Kindern verbringen zu können? Und doch verlieren sie meistens das Rennen.

Ich bin keinesfalls dagegen, dass man mit den Kindern Zeit verbringen sollte. Es macht ja auch Spaß. Ich habe auch schon angedeutet, dass es den Menschen wahrscheinlich guttun würde, sich mehr auf die Familie als auf die Erwartungen des Staates zu konzentrieren. Außerdem kann es durchaus von Vorteil sein, die ersten drei Lebensjahre des Kindes mit ihm zusammen zu verbringen. Es schadet auf keinen Fall.

Die älteren Kinder wollen aber lieber mit anderen Kindern zusammen sein, und nur wenn das nicht möglich ist, haben sie Lust, etwas mit ihren Eltern zu unternehmen. Gibt es einen Fernseher – oder noch besser: ein Computerspiel, in das man sich vertiefen kann, bevorzugen die Kinder in der Regel das. Die Eltern haben ohnehin keine große Lust zum Spielen. Sie sind mit ihren I-Phones beschäftigt. Und trotzdem funktioniert die Familie irgendwie. Wie egoistisch die Eltern auch sein mögen, es reicht in der Regel aus, um passable Eltern zu sein.

Die unsolidarischen Eltern

Wenn man sich etwas genauer anschaut, welches Bild uns die Medien vermitteln, kann man leicht in die Irre geführt werden. Es scheint, dass alles, was die Eltern machen, potentiell den kleinen, wehrlosen Kindern schaden könnte. Aus dieser Sicht betrachtet ist es fast verwunderlich, dass überhaupt jemand sich traut, Kinder zu bekommen. Die Gefahr, dass es irgendwie schiefgehen könnte, scheint doch fast bei 100 Prozent zu liegen. Ist es nicht die Nahrung oder der Autoverkehr, dann sind es die Pädophilen. Überstehen die kleinen Wesen diese Gefahren, lauern doch nur wieder neue. Alles kann passieren, jederzeit.

Im Herbst 2012 konnte man im schwedischen Radio eine Warnung der Polizei hören. Erst erzählte eine selbstsichere Frau, wie schön ihr Leben sei und dass ihr Lebenspartner ihr so viel zurückgebe. Dann hörte man, wie dieser Mann sich auf kränkende und widerwärtige Weise über ihre Aussagen aufregte und sie schikanierte. Die Botschaft der Polizei war sonnenklar: »Vertrauen Sie niemals auf das, was Sie hören und sehen! Nichts ist, wie es scheint. Hinter jeder schönen Fassade könnte ein furchtbares Geheimnis lauern.«

Nicht nur die Polizei will uns über all die Grausamkeiten aufklären, die sowohl von Eltern als auch von Ehepartnern (meist Männern) hinter verschlossenen Türen begangen werden. Schenkt man all den selbst ernannten Experten Glauben, ist es eher die Regel als die Ausnahme, dass Eltern ihre Kinder kränken. Vielleicht nicht bewusst, aber zumindest unbewusst. Wenn Sie mein Buch bis hierher gelesen haben, werden Sie wissen, dass diese Warnungen keine Substanz haben. Trotzdem hat man kein gutes Gefühl dabei. Man weiß ja nie. Stille Wasser sind tief …

In dem Buch *Warum Kinder mutige Eltern brauchen* von Frank Furedi wird beschrieben, dass die Solidarität unter Erwachsenen mit unterschiedlichen Ansichten ganz und gar verschwunden ist. Furedi spricht von einem fast totalen Zusammenbruch. Ein so ausgesprochener Mangel an Loyalität unter Erwachsenen ist sehr beunruhigend. Die Elternschaft wird komplett unterminiert von anderen Erwachsenen, die ständig alles, was nicht mit ihren eigenen Ansichten übereinstimmt, infrage stellen. Bei diesem Entwicklungsprozess spielen die verschiedensten Experten eine ganz große Rolle. Sie warnen vor allem Möglichen, auch vor den Eltern an sich. Deshalb tauchen jetzt überall lange und persönliche Geschichten von Erwachsenen auf, die sicherlich eine einigermaßen geborgene und gute Kindheit hatten, die sich aber auf gar keinen Fall geliebt fühlten und auch nie lernten, über Gefühle zu reden. Und an allem sind die Eltern Schuld.

Kinder sind nicht aus Zucker

Die niedliche Wahnvorstellung

Fast alle psychologischen Theorien behaupten, dass die Eltern für das seelische Wohlbefinden ihrer Kinder eine große Rolle spielen. Es wird als unumgänglich betrachtet, dass wir ein Leben lang unter Traumen aus der Kindheit leiden werden. Man muss diesen Experten zufolge so überaus vorsichtig mit Kindern umgehen, als wären sie kleine Bonsaibäume. Aber nochmal: Sie liegen falsch.

Der amerikanische Entwicklungspsychologe Jerome Kagan hat innerhalb der Säuglingsforschung bahnbrechende Entdeckungen gemacht. Er kritisiert die allgemein verbreitete Vorstellung von dem, was er als »infant determinism« bezeichnet. Damit meint er den Glauben daran, dass Säuglinge, die Schwieriges erlebt haben, für immer davon geprägt seien und später nichts daran zu ändern wäre. Den wichtigsten Grund für seine Kritik präsentierte er in seinem Buch *Die drei Grundirrtümer der Psychologie*.[128] Er stellt fest, dass die unterschiedlichen Erziehungsmethoden der Eltern von Anfang an eine ziemlich kleine Rolle spielen. Trotzdem sei ein globaler Trend in Richtung Überstimulierung, die schon im Mutterleib beginne, erkennbar. Im amerikanischen Bundesstaat Georgia bekommt jede frischgebackene Mutter eine CD mit Musik von Mozart geschenkt, weil man davon überzeugt ist, dass die Kinder davon schlauer werden. Ich brauche wohl nicht zu erwähnen, dass es keine Belege dafür gibt, dass diese Annahme stimmen könnte.

Dauerhafte Auswirkungen jeglicher Form der Beeinflussung von Kleinstkindern werden vollkommen überschätzt. John Bowlby und der deutsch-amerikanische Entwicklungspsychologe und Psychoanalytiker Erik H. Erikson behaupteten, dass das, was das neugeborene Kind in den ersten Stunden nach der Geburt erlebt, das kleine Menschenkind für den Rest seines Lebens prägen wird. Das ist, wie ich schon erwähnt habe, vollkommener Unsinn. Diese und viele andere Psychologen haben in der Tat unsere Auffassung in eine ganz falsche Richtung gelenkt. Genauso wie Angehörige einer Gruppe von Erwachsenen im Allgemeinen dazu neigen, sich gegenseitig in ihrer Meinung zu beeinflussen. Es hätten uns mittlerweile auch bedeutend schlimmere Fehlleitungen in die Irre leiten können. Die naiven Vorstellungen dieser sogenannten Experten sind wie Legenden durch unsere Gehirne gewandert, aber die Auswirkungen sind zumindest harmlos geblieben.

Es genügt, sich mal anzuschauen, wie es in anderen Ländern der Welt aussieht, damit man eine ganz andere Perspektive bekommt. Manche Völker sind der Ansicht, dass Frauen sich in Säcke kleiden müssen und dass sie nur durch einen kleinen Spalt aus diesem Zelt herausgucken dürfen. Andere glauben an Außerirdische. Wiederum andere glauben, dass man HIV durch Inzest heilen kann. Die Gruppendynamik der Menschen ist scheinbar besonders innovativ, wenn es um destruktive Traditionen geht. In *Ist Erziehung sinnlos?* kann man über die Beschneidung von Frauen lesen. Dieser Eingriff kann dazu führen, dass das Mädchen stirbt. Er wird ohne Betäubung durchgeführt. Den kleinen Mädchen wird eingebläut, dass sie Schande über ihre Familie bringen, wenn sie während des Eingriffs schreien. Geschlechtsverkehr kann für den Rest des Lebens mit Schmerzen verbunden sein, sie werden Sex nie mit Genuss verbinden können. Warum tut man seinen eigenen Töchtern so etwas an? Die Wahrheit ist, dass diese Tradition genau wie bei den Erziehungsfragen vor allem von der Gruppendynamik vor Ort abhängt. Die Eltern tun das ihrem Kind an, weil alle anderen es auch tun. Sie haben Angst, verachtet zu werden, wenn sie es nicht machen lassen, oder dass ihre Töchter keinen Mann finden. Denn in ihrer Kultur haben anständige Mädchen keine Klitoris.[129]

Wenn man darüber nachdenkt, ist es vielleicht sogar ganz gut, dass die Erwachsenen bei uns nicht gerade dazu neigen, sonderlich loyal zu sein. Dass die Gruppenmentalität zerbrochen ist, beruht wahrscheinlich darauf, dass der Einfluss anderer Erwachsener immer heterogener geworden ist. Vielleicht können wir mit unserer Illoyalität sogar den kollektiven Wahnvorstellungen unserer Zeit (die ja eher harmlos sind) entgegenwirken. Vielleicht werden die Menschen begreifen, dass der Mythos vom zerbrechlichen Kind tatsächlich unwahr ist. Bisher habe ich zur Untermauerung meiner Argumentation auf theoretisches Wissen hingewiesen. Es gibt aber noch weitere Nachweise.

In einer großen Studie der dänischen, holistischen Lebensqualitätsforscher, Søren Ventegodt und seiner Mitarbeiter[130], zeigte sich, dass nur eine ganz geringe Verknüpfung zwischen Traumen aus der Kindheit und Befindlichkeiten im Erwachsenenalter nachgewiesen werden konnte. Es gibt weitere Studien, die genau dasselbe zeigen. Und eigentlich ist das auch gar nicht merkwürdig. Seit allen Zeiten haben Kinder Erdbebenkatastrophen, die Zerstörung ihres Zuhauses und finanziellen Ruin miterlebt und unbeschadet überstanden. Dass es so viele Kinder gibt, die die gleichen Probleme wie ihre psychisch kranken bzw. alkoholsüchtigen Eltern haben, hat sicherlich kaum etwas mit der Erziehung dieser Eltern zu tun, sondern kann eher mit der Genetik bzw. der Gruppendynamik unter den Kindern aus der Umgebung erklärt werden. Sie wohnen in Wohngebieten, in denen sich viele ähneln. Der Apfel fällt, wie bekannt, nicht weit vom Stamm. Besonders nicht, wenn der Baum in einem Wald von anderen Apfelbäumen steht. Wenn man den genetischen Faktor miteinbezieht, gibt es keine Belege dafür, dass die Eltern im ersten Lebensjahr ihrer Kinder irgendeinen psychologischen Einfluss haben, der sich dauerhaft negativ auswirken und auch später im Leben spürbar sein könnte.

Das zerbrechliche Kind

Wie kommt es, dass Kinder so viele Widrigkeiten wohlbehalten überstehen können? Kinder lernen schneller als Erwachsene, weil ihre Gehirne noch formbarer sind. Die Veränderbarkeit des Gehirns ist ja die Voraussetzung dafür, dass man lernen kann. Dies impliziert auch, dass die Gehirne von Kindern deutlich besser heilen als bei Erwachsenen. Auch bei rein körperlichen Verletzungen, wie beispielsweise einem Hirninfarkt oder einer Hirnblutung, ist dies der Fall. Das kindliche Gehirn kann solche Verletzungen kompensieren, und deshalb bleiben keine dauerhaften Schäden zurück, wie es beim Erwachsenen der Fall ist. Das Kindergehirn ist plastischer und veränderbar. Wird ein Bereich verletzt, kann ein anderer Bereich den Ausfall übernehmen. Es ist also nicht erstaunlich, wenn Studien zeigen, dass Kinder extrem gute Fähigkeiten haben, mit psychischen Traumen umzugehen.

Aber wenn dem so ist, dann müssen wir noch einmal zu den Untersuchungen zurückkehren, die gezeigt hatten, dass sich das Gehirn des Kindes nicht normal entwickelt, wenn sich niemand um dieses Kind kümmert. Wie kann eine solche Entdeckung erklärt werden, wenn es doch bewiesen ist, dass Kinder schwere Traumata vollkommen unbeschadet überstehen können? Wie ich schon an anderer Stelle angedeutet habe, gibt es wahrscheinlich für alles irgendwo eine Grenze. Kinder, die keine Eltern und auch sonst niemanden haben, der sich um sie kümmert, werden es schwer haben. Aber noch interessanter ist, was auch bei den rumänischen Heimkindern erkannt wurde. Nämlich dass sie Versäumtes aufholen können. Die Entwicklung verläuft im Allgemeinen positiv, sobald die Voraussetzungen sich zum Besseren wenden.

Eines der Dogmen, die uns durch dieses Buch begleitet haben, ist ja gerade die Vorstellung von der kindlichen Zerbrechlichkeit. Das Gesetz, wonach Kinder ein Leben voller Unsicherheiten und Qualen führen werden, wenn sie keine extrem kompetenten Eltern haben, ist ganz einfach falsch. Die daraus gezogene Schlussfolgerung, dass Traumen, die beim Kind nicht sofort spürbar sind, sie garantiert als Erwachsene verfolgen werden, ist genauso unwahr. Dass sich diese Fehlannahmen trotz mangelnder Beweise dennoch immer weiter verbreiten, beruht auf einer ganzen Reihe anderer Theorien, die dazu beitragen, unsere Unruhe und Unsicherheit aufrechtzuerhalten. Wir haben gelernt, dass man das, was man sieht, nicht glauben sollte. Tief im Innersten geht es jedem Menschen schlecht, so die Grundannahme. Das ist gewissermaßen ein Menschenrecht geworden, auf das man pochen sollte.

Richtig merkwürdig wird es aber erst, wenn man die verschiedenen Theorien aller »Experten« miteinander kombiniert. Frank Furedi ist jedenfalls zu dem Schluss gekommen – und dieser zieht sich wie ein roter Faden durch das vorliegende Buch: Es ist schwierig geworden, Eltern zu sein:

> »Die Kinder der heutigen Zeit sind scheinbar Opfer einer Persönlichkeitsspaltung geworden. Auf der einen Seite werden sie als verletzbare Wesen beschrieben, die ständig überwacht und beschützt werden müssen. Auf der anderen Seite sind sie anscheinend kompetent genug, um selbst wohldurchdachte und vernünftige Entscheidungen in ihrem Leben zu treffen.«[131]

Parallel zur Darstellung des Kindes als extrem verwundbares Wesen, dem es nur gut gehen kann, wenn es fast überirdisch begabte Eltern hat (noch besser wäre die Aufsicht durch einen außenstehenden Experten, weil die Eltern es kaum schaffen, kompetent genug zu sein, wenn sie keine Anleitung haben), präsentiert man das Kind auch als einen Menschen, der die gleichen Rechte wie seine Eltern besitzt und der genauso gut wie jeder Erwachsene seine eigenen Entscheidungen treffen kann. Es sollen keine Unterschiede gemacht werden. Die Folge ist, dass man – während man das Kind 24 Stunden am Tag überwachen muss, weil es doch so zerbrechlich ist – auf alles verzichten muss, was mit den eigenen Bedürfnissen zu tun hat, weil man immer genau zu überlegen hat, was man dem Kind sagt und was man ihm auf diese Weise antun könnte.

Gleichzeitig muss man die Kinder zu diversen Freizeitaktivitäten fahren, damit sie sich entwickeln können, und man muss auch noch darauf achten, ausreichend viel Zeit mit ihnen zu verbringen, damit sie sich nicht außen vor fühlen, sondern als Teil der unendlichen Liebe. Es gibt eine ganze Menge an Experten, die herausposaunen, wie wichtig es sei, dass wir dem Kind immer zur Verfügung stehen.

Das Ergebnis sind Eltern, die – entgegen ihren eigenen Vermutungen – mehr Zeit mit ihren Kindern verbringen als jemals zuvor. Die größten Probleme entstehen, weil die Eltern gleichzeitig versuchen, ihren Kindern gerecht zu werden und ihre partnerschaftliche Beziehung aufrechtzuerhalten. Ersteres wird unmöglich, weil die Anforderungen dafür unerfüllbar sind, Letzteres wird durch die Annahme, dass das Kind immer im Zentrum stehen muss, extrem schwierig. Es ist also in hohem Maße die elterliche Vorstellung von der Verletzbarkeit des Kindes, die die Partnerschaft der Eltern immer zerbrechlicher macht.

Erziehen Sie Ihresgleichen

Darüber hinaus entstehen weitere Probleme. Denn die scheinbare Tatsache, dass die Kinder auf der einen Seite überaus verletzbar sind und auf der anderen Seite selbständig denkende Wesen sein sollen, die sich kaum von den Erwachsenen unterscheiden, führt dazu, dass es Probleme gibt, die Erziehung hinzubekommen. Denn eigentlich darf man den Kindern kaum irgendwelche klaren Grenzen setzen. Eine solche Strategie würde sie ja in ihren Rechten kränken und dauerhaft ihr Wohlergehen beeinträchtigen. Deshalb kann man heutzutage – wie wir schon festgestellt haben – keinem Kind irgendwelche Grenzen aufzeigen. Wenn man heute auch nur den Begriff Disziplin benutzt, wird dies ganz bestimmt ein Hinweis darauf sein, dass man seine Macht in irgendeiner Weise missbraucht. Wenn das Kind dann auch noch Schwierigkeiten hat, Autoritäten zu akzeptieren oder gar eine Diagnose bekommen hat, die besagt, dass es sturer ist als andere Kinder, führt dies zu der Annahme, dass eben dieses Kind noch zerbrechlicher sein muss. Das Einzige, was Eltern noch tun können, ist, ihr Schicksal zu akzeptieren.

Aber vielleicht gibt es ja doch einen Weg aus dieser Misere? Ich habe immer wieder betont, dass es viel leichter wäre, das Kind zu erziehen, wenn man all diese übertriebenen Sorgen beiseiteschiebt. Und vielleicht ist das sogar besser für das Kind? Wenn sich die Eltern stattdessen auf ihre partnerschaftliche Beziehung konzentrieren, wird das dem Kind vielleicht mehr Freude bereiten als die dauerhaften, übermäßigen Sorgen, die heute gang und gäbe geworden sind? Vielleicht bekommen wir glücklichere Kinder und folglich auch glücklichere Eltern, wenn wir die Kinder mit unserer ständigen Besorgtheit verschonen und sie frei spielen lassen, anstatt sie dauernd zu irgendwelchen von uns überwachten Aktivitäten zu kutschieren? Vielleicht werden unsere Kinder auch glücklicher, wenn wir ihnen Tischmanieren beibringen und ihnen erklären, dass man Erwachsene nicht unterbrechen darf, wenn sie sich unterhalten. Wenn wir ihnen einfach klarmachen, dass wir nicht jedes beliebige Verhalten akzeptieren.

Die um sich greifende Vorstellung, dass moderne Eltern ohne den Beistand der sogenannten Experten inkompetent sind, steht in klarem Kontrast zu Tausenden von Jahren der Kindererziehung. Offensichtlich ist es unseren Vorfahren (die ja oft selbst Teenager waren, als sie Kinder bekamen) gelungen, ihren Nachwuchs zu versorgen und großzuziehen. Wäre das nicht der Fall, wären wir alle heute nicht hier.

Wie sie es hinbekommen haben, ist aber unklar. Es hat sich ja gezeigt, dass ein wichtiger Faktor dafür, wie wir als Erwachsene werden, darauf beruht, welche Freunde wir als Kinder hatten. Dadurch entsteht eine weitere, interessante Spekulation im Hinblick auf die Erziehung der Kinder. Es wäre ja denkbar, dass die damaligen Teenagereltern in der Tat einen größeren Einfluss auf ihre Kinder hatten als die alten Eltern, wie wir sie heute kennen. Paradoxerweise eher, weil sie nicht hauptberuflich Eltern waren, sondern eben fast Gleichaltrige …

Wenn dem so war, wäre das fast ironisch zu nennen. Minderjährige Eltern werden ja heute als »Risiko-Elterngruppe« betrachtet. Um ganz ehrlich zu sein, sind sie es wohl auch. Nicht, weil es unnatürlich ist, so früh Kinder zu bekommen, sondern weil die Teenagereltern von heute eine Sondergruppe darstellen. Sie befinden sich außerhalb der kulturellen Norm. Und bei denen, die nicht zur Norm gehören, besteht immer die Gefahr, dass sie ihr Leben nicht so gut auf die Reihe bekommen. Was dabei das Huhn und was das Ei darstellt, ist in dieser Sache unklar.

Es gibt auf jeden Fall gute Gründe dafür, eine neue Perspektive zu finden und auf etwas anderes zu fokussieren als die vielen Risiken, auf die unsere Experten mit großer Sorgfalt und Nachdruck hinweisen. Frank Furedi fasst zusammen:

»Indem die Experten die mentale Erholungsfähigkeit der Kinder unterschätzen, verstärken sie die Unruhe der Eltern und fordern zu übertriebenen Eingriffen in das Leben des Kindes auf. Die starke Übertreibung im Hinblick darauf, wie viel die Eltern eingreifen müssen, damit die Kinder eine Chance haben, sich normal zu entwickeln, belastet die Elternschaft so sehr, dass die Eltern das Gefühl bekommen, sie könnten es unmöglich schaffen.«[132]

Risikolose Kindheit

Man traut sich nicht, dem Kind irgendetwas selbst zu überlassen. Und vor allem darf es überhaupt kein Risiko eingehen. 1971 gingen acht von zehn Schulkindern in Großbritannien allein zur

Schule. Ein paar Jahre nach der Jahrtausendwende ging noch ein Kind von zehn Kindern allein zur Schule. 1971 durften alle Elfjährigen englischen Kinder allein zur Schule gehen. Heute tun dies nur noch weniger als die Hälfte.[133] In Schweden sind die Zahlen vermutlich noch extremer.

In den letzten 50 Jahren hat eine vollkommen unglaubliche Veränderung stattgefunden. Anfang des 20. Jahrhunderts war man der Meinung, dass die größte Gefahr, der man sein Kind aussetzen könnte, die Überbehütung wäre. Trotzdem würde eine überbehütende Mutter der damaligen Zeit mit den Augen moderner Eltern als furchtbar unverantwortlich betrachtet werden. Heute sitzen wir zusammen und schauen uns alte Filme an, die auf den Büchern von Astrid Lindgren basieren. Wir lachen über Michel und Madita. Wenn Kinder heutzutage so aufwachsen würden, da bin ich mir ziemlich sicher, würde das Jugendamt eingreifen. Obwohl sie eine wunderbare Kindheit mit liebevollen (aber auch mal cholerischen) Eltern hatten. Michel wird täglich von seinem Papa gejagt, Prügel drohen. Madita klettert auf Dächern herum. Lotta aus der Krachmacherstraße fährt Auto – auf dem Autodach liegend. Lillebror fliegt mit Karlsson über die Dächer, und über Pippi Langstrumpf brauchen wir erst gar nicht zu sprechen. Sie macht alles, was ein Kind nicht machen sollte.

Vielerorts in den USA gibt es Organisationen, die Richtlinien darüber präsentieren, wie alt ein Kind sein muss, um beispielsweise allein zuhause bleiben zu dürfen. Es ist nur eine Frage der Zeit, bis irgendein Land eine Gesetzgebung verabschiedet, die klar vorgibt, welche Altersgrenzen und welche Uhrzeiten einzuhalten sind. Die Richtlinien dazu gibt es ja schon.

Einem zwölf- bis 13-jährigen Babysitter die Verantwortung für Ihr Kind zu übertragen, droht per Gesetz verboten zu werden. Die Gefahr ist groß, dass dieses Beispiel in ein paar Jahrzehnten genauso stigmatisiert werden wird, wie es heute geschieht, wenn es darum geht, ein siebenjähriges Kind in einer Mine arbeiten zu lassen.

Kapitalistische Alarmisten

Es gibt viele Menschen, die mit all den Warnungen und Unkenrufen, von denen die Eltern sich verunsichern lassen, Geld verdienen. Diese Entwicklung ist in den USA noch deutlicher, wo im Lokalradio vor Verrückten, die in der Stadt vermutet werden, gewarnt wird. Es wird auch viel über Pädophile, die Jagd auf kleine Kinder machen, und über diverse andere Grausamkeiten berichtet. Dies steigert nicht nur die Verkaufszahlen der Zeitungen, sondern auch die Gewinne beim Verkauf von Kindersicherheitszubehör bis zu reinen Überwachungsausrüstungen. In der letztgenannten Branche sind die momentanen Verkaufsrenner GPS-Geräte bzw. Apps. Dieser Trend hat es auch über den Atlantik geschafft und sich bei uns verbreitet. Letztens sprach ich mit einer Mutter, die rund um die Uhr per GPS überwachte, wo sich ihr 22-jähriger Sohn aufhielt ...

Bei den Eltern geht es heutzutage nicht mehr darum, sich in einer stimulierenden Weise um die Kinder zu kümmern, sondern darum, sie 24 Stunden am Tag zu überwachen. Wer es am besten schafft, den ganzen Tag lang ein waches Auge auf sein Kind zu haben, wird heute als vorbildlich betrachtet.

Die Kinder in Angst und Schrecken zu versetzen, um potentielle Gefahren zu minimieren, ist natürlich nicht optimal. Darüber schrieb ich auch in meinem Buch *I trygghets-narkomanernas land (Im Land der Geborgenheitssüchtigen)*. Dieses Verhalten steigert sich bis hin zur zwanghaften Überwachung, bei der keine Gefahr so klein ist, dass sie ignoriert werden könnte.

Überall in der westlichen Welt wird nun davor gewarnt, dass Kinder nicht an Aktivitäten teilnehmen sollten, die nicht von den Eltern – oder bestenfalls von professionellen Pädagogen – überwacht werden. Hier in Schweden sind wir noch einen Schritt weitergegangen. Wir reden nun darüber, dass freies Spielen schädlich sein könnte, weil es die traditionelle, geschlechtsspezifische Machtverteilung aufrechterhält. Lässt man die Kinder frei spielen, werden die Jungen, wie Jungen schon immer waren, und die Mädchen, wie Mädchen schon immer waren. Oh, welch grausiger Gedanke. Der Kern ist doch, dass wir als Erwachsene nicht zulassen, dass die Kinder die Art des Zusammenspiels selbst bestimmen. Gleichzeitig lassen wir sie allen Ernstes entscheiden, welche Hausaufgaben es geben soll oder wie der Lehrer unterrichten muss.

Dass das freie Spiel gefährlich sein soll, will der schwedische Nestor der Kindermedizin, Hugo Lagercrantz, nicht bestätigen. Im Ärzteblatt[134] warnt er aufgrund einer Reihe von Studien stattdessen davor, dass die vor diversen Bildschirmen verbrachte Zeit für die Kinder nicht gerade förderlich ist. Lagercrantz schreibt etwas pauschal darüber, und einige seiner Argumente gehören eher zu den allgemeingültigen Selbstverständlichkeiten. Dass es für ein Kind nicht gesund ist, täglich drei Stunden oder länger am Bildschirm zu sitzen, anstatt draußen zu spielen, ist keine besonders kontroverse Aussage, wenn es um die körperliche Gesundheit geht. Andere Nebenwirkungen der heutigen Computerwelt hat Torkel Klingberg bedeutend besser auf den Punkt gebracht.

Einige Studien zu Fernseh- und Computerprogrammen zeigen aber in der Tat, dass die negativen Auswirkungen schlimmer sind als »nur« die Förderung eines stillsitzenden Lebensstils. Kinder unter zwei Jahren, die regelmäßig Fernsehen schauten, waren in ihrer sprachlichen Entwicklung anderen Kindern hinterher. Dass Kinder, die alle Anstöße vom Fernseher oder Computer statt vom freien Spiel bekommen, sich langsamer entwickeln, ist überhaupt nicht merkwürdig. Es passiert ja gerade im Zusammenspiel mit Gleichaltrigen, dass die Kinder sich am besten entwickeln und es somit zu einer Weiterentwicklung des Gehirns kommt. Die »Spielzeuge« der Erwachsenen haben nun mal nicht diesen Effekt. Ein solches Ergebnis sagt aber zugleich, dass es in der Tat auch nicht sonderlich schädlich ist, wenn die Kleinen mit den verschiedenen Spielzeugen der Großen spielen. Einen eventuellen Rückstand bei den verbalen Fähigkeiten würde das Kind ja ganz schnell wieder aufholen, sobald es wieder mit Gleichaltrigen spielt.

Lagercrantz begeht leider den gleichen Fehler wie viele andere Experten. Erstens nimmt er keine Rücksicht auf allgemeine Auswirkungen oder gar Folgewirkungen innerhalb unterschiedlicher Gruppen. Stattdessen weist er nur auf diesen einen Faktor hin. Er bezieht sich – in der gleichen Weise, die ich schon bei anderen kritisiert habe – auf Studien, ohne zu berücksichtigen, dass die Zahl der potentiellen, alternativen Erklärungen für die angegebenen Ergebnisse fast endlos ist.

In seinem Artikel im Ärzteblatt weist Lagercrantz auf eine Studie im Magazin *Science* hin. Diese hatte belegt, dass Jungen, die mehr als drei Stunden täglich fernsehen, öfter zu gewaltsamem Verhalten tendierten als andere Jugendliche:

> »Ein wichtiger Faktor kann auch sein, dass das stundenlange Fernsehen die Zeit für spontanes Spielen reduziert. Es sind ja die fantasiegeprägten Spiele, die die Kreativität des Kindes fördern. Die spielerischen Schlägereien sind wichtig, damit man lernt, wie sich ein Faustschlag oder ein Wrestling-Griff anfühlt. Bei Kindern, die nicht natürlich spielen dürfen, besteht eher die Gefahr, dass sie unsoziales Verhalten entwickeln.«[135]

Obwohl ich dazu neige, ihm in seinen Argumenten zum freien Spiel Recht zu geben, ist seine Argumentation doch sehr schwach. Dass es in der Tat nur eine sehr kleine, nicht repräsentative Gruppe ist, die so viel fernsieht, ist nur einer meiner Einwände. Zusammenfassend macht er es genauso, wie Experten es meistens tun. Er warnt vor Dingen, über die es nur ganz wenig belegtes Wissen gibt. Und er tut es, indem er auf das Sicherheitsprinzip aufmerksam macht. Er sagt also, dass er es eigentlich nicht genau weiß, dass es aber besser wäre, wenn die Kinder nicht so viel fernsehen. Zu seiner Verteidigung muss gesagt werden, dass er später doch noch einen ziemlich nüchternen Rat gibt. Dass ein Kind im Vorschulalter nicht mehr als eine Stunde am Tag fernsehen sollte, hört sich doch ganz vernünftig an. Und der intuitiven, selbst erklärenden Auffassung, dass es wahrscheinlich gut für das Kind ist, stattdessen frei zu spielen, kann man ja nicht widersprechen. Zumindest gilt dies für alle, die keine Angst davor haben, dass Jungen richtige Jungs werden und Mädchen richtige Mädchen.

Wie gefährlich ist das Leben wirklich?

Alle Menschen sind Teil einer Gesellschaft. In früheren Zeiten war es üblich, sich innerhalb fester Gemeinschaften gegenseitig zu helfen, auch wenn es um die Erziehung der Kinder ging. Heute ist es nicht mehr so. Früher war es selbstverständlich, dass Eltern sich gegenseitig beim Großziehen der Kinder unterstützten, während es heute eher andersherum ist. Frank Furedi schreibt:

> »Man kann nicht erwarten, dass sich Eltern 24 Stunden am Tag schützend vor ihre Kinder stellen. Zu allen Zeiten haben Mütter und Väter aus allen Kulturen dieser Welt sich in ihrem Handeln darauf verlassen, dass andere Erwachsene – oft auch Fremde – ihren Kindern helfen würden, falls sie in Schwierigkeiten geraten sollten. In vielen Kulturen fühlen sich die Erwachsenen verpflichtet, auch die Kinder anderer Menschen zurechtzuweisen, wenn diese sich in der Öffentlichkeit nicht anständig benehmen.«[136]

Heute geht das nicht, da die Kinder ja nicht einmal auf ihre eigenen Eltern hören müssen. Vergessen Sie niemals, dass sich hinter jeder Wand einer jeden Wohnung ein Täter verstecken könnte. Da kann man doch nicht erlauben, dass sich Fremde in die Erziehung der Kinder einmischen! Besser ist es, wenn man die Kinder ständig im Auge behält und jeden Schritt, den sie machen, überwacht.

Wir wissen ja, dass schreckliche Sachen tatsächlich geschehen. Wir lesen darüber, wie sich Pädophile und andere Gewalttäter hinter den respektabelsten Fassaden verstecken. Der ehemalige Weltrekordhalter im Hochsprung, Patrik Sjöberg, schreibt in seiner Biografie *Det du inte såg* (auf Deutsch etwa *Das, was du nicht sahst*) darüber, wie sein Stiefvater ihn während seiner Kindheit missbraucht hat. Eine Geschichte, die – wenn sie wahr ist – natürlich schrecklich ist. Es ist dabei interessant, wie die Gesellschaft (vor allem in den Medien) mit dieser Geschichte umgeht. Die angeklagte Person lebt nicht mehr, kann sich also nicht verteidigen. Im Gegensatz zu Felicia Feldt, die in ihrem Buch – zu Recht oder zu Unrecht – ihre Mutter Anna Wahlgren angegriffen hat, besteht in diesem Fall nicht die Möglichkeit, die gefeierte Biografie Sjöbergs zu widerlegen. Eigentlich ist Sjöbergs Bericht auch gar nicht von allgemeinem Interesse, außer dass er selbst eine interessante Person ist. Denn die ganz große Mehrheit aller Sportler, die von erwachsenen Trainern und Freizeitpädagogen betreut werden, erlebt niemals auch nur die Andeutung eines sexuellen Übergriffs. Sportler haben allgemein große Freude daran, Teil einer natürlichen, sozialen Gemeinschaft zu sein. Sie bewegen sich viel und leben generell sehr gesund. Es ist also äußerst selten gefährlich, Kinder an sportlichen Aktivitäten teilnehmen zu lassen. Das, was Patrik Sjöberg eventuell widerfahren ist, stellt eine extreme Ausnahme dar.

Aber diesen Trend gibt es weltweit. Überall erzählen bekannte und unbekannte Berichterstatter von ihren persönlichen Wahrheiten und machen auf diverse verborgene Bedrohungen aufmerksam. In jeder Ecke wird vor Gewalttätern und Pädophilen gewarnt. In England wurden vor einem guten Jahrzehnt Richtlinien eingeführt, die angeblich verhindern sollen, dass beim Cricket und Schwimmsport pädophile Übergriffe stattfinden. Auf diese Weise soll verhindert werden, dass sich Erwachsene mit den Kindern irgendwo allein aufhalten. Sogar die internationale Pfadfinderbewegung hat ähnliche Vorschriften.[137] In den USA verfügen vorschulische Einrichtungen auch über solche Richtlinien. An immer mehr Orten dieser Welt gibt es solche Vorsichtsmaßnahmen, die dazu führen, dass die Menschen größere Angst vor marginalen

Problemen bekommen. Sogar die allerhöchsten Vertreter des mächtigsten Landes der Welt verbreiten blindlings Warnungen. Die ehemalige First Lady und Außenministerin der USA, Hillary Clinton, warnt seit Langem davor, dass Kinder überall eskalierenden, gewalttätigen Übergriffen, Ausgrenzungen und Vernachlässigungen ausgesetzt sind. Und davor, dass die Kinder heutzutage im Schatten von Alkohol und Drogen, in geistlosen Umgebungen und mit Gier und Materialismus als weiteren Bedrohungen leben müssen.[138] Es gibt zwar viele Kinder, die so leben, aber dafür, dass es immer mehr werden, gibt es keine Belege. Ganz im Gegenteil. Den Menschen auf der ganzen Welt geht es immer besser. Bei uns in Westeuropa gibt es viel weniger Opfer als vor 50 Jahren.

Dass dies und jenes immer schlimmer wird, ist eine Auffassung, die sich auf beiden Seiten des Atlantiks ausbreitet, und sie wird nur selten infrage gestellt. Ganz im Gegenteil: Wir schließen uns ihr alle sofort an. Und warum auch nicht, wenn doch unsere höchsten politischen Vertreter behaupten, dass es der Wahrheit entspricht. Solche Aussagen vom nahenden Untergang sind haltlos. Auch in den USA sind die Gewalttaten in den letzten 30 Jahren markant zurückgegangen.

Elternschaft kann nur misslingen

Die Warnungen Hillary Clintons sind außerdem in mancher Hinsicht irreführend. Sie nennt sexuelle Übergriffe im gleichen Atemzug mit dem Materialismus, eine Strategie, die deutlich illustriert, wovon schon öfter die Rede war, nämlich die Relativierung von allem. In der postmodernen Gesellschaft gibt es keine absoluten Werte. Es gibt nur noch relative Wahrheiten. Clinton ist es gelungen, Übergriffe auf Kinder zu relativieren. Alles wird in einen Topf geworfen. Alles kann heute als Übergriff bezeichnet werden. Materialismus steht auf einer Stufe mit sexueller Gewalt. Und das geschieht, weil wir alle dem Mythos von der extremen Verletzbarkeit der Kinder Glauben schenken. Deshalb wird auch immer häufiger über emotionalen Missbrauch und vergleichbare Themen gesprochen. Wir leben mit der Vorstellung, dass die Kinder kleine Anhängsel ihrer fürsorglichen Eltern sind. Mentale Kängurujunge, die sich am besten nicht allzu weit von Mama oder Papa entfernen sollten, denn sonst wird es böse enden …

Es ist schwierig, Eltern zu sein. Das war es schon immer. Aber die Frage ist, ob es jemals eine so unmögliche Aufgabe war wie heute? Alle Erwachsenen sind potentielle Täter. Eltern aus den früheren Generationen sind entmündigt und stehen allgemein unter dem Verdacht, ihre Kinder schwer geschädigt zu haben. Alle Kinder sind kompetente Porzellanpuppen, die nicht infrage gestellt werden dürfen. Als Eltern steht man ganz allein da. Elternschaft ist zur unmöglichen Aufgabe geworden.

In vielerlei Hinsicht wird es immer schwerer, sich dafür zu entscheiden, ein Kind in die Welt zu setzen, weil es mit einem hohen Einsatz verbunden ist. Es ist wahrhaftig nichts, das man auf die leichte Schulter nehmen sollte. Früher bekamen die Menschen ein Kind nach dem anderen, ein Verhalten, das heutzutage beinahe als unverantwortlich gilt. Nicht nur, weil die generelle Meinung besagt, dass man sich maximal um zwei Kinder kümmern kann, sondern auch, weil man sonst zur Überbevölkerung der Welt beiträgt. Kein Wunder, dass die Menschen hier kaum noch Kinder bekommen, da es auch mit einem extrem niedrigen Status verbunden ist, wenn man darüber hinaus zuhause bleibt. Denn unseren sozialen Status verlieren wir, wenn wir uns für eine nicht anerkannte Lebensweise entscheiden. Wer zuhause bei den Kindern bleibt, ist in die »Elternfalle« getappt, wie es heute heißt, und man wird von Menschen, die gern ihre Meinung in sozialen Medien und in Leserbriefen kundtun, verspottet.

Es hat wirklich eine interessante Entwicklung stattgefunden. In weniger als 100 Jahren ist die für den Menschen natürlichste Sache der Welt zu etwas geworden, das heute als ein Zeichen des Versagens gedeutet wird. Wie ist es uns bloß gelungen, uns selbst dermaßen zu betrügen? Vor 100 Jahren war man ein guter Mensch, wenn man sich dafür entschied, zuhause bei den Kindern zu bleiben. Heutzutage ist man, wenn man sich als Vater oder Mutter dafür entscheidet, ein Loser und auch noch ein Verräter. Und als Mutter vermutlich auch noch ein Opfer der alten, geschlechtsspezifischen Machtverteilung: »nur« eine Hausfrau, die genau das eigentlich nicht wollte ... Eine verheerendere Wertminderung kann man wohl kaum erreichen. Da ist es schon besser, als Erzieherin in der Kita einer bezahlten Arbeit nachzugehen. Auf diese Weise trägt man zur Finanzierung der Familie bei und genießt einen viel höheren Rang.

Die Elternrolle

Es ist bemerkenswert, wie schnell es geht, eine tausendjährige Norm über Bord zu werfen. Heute müssen die Kinder nicht einmal auf ihre Eltern hören. Wenn sie es tun, ist das eher ein Hinweis darauf, dass etwas in der Erziehung nicht funktioniert. Es wäre zu einfach, die ganze Schuld den Ideologen der westlichen Welt in die Schuhe zu schieben. Um die Eltern dazu zu bringen, auf die Autorität, die sie von früheren Generationen vererbt bekommen haben, zu verzichten, musste eine ganz fundamentale Veränderung stattfinden. Die Sicht auf die Kinder musste sich ändern, aber auch die Sicht auf die Elternschaft sowie auf männliche bzw. weibliche Rollen und Lebensmuster.

Das neue Frauenideal ist fundamental anders als vor 50 Jahren. Während dieser Zeit ist auch ein neues Männerideal entstanden. John Wayne, der einsame Cowboy, gehört der Vergangenheit an. Cary Grant, der elegante Gentleman, ist auch verschwunden. Der rohe Frauenheld, James Bond, ist ebenso wenig angesagt. James Bond ist ja nicht einmal mehr richtig James Bond. Er ist menschlicher geworden, er ist weicher und weint sogar. Wir finden, dass die Welt sich zum Besseren verändert hat. Aber ist es auch besser für die Kinder? Vielleicht, vielleicht auch nicht. Vermutlich spielt es keine Rolle, solange wir in einer selbstverwirklichenden Gesellschaft leben. Wie es uns ergehen wird, wenn die Lage sich ändert und wir plötzlich ums Überleben kämpfen müssen, ist eine ganz andere Sache ... Aber eines ist ganz sicher: Ein neuer Vater ist auf der Bildfläche aufgetaucht!

In Hollywood und überall in den Medien wird über unbeholfene und plumpe Väter gelacht. Im Gegensatz zu früher ist ein Vater heute der beste Kumpel seiner Kinder. Versucht er autoritär zu sein, lachen sie nur über ihn. In den eher tragischen Beispielen ist der neue Vater nur ein Kerl mittleren Alters, der versucht, junge Frauen anzubaggern, ähnlich wie in dem Film *American Beauty*.[139] Es ist nicht leicht, den Kindern gegenüber autoritär und bestimmt aufzutreten, wenn in der Gesellschaft das Bild kursiert, wonach jemand, der nicht als »cool« gilt, entweder geschmacklos oder trottelig ist. Und cool ist man nur als Teenager. Da wir alle oft TV-Sendungen schauen, die sich an 14-Jährige wenden, verfallen wir häufig dem Glauben, dass wir auch selbst in dem Alter sind. Alle – auch Eltern – streben danach, wie Teenager zu sein, ein Vorhaben, das zum Scheitern verurteilt ist, weil die echten Teenager nun mal die besten Teenager sind. Das Interessante an dieser Entwicklung ist der Kontrast zu früher. Damals war es das Ziel Jugendlicher, so zu werden wie die Erwachsenen. Heute ist es genau umgekehrt.

Das Ergebnis sind dümmliche Väter, die fast ein bisschen sonderlich wirken. Aber vielleicht ist das gar nicht so schlimm. Heute spielt es keine große Rolle, wenn man ein wenig aus der Reihe tanzt. Ein zu autoritäres Verhalten dagegen ist weitaus schlimmer.

Diagnoseflut

Wie gehen nun die Experten vor, die uns alles Mögliche über unsere Kinder beibringen wollen? Das ist eine komplizierte Frage, auf die es keine klare Antwort gibt, aber ich denke, ein gewisses

Muster erkannt zu haben. Ein Experte geht bei seiner Arbeit von einem Kind aus, das ganz deutlich von der Norm abweicht. In dieser Weise kann man bei fast jedem Kind Symptome für eine Diagnose finden.

Sagen wir zum Beispiel, dass ein Kind sich aggressiv verhält und keine Rücksicht auf seine Spielkameraden nimmt. Wie Matthias. Er ist acht Jahre alt und klaut Spielsachen der anderen Kinder. Er rempelt Leute an und unterbricht andere, wenn sie sich unterhalten. Er stört den Unterricht und rennt im Klassenzimmer hin und her. Er redet laut und prahlt und testet ständig seine Grenzen aus. Es ist schwierig, ihn dazu zu bringen, allgemeine Normen und Regeln zu akzeptieren. Er ist der Meinung, er wäre viel besser als alle anderen und er scheint im Allgemeinen wenig Interesse an anderen Menschen zu haben. Da er aber in seinem Verhalten ganz lustig ist und Grenzen überschreitet, hat er trotz allem eine kleine Horde von Bewunderern um sich geschart. Das gibt ihm noch mehr Auftrieb und verleitet ihn dazu, ein paar »Brillenschlangen« aus der Klasse unter ihm zu ärgern. Manchmal gibt er richtige kleine Vorstellungen, bei denen er vor den Augen der anderen die Flügel von gefangenen Schmetterlingen abreißt. Die anderen Kinder können es nicht lassen, ihm zuzuschauen, obwohl sie es unangenehm finden. Matthias findet es einfach cool.

Es gibt eine ganze Menge Erklärungen für das Verhalten dieses achtjährigen Kindes. Es könnte ganz einfach daran liegen, dass er nie gelernt hat, wie man sich benehmen sollte. Eine soziologische Studie würde einen solchen Zusammenhang sicherlich leicht nachweisen können. Sein Verhalten soll auch daran liegen, dass es seiner Mutter nicht gelungen ist, eine adäquate Bindung zu ihm aufzubauen. Vergleicht man seine Situation mit der von anderen, wird man sicherlich auch in dieser Hinsicht Hinweise finden können. Gleichermaßen wird man vermutlich feststellen können, dass in der Gegend, in der Matthias wohnt, besonders viel Fastfood gegessen wird oder dass dort die meisten Häuser aus Beton gebaut sind. Es könnte auch damit zusammenhängen, dass in seinem Wohngebiet besonders viele Eltern zu viel Alkohol trinken. Eine genetische Disposition ist selbstverständlich auch leicht nachweisbar.

Die unterschiedlichen Erklärungsmuster für die Unangepasstheit dieses besonders auffälligen Kindes sind unendlich. Eine nicht unerhebliche Menge der angeführten Erklärungen wäre sicherlich auch statistisch signifikant, wenn man nur eine ausreichend große Untersuchung durchführte. Schon ganz kleine Abweichungen reichen dabei aus, um einen Zusammenhang herstellen zu können. Diese sind jedoch selten relevant. Die Frage ist, ob es überhaupt Sinn macht, nach all diesen Zusammenhängen zu suchen, da sie miteinander korrelieren.

Wenn Matthias' Verhalten extrem ist, wird – ungeachtet dessen, aus welchem Grund das Problem entstanden ist – in jedem Fall versucht werden, ihm eine Diagnose zu stellen. Dazu wird eine ganze Reihe von Symptomen, die er zeigt, aufgelistet und daraufhin untersucht, eine Übereinstimmung mit einem Syndrom zu finden. Vielleicht erfüllt er die Kriterien für die Diagnose »verhaltensgestört«. Wenn er etwas älter wird, kann möglicherweise eine antisoziale Persönlichkeitsstörung festgestellt werden. Es könnte damit enden, dass er als vollkommener Psychopath klassifiziert wird. Kinder, die sich wie Matthias verhalten, sollten rechtzeitig fachmännisch betreut werden. Im Erwachsenenalter wird man ihn nicht mehr behandeln können. Die Schwierigkeiten bei der Diagnostik bestehen mittlerweile nicht darin, Extremfälle ausfindig zu machen, sondern die Grenze zwischen gesundem bzw. normalem Verhalten, abweichendem Verhalten und behandlungsbedürftigem Verhalten zu ziehen.

Ein weiteres Beispiel sind Kinder, die Schwierigkeiten haben, stillzusitzen oder ihre Aufmerksamkeit für längere Zeit auf eine Sache zu richten. Es ist für die Allgemeinheit gar kein Problem, extrem hyperaktive Kinder zu identifizieren, weil es ihnen besonders schwerfällt, ihre Impulse zu steuern, und sie aufmerksamkeitsfordernde Aufgaben kaum bewältigen können. Wir sind alle in unserem Leben mehrmals solchen Kindern begegnet. Wir – oder zumindest die meisten von uns – verstehen auch, dass es dabei um einen Zustand geht, den man mit Erziehung kaum unter Kontrolle bringen kann. Deshalb kamen solche Kinder früher in der Schule nicht gut zurecht. Eine altmodische, konservative und autoritäre Erziehung zeigt keine Wirkung bei extremem ADHS. Zumindest sind heute viele Menschen dieser Überzeugung. In Wahrheit aber werden Kinder mit so schlimmen Symptomen immer schlecht zurechtkommen, unabhängig davon, wie man sie erzieht.

Meine Kollegen und ich, die wir in der Psychiatrie arbeiten, haben schon früh festgestellt, dass Kinder mit extremen Symptomen sehr gut auf eine medizinische, pharmakologische Behandlung mit zentral stimulierenden Arzneimitteln reagieren. Sie werden ruhiger, können sich besser konzentrieren und ihre Impulse, durch die Gegend zu rennen oder sich gedanklich ablenken zu lassen, besser unterdrücken. Wir haben Kindern, deren Symptome Christopher Gillberg vor gut 20 Jahren mit dem Begriff DAMP[140] bezeichnete und die heute die Diagnose ADHS bekommen, helfen können.[141]

Es hat eine Revolution stattgefunden. Menschen, die früher als »unerzogen« abgestempelt wurden, bekommen Hilfe, damit ihr Verhalten sich bessert. Um das zu erreichen, ist oft das richtige Medikament ausreichend. Es gibt auch Kinder, die ganz andere Schwierigkeiten haben und die eine andere pädagogische Behandlung brauchen. Manche Kinder leiden beispielsweise unter dem sogenannten Asperger Syndrom. Andere haben Zwangssymptome, die behandelt werden müssen. Wieder andere haben Schwierigkeiten in der Schule, weil sie an einer Depression leiden. All das ist nichts Ungewöhnliches. Aber man kann bei solchen Krankheiten kaum eine Besserung erreichen, wenn man es mit Grenzsetzung oder Autorität versucht.

Was dann passiert, ist dagegen interessant und vergleichbar mit der Vorgehensweise unseres Gehirns, wenn es versucht, entstandene Lücken zu überbrücken. Da alle psychiatrischen Diagnosen im Prinzip auf die sogenannte Symptomdiagnostik bauen, ist es für den behandelnden Therapeuten sehr schwer, die Grenze zwischen normalem und krankhaftem Verhalten zu ziehen. Ganz besonders, weil sich die meisten von uns in dem kindlichen Verhalten sehr gut selbst wiedererkennen können. Wir waren alle mal traurig. Wir haben alle mal Lust gehabt, etwas Lustigeres zu unternehmen als auf der Schulbank zu sitzen. Wir alle sind mal ängstlich gewesen oder haben angstähnliche Symptome gehabt. Infolgedessen wird eine ganze Gruppe allgemein für krank erklärt. Wir nehmen wahr – heißt es –, dass diese Gruppe unterdiagnostiziert ist. Es gibt so viel mehr Kinder, die auch Probleme mit dem Stillsitzen haben. Andere haben zwar keine Probleme damit stillzusitzen, sie schneiden in der Schule aber trotzdem schlecht ab. Kinder mit sprachlichen Problemen haben irgendeine andere Störung, die das erklären soll. Alle Diagnosen tendieren dazu, immer diffuser zu werden, je mehr Kinder auf diese Weise diagnostiziert werden sollen. Letztlich wird die Diagnoseinflation unüberschaubar. Oder, wie Martin Ingvar sagt: »Die EINIO-Diagnosen haben fast 30 Prozent erreicht.« EINIO steht für »Etwas ist nicht in Ordnung.« Eine Diagnose, die immer häufiger gegeben wird. Heute wird alles und jeder diagnostiziert. In Teilen der USA werden zwischen 50 und 75 Prozent aller Kinder, die ins Krankenhaus eingeliefert werden, zusätzlich auf ADHS untersucht. Zwar handelt es sich hier um eine begrenzte, überschaubare Gruppe, aber viele sind ernsthaft der Meinung, dass zwischen 10 und 20 Prozent aller Kinder darunter leiden.

Was man dabei vergisst, ist die statistische Normalverteilung. Anstatt darüber zu sprechen, dass Kinder – genau wie Erwachsene – gleichmäßig verteilte Fähigkeiten besitzen und sich also konzentrieren, stillsitzen, Impulsen widerstehen können, werden ganz normale Reaktionen als Krankheitssymptome diagnostiziert. ADHS ist (ungeachtet der Tatsache, dass ADHS als »neuropsychiatrische Diagnose« bezeichnet wird) überhaupt kein eindeutig definierter Begriff. Die Diagnostizierung einer Störung besagt nur, dass bei einem Kind bestimmte Symptome festgestellt wurden. Sie sagt nichts über deren Ursache.

Vielleicht wäre es auch gar keine schlechte Idee, einfach alle Kinder zu behandeln. Es gibt ja Menschen, die behaupten, dass kleine Dosen zentral stimulierender Stoffe (wie z. B. Methylphenidat oder Amphetamin[142]) bei jedem Menschen die Leistungsfähigkeit erhöhen würden. Also müsste man es nach dieser Logik jedem verschreiben. Selbstverständlich auch den Kindern, die von den erweiterten Kriterien einer ADHS-Diagnose betroffen sind. Viele behaupten außerdem, dass nicht alle ADHS-Diagnostizierten medikamentös behandelt werden müssten, dass aber so viele Kinder wie möglich diagnostiziert werden sollten, um den Betroffenen eine entsprechende psychologische Behandlung zukommen zu lassen. Sie sollten, so die Auffassung einiger Experten, nicht mehr mit zu großen Schulklassen oder langweiligen Lehrern belastet werden.

Möglicherweise ist an der Sache etwas dran. Auf der anderen Seite muss man nicht besonders weit zurückgehen, um sich in Erinnerung zu rufen, wie früher im Klassenzimmer mit lärmenden Kindern umgegangen wurde. Vielleicht wäre es gar nicht so schlecht, wenn auch die ADHS-Kinder ein bisschen Disziplin kennenlernen würden. Ein Rückblick könnte einen Hinweis darauf geben, wo man die Grenze zwischen krankhaftem und normalem Verhalten ziehen könnte. Wenn man bedenkt, dass es heute eine Gruppe von Kindern gibt, die unkonzentriert sind, die aber vor 40 Jahren ganz gut zurechtgekommen wären, müsste das Problem ja mit dem heutigen System zusammenhängen. Vielleicht sollte man die moderne Pädagogik auf den Prüfstand stellen, statt die Kriterien für krankhaftes Verhalten immer weiter auszudehnen.

Fragt man ältere Menschen, die in den 1950er-Jahren zur Schule gegangen sind, spricht alles dafür, dass das Problem störender Schüler damals wesentlich geringer war. Aus internationaler Perspektive betrachtet ist es offensichtlich, dass die schwedischen

Kinder schlechter dran sind als andere. Das gilt, wie wir festgestellt haben, vor allem für die Jungen. Sie haben generell auch die größten Probleme mit Hyperaktivität und Impulsivität. Die schwedischen Schulen fallen im internationalen Vergleich beim Thema Disziplin auf. Internationalen Untersuchungen wie zum Beispiel PISA zufolge fühlen sich die schwedischen Lehrer am hilflosesten und haben von allen OECD-Ländern die meisten Probleme mit unerzogenen Schülern.[143] Also Probleme, die man längst in den Griff bekommen haben müsste, da man es ja hier bei uns für so wichtig hält, dass die Erziehung psychiatrisiert wird. Es gibt also nichts, das darauf hinweist, dass man heute weniger schwierige Schüler hat, trotz der steigenden Zahl an Diagnosen und Behandlungen.

Nun ist es ja ehrlich gesagt schwierig (eine Problematik, auf die ich schon hingewiesen habe), aufgrund von epidemiologischen Untersuchungen klare Belege für Ursachen und deren Wirkungen vorzulegen. In den vergangenen 50 Jahren sind ja so viele (sowohl mildernde als auch verstärkende) Dinge passiert, die alle irgendwie einen Einfluss darauf haben, dass wir heute gewisse Verhaltensmuster als normal empfinden. Die Gesellschaft ist komplexer geworden, der Unterschied zwischen Mama und Papa ist ausradiert worden, die Luftverschmutzung ist erst gestiegen und später wieder gesenkt worden, der Kohlendioxidgehalt steigt und so weiter und so fort.

Manche Phänomene findet man nur an einem Ort, andere überall auf der Welt. Aus meiner schwedischen Perspektive finde ich es bemerkenswert, dass man früher keine Probleme mit der Disziplin im Klassenzimmer hatte. Bei der konservativen Erziehung gab es sie auch nicht. Es scheint auch in anderen Teilen der Welt so zu sein. Die Zahl der ADHS-Fälle ist in Asien und im Nahen Osten viel niedriger als in der westlichen Welt. Dieses Phänomen wird jedoch meistens damit erklärt, dass die Fälle nur noch nicht gezählt worden sind. Oder dass die Kinder dort unterdrückt werden …

Sogar in den USA sind die Unterschiede auffallend groß. An der Ostküste bekommen die Kinder viel häufiger eine ADHS-Diagnose gestellt als an der Westküste. Wo sind die Kinder nun am ehesten tatsächlich verhaltensauffällig? Dass die Zahl der ADHS-Fälle (vorausgesetzt, man hält sich an die engeren Kriterien) mit großer Wahrscheinlichkeit überall in den USA gleich sein müsste, sollte doch selbstverständlich sein. Es sei denn, Eltern mit ADHS-Kindern lassen sich vorzugsweise an der Ostküste nieder.

Interessant ist, dass es Bereiche gibt, in denen Menschen mit ADHS (in der weiteren Definition) meist gut zurechtkommen. Beispielsweise kommen sie in der Seefahrt und beim Militär gut klar. In den 1950er- und 60er-Jahren schickte man die Wenigen, die in der Schule durchfielen, zur See, damit »richtige Männer« aus ihnen wurden. Wahrscheinlich, weil man sich an Bord keine Verhaltensauffälligkeiten erlauben konnte.

Was ist denn so viel besser an unseren heutigen Erziehungsmethoden, wenn wir sie mit denen unserer Eltern vergleichen? Neben dem Flynn-Effekt ist der einzige Beweis dafür, dass sie besser sind, die Tatsache, dass wir glauben, sie seien besser. Die schwierigen, schulschwänzenden Kinder sitzen also zuhause und lösen bis vier Uhr morgens vor dem PC mathematische Probleme. Keiner traut sich, ihnen zu sagen, dass sie ins Bett gehen sollen, weil wir Angst davor haben, dass wir ihnen mit solchen Zurechtweisungen lebenslang anhaltende Schäden zufügen. In dieser Weise produzieren wir eine ganze Reihe von intelligenten, arbeitsunfähigen Frührentnern, die sich nicht unnötigerweise von Kleinigkeiten wie dem Einkauf oder Rechnungen belästigen lassen.

Was passiert, wenn …?

Wir wissen überhaupt nicht, was wir tun sollen. Wenn die Kinder ausflippen, sagen die Experten, dass wir keine Grenzen setzen dürfen. Offensichtlich wider besseres Wissen, da das ja früher funktioniert hat. Sie sagen, dass wir positive Verstärker nutzen sollen, anstatt die Kinder zu bestrafen. Dieser Vorsatz ist edel, aber man kann sich im Stillen darüber wundern, wie das eine das andere ersetzen soll. Wie kann man ein Kind positiv bestärken, wenn es im Supermarkt gerade schreiend auf dem Boden liegt, weil es keine Süßigkeiten bekommt? »Lieber, kleiner Sven, wenn du jetzt aufhörst, um Süßigkeiten zu betteln, bekommst du gleich dein Mittagessen, wenn wir zuhause sind.« Oder: »Kleine, liebe Anna, du darfst am Computer spielen, wenn du mit dem Schreien aufhörst.« Oder vielleicht sogar: »Wie lieb von dir, Thomas, dass du nur schreist und überhaupt nicht haust. Richtig super!«

Bei den genannten Beispielen handelt es sich nicht einmal um die positive Bestätigung einer guten Verhaltensweise. Das geht ja kaum, wenn es ein schlechtes Benehmen ist, das man regulieren möchte. Die ersten beiden gleichen eher Erpressungsversuchen, die einer Lüge ziemlich ähnlich sind – eine Elternstrategie, die man auf keinen Fall nutzen sollte. Es scheint mir, dass Eltern zu allen Zeiten ganz gute Lügner waren. Alle erziehenden Maßnahmen können vermutlich negative Folgewirkungen haben, auch wenn man vielleicht nicht immer darauf Rücksicht nehmen kann. Dies gilt vor allem für das Lügen, obwohl fast alle Eltern diese Methode häufig nutzen. Man sagt zu den Kindern, dass sie viereckige Augen bekommen, wenn sie zu lange vor dem Fernseher sitzen. Man droht ihnen mit *Karius und Baktus*, wenn sie nicht Zähneputzen wollen. Man erzählt ihnen, dass sie lieb sein müssen, weil sonst der Weihnachtsmann nicht kommt. Dass sie Warzen bekommen, wenn sie in Müllbehältern wühlen oder dass die Augen beim Schielen stehen bleiben können, wenn man es zu oft wiederholt.

Manchmal kommt man um eine Bestrafung nicht herum. Anna darf nicht Computerspiele spielen, wenn sie weiter schreit. Sven bekommt wohl sein Mittagessen (obwohl er Süßigkeiten besser gefunden hätte und sicherlich der Meinung ist, sie seien wunderbare Nahrungsmittel), unabhängig davon, was er macht oder nicht. Wenn es nicht sicher ist, dass Sven tatsächlich sein Mittagessen bekommt, müsste ihm nach der Drohung klar sein, dass er Gefahr läuft, kein Essen zu bekommen.

Wie man es auch macht, man macht es in den Augen der modernen Experten falsch. Nicht zwingen, nicht zurechtweisen, nicht lauter sprechen, keine Forderungen stellen, nicht loben – man soll nichts anderes tun, als das Kind bedingungslos lieben. Alles, was man tut, muss man verteidigen und erklären. Alle Entscheidungen, die getroffen werden, sollte man vorher mit dem Kind besprechen.

Es kommt, wie es kommt

Kinder beeinflussen sich gegenseitig und binden sich aneinander. Wie soll man sich da als Eltern verhalten? Und wie kommt es zu den Veränderungen im Verhalten, die offensichtlich von Generation zu Generation stattfinden? Oder richtiger gesagt: Wie kommt es, dass manche Gruppen sich nicht so sehr verändern? Äußerst homogene Gruppen erhalten nicht so viele Impulse von außen. Die englische Oberklasse beispielsweise bleibt von Generation zu Generation weitgehend gleich, weil alle Kinder auf die gleichen Schulen mit Kindern aus ähnlichen Familien gehen.

In unserer globalen und medialen Gesellschaft wird es aber immer schwieriger, eine solche kleine »Clique« aufrechtzuhalten. Folglich werden wohl auch in solchen Kreisen die alten Muster allmählich verschwinden, um Platz für Neues zu schaffen. So etwas geschieht selten, weil das Alte »falsch« war oder als traurige Konsequenz eines Niedergangs. Es geschieht, weil es ganz einfach der Lauf der Welt ist. Ganz von allein. Dass es im Großen und Ganzen eine positive Entwicklung ist, sieht man daran, dass wir heute nicht mehr in Höhlen leben. Aber wer weiß, vielleicht war es auch gar nicht so schlecht, dort zu leben ...

Der gegenseitige Einfluss der Kinder macht es schier unmöglich, die Kinder ganz ohne Prägung aus der umgebenden Kultur zu erziehen. Das hat Amy Chua erfahren müssen. Oder meine Freundin Ursula als einzige Nicht-Tigermutter der Gegend. Was wir aber mittlerweile mit Sicherheit wissen, ist, dass die Kultur sich verändert. Man kann nicht dauerhaft dieselben Ideale aufrechterhalten.

Wir können auch nicht steuern, wie unsere Kinder als Erwachsene werden. Der Biologe Georg Klein schreibt in seinem Buch *Ateisten och den heliga staden* (auf Deutsch etwa *Der Atheist und die Heilige Stadt*)[144] darüber, wie schwer es ist, vorauszusagen, wer im Leben erfolgreich sein wird. Er berichtet über einen amerikanischen Nobelpreisträger, der eine Anfrage von einem jungen Paar bekam, ob er für sie Samenspender sein würde. Er antwortete ihnen, dass sie sich an die falsche Person gewandt hätten. Wenn sie ein Kind, das ihm ähnlich sein sollte, haben wollten, müssten sie sich an seinen Vater wenden. Sein Vater war ein armer Einwanderer aus Osteuropa.

Wie gern wir auch unseren Kindern Erfolg kaufen würden, oder wie sehr wir uns wünschen mögen, dass sie unsere Ideale übernehmen, es wird sich herausstellen, dass wir dies kaum beeinflussen können. Die beste Strategie in Sachen Prägung der Kinder besteht darin, sie mit Kindern, die genau Ihren elterlichen Vorstellungen entsprechen, zusammen aufwachsen zu lassen. Suchen Sie Ihrem Kind ein Umfeld, in dem die Eltern genauso denken und empfinden wie Sie. Eine Strategie, die heute nicht von jedem als korrekt betrachtet wird.

Um das Verhalten Ihres Kindes in den Griff zu bekommen, ist der beste Weg also, es mit Kindern, die genau wissen, wie man sich benimmt, zusammen sein zu lassen. Es kann sich als schwierig erweisen, in der Schule eine solche Umgebung zu finden. Nicht von ungefähr haben immer mehr Kinder Probleme in der Schule, weil sie in Klassen landen, in denen mehr oder weniger alle ihre Schwierigkeiten haben.

Schule im 21. Jahrhundert

Das pädagogische Gehirn

Vor 40 Jahren, als ich in die Schule kam, war es undenkbar, dass die Eltern überhaupt ihre Füße aufs Schulgrundstück setzten. Bei der Einschulung begleitete meine Mutter mich und überließ mich, nachdem mein Name aufgerufen wurde, der Lehrerin. Danach habe ich sie erst bei der Überreichung meines Abiturzeugnisses wieder in der Schule gesehen. Heutzutage ist es fast ein Ganztagesjob für die Eltern aus der Mittelklasse, sich für ihre Kinder zu engagieren – und auch in der Schule alles genau zu verfolgen.

Im heutigen Schulsystem sind die Eltern ein wichtiges Zahnrad im Getriebe – ob es den Lehrern nun gefällt oder nicht. Eltern engagieren sich und wollen vom ersten Tag an mitreden. Man kann sich fragen, wie es dem Kind dabei eigentlich geht. Untersuchungen des Schulministeriums zufolge wissen die Kinder anfangs nicht, was sie in der Schule sollen.[145] Die Eltern wissen es dagegen ganz genau ... Und dies hat Folgewirkungen, die für das schwedische Schulsystem nicht sonderlich schmeichelhaft sind. So ist es nicht überall in der westlichen Welt, obwohl die Entwicklung vielerorts in diese Richtung geht. In Finnland haben die Lehrer immer noch viel mehr Macht als in ihrem Nachbarland Schweden. Dort wird man jedes Jahr in allen Hauptfächern benotet. Man kann sich nicht selbst eine Schule aussuchen. Und dabei zeichnet sich Finnland durch Toppplatzierungen bei jedem internationalen Vergleich aus.

Die Schule ist ein endloses Diskussionsthema. Alle vertreten ihre eigenen Ansichten, genau wie bei der Kindererziehung. Es ist aber etwas leichter, in der Schulwelt diverse Ursachen und ihre Wirkungen nachzuvollziehen. Die Reaktionszeiten sind kürzer, und Faktoren positiver Auswirkungen sind zu einem gewissen Grad messbar. Also kann man hier eher sagen, was gut bzw. schlecht ist. Man kann sich sogar einem internationalen Vergleich stellen. Im Mai 2013 konnte man lesen, dass die jüngsten schwedischen Klassen in den vergangenen Jahren ein bisschen besser geworden sind. Zumindest sind die Ergebnisse in Mathematik besser. Die älteren schwedischen Schüler liegen immer noch unter dem OECD-Durchschnitt, nachdem zwischen 1995 und 2007 in Schweden der Schulstandard rapide gesunken ist.[146]

Manche Berater meinen, es könnte daran liegen, dass die Schule auf kommunaler Ebene verwaltet wird und dass es immer mehr private Schulen gibt. Die allgemeine Verschlechterung des Lehrerstatus ist eine weitere denkbare Erklärung. Die Tatsache, dass man in Schweden heutzutage eine Ausbildung zum Lehrer mit einem unterdurchschnittlichen Fachhochschulzeugnis beginnen kann, ist auch nicht gerade vertrauenserweckend. Im Vergleich mit anderen westlichen Ländern hat man in Schweden sehr viele Lehrer. In vielen anderen Ländern konnte man den Lehrerstatus erhöhen, indem man weniger Lehrer ausgebildet hat, ihnen aber parallel dazu bessere Voraussetzungen und eine bessere Bezahlung gewährte. Eine Strategie, die zu besseren Schulen geführt hat.

In Schweden hieß die Lösung die Einführung einer Lehrerlegitimation. Leider ist es nicht sicher, dass eine solche Legitimation die Situation verbessert, weil anscheinend die Lehrerausbildung an sich problematisch ist. Da könnte man sich also vorstellen, dass eine bewilligte Legitimation die vorhandenen Schwierigkeiten eher noch festigt.

Ein grundlegender Fehler der heutigen Schule ist, dass man in der modernen Pädagogik anscheinend nicht begriffen hat, dass das Gehirn in der Tat etwas mit den Lernfähigkeiten eines Kindes zu tun hat. Dies ist ein internationales Phänomen. Wenn man Kindern etwas beibringen möchte, kann man heutzutage nicht einfach die Erkenntnisse der Neurowissenschaften ignorieren. Man kann auch nicht einfach grundlegendes, psychologisches Wissen oder rein biologische Modelle für das Lernen und Konditionieren außer Acht lassen. Leider tut man oft genau dies.

Ich habe mich dazu entschieden, einen der größten Gegner der modernen Schule zu interviewen. In einem kleinen Konferenzraum im Karolinska Institut in Solna traf ich mich mit Martin Ingvar. Er war ganz eifrig beim Erzählen. Man merkt, dass er für die Sache brennt:

»Die Psychologie und die Pädagogik trennten sich irgendwann in den 1940er-Jahren. Die Pädagogik wurde als eigenständig betrachtet und bildete nun eine eigene, idiosynkratrische Ideenwelt – die so genannte Lehrerausbildung, die außerhalb der Universitäten stattfand.«

Ingvar beschreibt die Abwertung der verschiedenen Wissensbereiche, die dazu führte, dass man eine einheitliche Ausbildung für alle Lehrer einführte. Er zeigt keine Gnade bei seiner Kritik:

»Dieser (der Einheitslehrer der ersten bis neunten Klasse) geht mit pubertierenden Jungen aus der achten Klasse genauso um wie mit den ganz unverdorbenen Schülern, die gerade eingeschult worden sind.«

Er weist dann auf eine eigene Untersuchung des Bildungsministeriums hin, die besagt, dass über 80 Prozent der frisch ausgebildeten Lehrer der Meinung sind, dass sie nicht ausreichend gute Werkzeuge vermittelt bekommen, um ihren Beruf optimal ausüben zu können.

Nicht genug damit. Für die Schüler ist es schwierig zu verstehen, warum sie überhaupt zur Schule gehen müssen. Und sind sie erstmal da, ist für sie schwer erkennbar, welcher Weg in welche

Richtung führt. Auch dagegen richtet Martin Ingvar seine Kritik: »In der heutigen Schule ist das System nur schwer zu begreifen. Nur die Eltern, die selbst verinnerlicht haben, dass Schule wichtig ist, haben Kinder, die in unserem Schulsystem funktionieren. Es liegt daran, dass es in der Schule so viele verschiedene Richtungen und Linien gibt, so viele Merkwürdigkeiten, dass eigentlich keiner versteht, dass es sich lohnt, sich ins Zeug zu legen. Es gibt auch kein formelles Feedback von den Eltern.«

Wenn man erreichen möchte, dass die Kinder den Wert der Kritik verstehen, muss diese schlicht, konkret und einleuchtend sein. Kinder verstehen Noten. Sie sind einfach zu verstehen. Nach einem Gespräch, bei dem man hauptsächlich darüber redet, wie gut alles läuft, kann es dem Kind vollkommen unbegreiflich erscheinen, warum es später doch keine Bestnoten bekommt. Beim Entwicklungsgespräch hörte sich doch alles so gut an ... In dieser Weise entsteht ein obskures System, das zur Folge hat, dass die Schüler nicht wissen, wo sie stehen und was sie tun sollen. Auch aus rein biologisch-medizinischer Perspektive betrachtet ist es destruktiv, kein klares Feedback zu geben. Mit einem konstruktiven Feedback – sowohl positiv als auch negativ – wird es dem Kind besser gehen, und es wird auf lange Sicht auch bessere Ergebnisse erzielen.

Feedback ist notwendig, um die Motivation und das Interesse aufrechtzuerhalten. John Hattie ist Professor für Pädagogik an der Universität in Melbourne. Er hat in großen Meta-Studien die Wirkungen verschiedener, schulischer Maßnahmen gemessen. Feedback zu geben (sowohl an die Kinder als auch an die Lehrer) ist eine der Maßnahmen, die die größte Wirkung zeigt.[147]

Es gibt verschiedene Faktoren, die in der heutigen Schule destruktiv wirken – vor allem also bei Kindern, die nicht aus einem Zuhause mit akademischer Tradition kommen. Im Hinblick auf die Lehrpläne der Schulen zitiert Martin Ingvar einen Kollegen, der wenig diplomatisch zusammenfasst, wie man sich als Pädagoge in Zukunft verhalten sollte: »Die einzige, adäquate Maßnahme, die das ›pädagogische‹ Schweden ergreifen kann, ist, gemeinsam nachhaltig und wiederholt die schwedischen Kinder und ihre Eltern um Verzeihung zu bitten.«

Und die Lehrer, könnte man noch hinzufügen. Denn sie sind diejenigen, die wirklich im Stich gelassen worden sind. Martin Ingvar ist oft zu Vorlesungen unterwegs. Er spricht dann über biologische Mechanismen, die das Lernen erleichtern, und über Feedbacksysteme, Stoffwiederholungen und andere wichtige Aspekte, die einem als Lehrkraft wirklich nützlich sein können. Ältere Lehrer freuen sich meistens über seine Beiträge und stimmen ihm zu. Die Jüngeren sind eher erstaunt. Sie haben noch nie davon gehört, dass der Mensch biologisch kontrollierbar ist. Deshalb war es auch gar nicht so erstaunlich, als ein frisch ausgebildeter Lehrer nach einem Vortrag von Ingvar voller Überraschung ausrief: »Was hat denn das Gehirn der Kinder mit meinem Unterricht zu tun?«

Mehrmals während unseres Gesprächs kam Ingvar auf die Bedeutung des Kompetenztrainings zurück. Einer der größten Fehler der schwedischen Schule (und der Kindererziehung generell) besteht darin, dass man den Kindern keine Kompetenzen beibringt. Das Gehirn braucht Training. Um kluge Schlussfolgerungen ziehen zu können, braucht man Vorkenntnisse.

Martin Ingvars Kollege Torkel Klingberg ist gegenüber dem allzu leichten und verfrüht eingeführten so genannten »problembasierten Lernen« (PBL) ebenfalls sehr kritisch eingestellt. Innerhalb der Neurowissenschaften ist allgemein anerkannt, dass man grundlegende Fertigkeiten braucht, um sich erinnern zu können. Klingberg ist aber der Meinung, dass man keine positiven Effekte in Bezug auf die Lernfähigkeiten erzielt, nur weil man besondere Erinnerungstechniken benutzt. Vielleicht hat er Recht.

Ein wahrer Experte auf diesem Gebiet müsste der Meister des Erinnerns sein. Als ich mit Mattias Ribbing sprach, beschrieb er mir, wie er sich Sachen merkt. Und man kann wirklich nicht behaupten, dass er etwas falsch machen könnte. Ribbing ist dreifacher schwedischer Gedächtnismeister und erinnerte sich am besten an die richtige Reihenfolge von vorgezeigten Spielkarten, zehn Mal 52 Blatt hintereinander. Er hebt hervor, dass das Gehirn eine Information mit schon bekanntem Wissen koppeln muss, damit man sich erinnern kann. Meine Geschichtslehrerin am Gymnasium wusste das. Wenn sie uns geschichtliche Ereignisse beibringen wollte, verband sie diese mit Jahreszahlen. In dieser Weise, meinte sie, fungierten die Jahreszahlen als Aufhänger für Wissen, das man leicht abrufen konnte, wenn später darüber diskutiert wurde. Erst kommen die Fähigkeit und die Struktur, danach die Analyse. Das hört sich doch eigentlich ganz logisch an.

In seinem Buch *Vägen till Mästarminne* (auf Deutsch etwa *Der Weg zum Meistergedächtnis*) beschreibt Ribbing ausführlich, wie man in einer effektiven Weise lernen kann, sich zu erinnern.[148] Er widerspricht Klingberg, der meint, dass man solche Fähigkeiten nicht generalisieren kann. Ribbings viele Rekorde bei ganz unterschiedlichen Gedächtnisaufgaben zeigen, dass er vermutlich Recht hat. Er hält beim Merken von Wörtern, Zahlen sowie Namen und Gesichtern den absoluten Rekord. Bis einige jüngere Männer ihn bei der schwedischen Meisterschaft 2012 übertrafen, hielt er noch weitere Rekorde auf mehreren anderen Gebieten.

Man könnte meinen, dies sei unnützes Wissen. Das wird Mattias Ribbing auch selbst bestätigen. Es ist die Technik an sich, die er für äußerst wertvoll hält. Es kann ja z. B. nicht ganz falsch sein, sich eine Technik anzueignen, mit der man sich alle englischen Vokabeln merken kann oder auch chinesische. Es kann auch nicht schaden, wenn man weiß, wie man sich geschichtliche Ereignisse merken kann. Sollte eine solche Technik nicht in der Schule eingeführt werden? Genau wie es von kanadischen Forschern empfohlen worden ist. Erstens, weil die Methode effektiv ist, und zweitens, weil das Lernen so in der Tat mehr Spaß macht.

Eine Erklärung dafür, dass das Gehirn ganz viele Informationen auf einmal speichern kann, ist die Visualisierung. Wenn man sich von den Dingen, die man sich merken möchte, ein Bild macht und dieses Bild dann mit anderen Dingen, die man schon kennt und sich leicht merken kann, verbindet, kann man sich viel mehr merken, als wenn man das Wissen nur auswendig gelernt herunterleiert oder jemandem zuhört, der einem etwas berichtet. Die Visualisierung wird in verschiedenen Variationen von Mattias Ribbing und anderen Gedächtnisexperten genutzt.

Dies ist einer der Gründe, warum er der schwedischen Schule und Teilen der modernen Pädagogik gegenüber sehr skeptisch ist. Man ist heute sehr darauf fokussiert, dass Kinder unterschiedliche »Lernstile« haben. Damit meint man, dass man die Kinder fragen müsste, wie sie sich Wissen aneignen möchten. Manche behaupten, dass sie besser lernen, wenn sie nebenbei Technomusik hören, während andere nur lesen können, wenn sie einen Stift in der Hand halten. Wieder andere möchten im Klassenzimmer spazieren gehen, während der Lehrer über etwas berichtet.

Ribbing meint, dass dies purer Unsinn sei. Und die Untersuchungen, die im Hinblick auf eine solche Pädagogik gemacht worden sind, geben ihm Recht. Die Kinder favorisieren vielleicht bestimmte Lernwege, es hat aber überhaupt keinen Einfluss darauf, wie viel sie wirklich lernen. Das Wissen an sich ist ja nichts Subjektives. Auch hier hat die Gesellschaft zugelassen, dass die Kinder die Macht über Situationen, die sie gar nicht allein überblicken können, übernommen haben. Den Kindern verschiedene Alternativen anzubieten und es ihnen zu überlassen, wie sie lernen *wollen*, wird das Lernen an sich nur verschlechtern. Kein Wunder, dass schwedische Kinder in internationalen Vergleichen sowohl in der Mathematik als auch bei der Lesefähigkeit rasant nach unten rutschen.

Das Bemerkenswerte bei Ribbings Gedächtnisleistungen ist, dass er sich diese Fähigkeiten innerhalb einiger Jahre aneignete. Davor waren seine Leistungen durchschnittlich. Dasselbe gilt für den amerikanischen Journalisten Joshua Foer. In seinem Buch *Moonwalk mit Einstein* beschreibt er, dass er daran interessiert war herauszufinden, wie Gedächtnismeister so extreme Leistungen liefern können. Er entschied sich dafür, es auszuprobieren, und nur nach einem Jahr gewann er die USA Memory Championship und stellte einen neuen Rekord im Merken von Spielkarten auf.[149]

Ich wiederhole: Torkel Klingberg zeigte in seiner Forschung, dass man das Kurzzeitgedächtnis trainieren und verbessern kann. So kann man also mehr Dinge gleichzeitig im Kopf behalten. Dies hilft den Kindern, die Schule besser zu meistern. Vor allem denjenigen, die unter ADHS leiden. Eine Erkenntnis, die in der Schule mehr Anwendung finden sollte. Genau wie die Wiederholung von vermitteltem Wissen. Wiederholung ist die Mutter des Wissens. Deshalb habe ich dieses Prinzip mein ganzes Buch hindurch praktiziert. Der deutsche Psychologe Hermann Ebbinghaus konnte vor über 100 Jahren nachweisen, dass man sich ohne Wiederholung wenige Tage nach dem Lernen nur an etwa 20 Prozent des Gelernten erinnern kann. Wenn der Stoff dagegen wiederholt wird, fällt die Kurve des Vergessens nicht ganz so steil ab. Wenn man generell den Lernstoff häufiger wiederholt – besonders in relevanten Zusammenhängen –, kann man die Gedächtnisleistungen noch weiter steigern. Die Wiederholungen sollten am Anfang zeitlich nah beieinander liegen, um dann sukzessive immer seltener zu werden. Bei dieser strukturierten Wiederholungsmethode soll man sich 90 Prozent des Erlernten merken können. Diese Fakten sprechen sehr stark dafür, dass man in der Schule mehr Wiederholungen einführen müsste (im Gegensatz zu dem, was von den Fürsprechern des PBL[150] empfohlen wird).

Ein Problem beim PBL als Lernmethode ist, dass nicht darauf geachtet wird, *was* man lernen soll. Wenn das Kind nicht weiß, was wichtig ist, wird es beim Lernen keinen Zusammenhang erkennen. Vor allem, wenn es sowieso schon Schwierigkeiten hat, sich zu konzentrieren, und leicht unaufmerksam wird. Bei diesen Kindern erscheint es mir fast unmöglich zu begreifen, wie ein problembasiertes Lernen funktionieren soll. Man braucht Vorkenntnisse und Wissen, um verschiedene Themen miteinander verknüpfen und problematisieren zu können. Torkel Klingberg beschreibt in seinem Buch *Den översvämmade hjärnan* (auf Deutsch etwa *Das überschwemmte Gehirn*) weitere Probleme des PBL:

> »Es gibt Richtungen der modernen Pädagogik, die zum Ziel haben, Kinder wie kleine Forscher agieren und selbst ihre Problemstellungen, fehlendes Wissen und Lösungswege suchen zu lassen. Das hört sich ausgezeichnet an, besonders für einen Forscher wie mich. Hat man aber ein schlechtes Kurzzeitgedächtnis, kann diese neue pädagogische Lernmethode katastrophale Folgen haben. Wenn man selbständig seine Aktivitäten organisieren soll, erfordert dies, dass man im Kurzzeitgedächtnis auf einer bestimmten Ebene arbeitet. Das ist viel anspruchsvoller, als wenn der Lehrer den Kindern sagt, was sie zu tun haben. Und wenn viele Kinder sich gleichzeitig mit jeweils ihrem eigenen Projekt beschäftigen, wird es nur noch mehr Störungen geben.«[151]

PBL ist eine Lernmethode, die sich allenfalls für besonders motivierte Erwachsene eignet. Das Kurzzeitgedächtnis ist bei allen Kindern schlechter als bei Erwachsenen. Ganz besonders bei ganz kleinen Kindern. In vieler Hinsicht hat man Teile des grundlegenden Fertigkeitstrainings und der Wissensaneignung durch die problembasierte Pädagogik ersetzt, die die ganze Verantwortung auf die Kinder überträgt. Das ist verheerend. Besonders für Kinder, die schon Aufmerksamkeitsprobleme haben.

Die Art und Weise, wie man mit einem Aufmerksamkeitsdefizit am besten umgeht, ist aber das genaue Gegenteil von PBL. In Kanada hat man besondere Programme entwickelt, um die Lernschwierigkeiten von ADHS-Schülern zu mildern. Dabei geht es um ziemlich konkrete und simple Ratschläge, die das Lernen für alle Kinder mit Lern- und Konzentrationsschwierigkeiten leichter machen. Man sollte den Lernstoff wiederholen und beim Vermitteln von Wissen die Visualisierung nutzen.[152]

Warum gehe ich überhaupt in die Schule?

Es gibt viele parallel verlaufende Ereignisse, die unsere Schule verändert haben. Per Kornhall arbeitet als Schulstratege in der Gemeinde Upplands Väsby Kommun. 2013 erschien sein Buch *Skolexperimentet* (auf Deutsch etwa *Das Schulexperiment*), in dem er den Verfall der schwedischen Schule beschreibt. Er weist auf mehrere, unterschiedliche Ursachen hin, die erklären könnten, wie es zu dieser nicht sonderlich schmeichelhaften Entwicklung kommen konnte. Das Buch kann als Warnung gegen aufdringliche Lobbyisten auf der ganzen Welt dienen. Zunächst hebt er hervor, dass die Bedeutung des Schulunterrichts abgeschwächt wurde. Hinter dieser Strategie aus den 1990er-Jahren verbarg sich die Überlegung, dass »Wissen nicht von einem Menschen an den anderen – vom Lehrenden an den Lernenden – vermittelt werden kann ...«. Eine Behauptung, die von Millionen von Schülern und Lehrern über Jahrtausende hinweg widerlegt worden ist. Wenn unsere gesellschaftliche Führungsebene eine solche Einstellung vertritt, ist es kein Wunder, dass es schwierig geworden ist zu unterrichten. Es wird dadurch auch nicht leichter zu begreifen, worum es in der Schule überhaupt geht.

Die Autorin Christina Stielli hält oft Vorträge an schwedischen Schulen.[153] Ihren Erfahrungen zufolge glauben die Kinder heute, dass sie *nichts* können. Es ist ja auch gar nicht verwunderlich, wenn sie in eine Schule gehen, in der man kein Wissen vermitteln darf und an der ein pädagogisches Niveau herrscht, das dem Alter der Schüler unangemessen ist. Da ist es auch wenig verwunderlich, wenn die Kinder nicht einmal begreifen, warum sie zur Schule gehen sollen. Wer wird unter solchen Umständen noch etwas lernen? Vielleicht liegt es daran, dass die Erwachsenen den Kindern nicht erklären, dass die Schule keine beschützende Lernwerkstatt ist, sondern eine Vorbereitung auf das Erwachsenenleben.

Dass die Kinder nicht wissen, was sie in der Schule überhaupt sollen, ist natürlich eine unerhört ernste Sache. Statt sich aufs Lernen zu konzentrieren und nach immer besseren schulischen Leistungen zu streben, besteht die Gefahr, dass sie sich andere Wettbewerbssituationen suchen. Sie fangen an, in ganz anderen Bereichen als beim Wissenserwerb miteinander zu konkurrieren. Beispielsweise geht es dann darum, wer auf dem Schulhof am coolsten ist. Das Schlimmste daran ist jedoch, wie Martin Ingvar betont, dass die Schule die Kinder äußerst ungerecht behandelt. Die Schüler, die aus einer intellektuellen Umgebung kommen, bei denen es zuhause Bücher gibt und die eine vorgeprägte Lernstruktur in die Schule mitbringen, werden in der in Bezug auf Wissensvermittlung mangelhaften Schule trotzdem zurechtkommen. Sie können die pädagogische Hilfe nutzen, die dort angeboten wird, und die Schule als zusätzliche Herausforderung zu dem Wissen, das sie sich zuhause aneignen, betrachten.

Die Schüler dagegen, die nicht aus einem lernförderlichen Umfeld kommen, wissen nicht, was sie in der Schule sollen, sie verstehen den Sinn und Zweck des Unterrichts nicht. Stattdessen landen sie in einer Situation, in der ihnen, um Martin Ingvar zu zitieren, »ein Umfeld geboten wird, in dem sie täglich aufs Neue erleben können, dass sie nichts können«. Martin Ingvar stellt außerdem fest, dass eine Schule, die ihren Schülern keine konkrete Rückmeldung gibt und ihnen auch keine Wettbewerbssituationen bietet, destruktive Prozesse schafft: »Die Kinder bekommen kein adäquates Feedback und können somit auch gar nicht erfolgreicher werden. (...) Sie tun das, was sie können – sie suchen sich stattdessen ihre Existenzberechtigung in der sozialen Hierarchie. Das typische Beispiel einer unpädagogischen Schule ist, dass dort Gruppenprozesse entstehen, die sich gegen die Pädagogik richten.«

Dass Kinder sich in Gruppen, die hierarchisch angelegt sind, zusammenfinden, schafft einen ausgezeichneten Nährboden für eine anti-intellektuelle Kultur, die auf keinen Fall das Ziel fördert, in der Schule gut zu sein. Der kanadische Psychologe Gordon Neufeld problematisiert dieses Phänomen und meint, dass man es angehen kann, indem man vor allem an der Bindung zwischen

Kindern und Lehrern arbeitet. Eine Herausforderung, der sich wohl nur besonders ausgebildete Lehrer stellen können.

Ich selbst erinnere mich gut an meine Schulzeit und an die Lehrer, die wir hatten. Unser Englischlehrer in der Oberstufe war ein älterer Herr. Wir taten, was er sagte. Keiner wurde frech. Niemand! Die Halbstarken saßen in seinem Unterricht wie gelähmt da, wenn er eine Augenbraue hob und seine rot geäderten Wangen gleichzeitig bebten. Ich weiß nicht, ob wir eine besondere Bindung zu ihm hatten. Er besaß jedenfalls eine natürliche Autorität, die nur schwer erklärbar ist.

Nicht alle Lehrer sind wie er. Man kann jedoch die Lehrer unterstützen, damit sie selbstsicherer werden. Denn um andere Menschen dazu zu bringen, dass sie einem zuhören, muss man sie erst einmal davon überzeugen, dass sie zuhören *sollten*. Dies gelingt am besten, wenn die Zuhörer begreifen, dass der Redende sich in der Hierarchie auf einer höheren Stufe befindet. Auf einen solchen Sockel gelangt man nicht in einer Schule, die davon geprägt ist, dass man sich als Lehrer kaum traut, die Kinder zurechtzuweisen, weil man sonst vielleicht von den Eltern angezeigt werden könnte. Man erreicht keinen höheren Respekt, wenn man sich nicht traut, einen Störer während des Unterrichts vor die Tür zu setzen. In der heutigen Schule herrscht ein Arbeitsklima, das keinen guten Nährboden für natürliche Autorität darstellt.

Dass Erziehung im Großen und Ganzen schwierig ist, ist *eine* Sache. Dass es in der Schule doppelt schwierig ist, wird in vielen Zusammenhängen spürbar, auch außerhalb der internationalen Vergleichsstudien, bei denen Schweden ganz schlecht abschneidet. Ich habe einige Lehrer gefragt, wie sie ihren Alltag heute erleben. Es ist bemerkenswert, dass viele von ihnen, die schon seit Jahrzehnten in diesem Beruf arbeiten, in letzter Zeit immer häufiger wegen unterschiedlicher Formen von »Übergriffen« angezeigt werden. Vorkommnisse, wegen derer die Schüler früher niemals auf die Idee gekommen wären, gegen ihren Lehrer eine Anzeige zu erstatten. Entweder hat sich eine ganze Lehrergeneration auf einmal zu sexistischen, aggressiven, böswilligen und kränkenden Straftätern entwickelt oder die Stimmung ist komplett gekippt.

Hierbei handelt es sich keineswegs um ein rein schwedisches Phänomen. In England können Tausende von Lehrern bezeugen, dass sie wegen allerhand vermeintlicher Übergriffe unberechtigterweise angezeigt werden. Sicherlich hat es schon immer diverse Anzeigen gegen Lehrer gegeben. Der Unterschied ist nur, dass man früher nicht automatisch davon ausging, dass die Lehrkraft schuldig sei. Heute werden anerkannte, tüchtige Lehrer ohne gerichtlichen Beschluss vom Dienst suspendiert, sobald ein Schüler sich belästigt fühlt.

Doch wie sieht es umgekehrt aus? Kurz vor Ende des Schuljahres 2013 konnte man in den Medien lesen, dass schwedische Lehrer häufig von ihren Schülern bedroht und geschlagen werden. In den letzten Jahren kommt es immer häufiger vor, dass Lehrer Schlägen, Schimpfwörtern und Mangel an Empathie ausgesetzt sind. Wenn sich ein Schüler geärgert fühlt, ist ein Fußtritt immer öfter die Reaktion gegen den Lehrer, so die Zeitung Dagens Nyheter. Eine Schulleiterin, die selbst von einem Schüler geschlagen und getreten wurde, berichtete dort von einer deutlichen Veränderung. Sie wird bestätigt von Inger Högstedt von der Arbeitsaufsichtsbehörde Arbetsmiljöverket:

»Wer vor 20 Jahren zur Schule ging, wird die heutige Schule nicht wiedererkennen. Generell haben die Schüler viel weniger Respekt vor den Lehrern und anderen Autoritäten. Was früher undenkbar war, nämlich einen Lehrer zu schlagen, ist heutzutage durchaus denkbar.«[154]

Es ist schwer, als Lehrer zu arbeiten, wenn man sich in der Schule bei der Ausübung seines Berufs bedroht fühlt. Es ist ebenso schwer, den Unterricht zu gestalten, wenn man nicht die entsprechenden Werkzeuge an die Hand bekommt. Wenn man darüber hinaus über kein gutes Netzwerk verfügt und von den verantwortlichen Behörden keinen Rückhalt bekommt und kein Vertrauen erfährt, alles Dinge, damit man sich am Arbeitsplatz sicher fühlen kann, wird es fast unmöglich zu unterrichten. In der Pädagogik sollte es darum gehen, wie man den Kindern am einfachsten etwas beibringt. Ganz ohne ideologische Vorzeichen und mit dem Wissen um die biologischen Voraussetzungen.

Was ist guter Unterricht?

In Schweden hat die Ideologie des PBL (Problemzentriertes Lernen) das Ruder übernommen. Die Kinder sollen sich selbst ihr Wissen aneignen. Sie sollen keine Fertigkeiten trainieren, sich beim Wissensstand nicht miteinander messen und auch den anderen nichts beibringen. Dies ist aus wissenschaftlicher Sicht dubios, aber Wissenschaft spielt in den pädagogischen Einrichtungen anscheinend keine Rolle. »Der Fachbereich Pädagogik kann nicht quantitativ ausgewertet werden« ist eine übliche Aussage, die häufig auftaucht, wenn es darum geht, eine Einrichtung zu verteidigen. Eine Auffassung, die äußerst problematisch ist. Oder, wie Martin Ingvar es ausdrückt: »Die ganze pädagogische Tradition ist beschreibend phänomenologisch und anti-empirisch, und darum werden auch keine quantitativen Analysen akzeptiert. (…) Die heutige pädagogische Forschung basiert nicht auf biologischem Wissen. Man kann sagen, dass es den Lerntheorien an adäquater Fundierung in der neurobiologischen Wissenschaft mangelt und dass den Gruppentheorien der Bezug zur qualifizierten Experimentalpsychologie, der Sozialpsychologie und anderen psychologischen Zweigen fehlt.«

Es gibt keine Belege dafür, dass ein Kind es selbst schafft, sich auf konstruktive Weise Wissen anzueignen, wenn es dafür vorher keine Fertigkeiten erlernt hat, die es dabei unterstützen. Die verbreitete Annahme, dass ein Kind auf diese Weise lernen kann, widerspricht dem gesunden Menschenverstand. Den Frontalunterricht, der heute schon in vielen schwedischen Schulen nicht einmal mehr in den ersten Schulklassen stattfindet, durch eine Art analysierenden oder reflektierenden, offenen Unterricht zu ersetzen, wird in die falsche Richtung führen. Es ist ja quasi unmöglich, über etwas zu reflektieren, wenn man über das Thema keine Kenntnisse besitzt.

Mein ältester Sohn bekam in der Oberstufe die Aufgabe, sich Gedanken über die schwedische Außenpolitik zu machen. Das Problem war aber, dass vorher kein Wissen über die verschiedenen politischen Parteien, deren außenpolitische Ziele und die aktuelle außenpolitische Lage vermittelt wurde. Er musste also, um eine gute Note zu bekommen, über etwas reflektieren, über das er nicht einmal grundlegendes Wissen besaß bzw. von dem er eigentlich ziemlich wenig Ahnung hatte.

Als ich zur Schule ging, bekam man gute Noten, wenn man die Grundkenntnisse beherrschte. Das schaffen die allermeisten, und deshalb war es – zumindest in dieser Hinsicht – ein gerechtes System. Stattdessen auf die Analyse zu fokussieren, ist etwas, das eher dem Universitätsniveau entspricht. Eine Analyse ohne Vorkenntnisse durchzuführen, wird ja wahrscheinlich nicht zu einem positiven Ergebnis führen. So bringt man den Kindern bei, dass die Menschen zu allen möglichen Themen eine Meinung haben sollten, auch wenn sie davon keine Ahnung haben, anstatt ihnen die Möglichkeit zu geben, sich ausreichendes und grundlegendes Wissen anzueignen, sodass eine Analyse zur ganz natürlichen Folge wird.

Was ist ein guter Lehrer?

Die pädagogischen Einrichtungen behaupten also, dass man nicht messen kann, was einen guten Lehrer ausmacht. Sie meinen, dass es auch kaum messbar sei, ob eine Schule gut ist oder nicht. Da liegen sie falsch. Denn natürlich kann man das. Tatsache ist, dass das internationale Unternehmen McKinsey genau das vor kurzem gemacht hat. Das Ergebnis kann man in dem Bericht *How the World's Best-Performing School Systems Come Out on Top* nachlesen. Man erfährt, welche drei Maßnahmen vermutlich die größte Rolle spielen, wenn man eine richtig gute Schule hinbekommen möchte:

»Die Erfahrungen der bestplatzierten Schulsysteme sprechen dafür, dass die folgenden drei Maßnahmen eine große Rolle spielen: 1. Die richtigen Leute als Lehrer aussuchen; 2. Sie zu fördern, damit sie effektive Instrukteure werden und 3. dafür sorgen, dass das System jedem einzelnen Kind die bestmöglichen Instruktionen vermittelt.«[155]

Und was bedeutet das? Wie weiß man, ob ein Lehrer geeignet ist oder nicht? Das ist natürlich eine sehr gute Frage. Es ist aber auch eine Frage, die man durch Messen beantworten kann. Man hat beispielsweise Klassen ausgewählt, die bisher eher mittelmäßig abgeschnitten hatten, und dann gemessen, was die neu ausgebildete Lehrkraft erreichen konnte. Es stellte sich heraus, dass die Schüler, die einen guten Lehrer bekommen hatten, sich schnell verbesserten, während die Schüler, die einen unterdurchschnittlichen Lehrer hatten, nie besser wurden als die schlechtesten 30 Prozent des Jahrgangs. Eine ungerechte Untersuchung, könnte man behaupten. Aber vor allem eine gute Lektion für ein Land, das seine Lehrerausbildung abgewertet hat und kaum noch irgendwelche Kriterien anlegt, um festzustellen, wer überhaupt den Lehrerberuf ausüben darf.

Weil die Lehrer in Schweden heute nicht vernünftig bezahlt werden, weil ihnen alle Machtbefugnisse genommen wurden, weil sie kaum noch Sommerferien haben und weil die Vorbereitungszeit kaum noch bezahlt wird, ist der Beruf bei uns so unpopulär geworden, dass man bei der Aufnahmeprüfung keine einzige Frage korrekt beantworten muss, um an der Lehrerausbildung teilnehmen zu dürfen. McKinsey begnügte sich nicht mit seinem ersten Bericht. Es folgte ein weiterer: *How the World's Most Improved School Systems Keep Getting Better.* In dem Buch *Barnexperimentet – Svensk skola i fritt fall* (auf Deutsch etwa *Das Kinderexperiment – Die schwedische Schule im freien Fall*) von Per Kornhall kann man lesen, wie Schweden nach Meinung von Mona Mourshead, einer der Hauptverfasser des amerikanischen Berichts, seine Schule verbessern kann. Man sollte vor allem den Lehrerstatus erhöhen. Man sollte auch den Karriereverlauf der einzelnen Lehrkräfte verfolgen und dafür sorgen, dass die Lehrerausbildung ein hohes Niveau garantiert. Ebenso sollte das Arbeitsumfeld verbessert werden sowie für bessere Arbeitsbedingungen und bessere Bezahlung gesorgt werden.[156]

Gleichzeitig sollten die Lehrer mehr Befugnisse bekommen – mehr Macht. Dafür muss man den Eltern die Macht nehmen. Und vor allem: die Kinder entmachten! Heutzutage würde sich aber niemand trauen, das zu tun. Mit der immer gleichen Begründung: Wir haben Angst, dass wir ihnen lebenslange Schäden zufügen könnten.

Im Grunde genommen geht es bei der Durchsetzung einer korrekten Schulpolitik um Gerechtigkeit. Dabei darf man sich nicht von Emotionen steuern lassen. Die Kinder müssen einem nicht leidtun, nur weil wir Erwartungen an sie haben. Ganz im Gegenteil. Die Kinder sollten einem eher leidtun, wenn sie niemals zur Rechenschaft gezogen werden. Weil niemand den Mut hat, ihnen ein ehrliches Feedback zu geben.

Eine Einsicht, die in der Schulwelt kaum Beachtung findet, ist, dass die Kinder lernen müssen zu verstehen, dass gute, schulische Leistungen ihnen mehr Gewinn einbringen als »Schulhofballast« zu sein. Es lässt sich nicht ändern, dass Kinder sich untereinander messen, auch in anderen Dingen, aber man muss diese Tendenz nicht noch fördern. Wenn darauf geachtet wird, dass so viele Schüler wie möglich optimale Voraussetzungen erhalten, damit sie beim Lernen etwas erreichen, statt sich auf andere Sachen zu konzentrieren, wird der Unterricht insgesamt gerechter.

Erst wenn die Kinder sich auf den Unterricht konzentrieren können, kann man überhaupt von Unterricht sprechen. Hat das Kind während des Unterrichts Hunger, wird es sich darauf konzentrieren, etwas zu essen aufzutreiben. Wird es gemobbt und fühlt es sich unsicher, wird es versuchen, sich davor zu schützen bzw. mehr Respekt von der Gruppe zu erlangen. Wenn aber die Möglichkeit besteht, den eigenen Status durch bessere Schulleistungen zu erhöhen, werden mehr Schulkinder diesen Weg wählen. Es muss einfach attraktiver sein, in der Schule gute Leistungen zu erbringen, als auf dem Schulhof für Ärger zu sorgen.

Die ungerechte Schule

Es geht nicht nur um Wissen. Es geht im Endeffekt um Gerechtigkeit. Eine gut funktionierende Schule ist der Weg zu einer gleichberechtigten Gesellschaft. Martin Ingvar beschreibt, wie beides zusammenhängt: »Man hat in der Pädagogik beschlossen, dass es das Wichtigste sei, dass die Kinder lernen, sich auf eigene Faust ihr Wissen anzueignen. Das Problem ist, dass, wenn man nicht ausreichend gute Grundfähigkeiten besitzt, weil man beispielsweise nicht fließend lesen kann, das Lesen bzw. die Informationssuche anstrengend und langweilig wird. Und somit wird die Schule irrelevant. Wenn außerdem noch die Gefahr besteht, dass man in der Schule bedroht oder geschlagen wird, dann wird es zur wichtigsten Aufgabe für das Schulkind, sich eine gute Position in der sozialen Hierarchie zu verschaffen. Die Kinder, die aus einem sozial benachteiligten Umfeld kommen oder die in ihrer biologischen Entwicklung irgendwie hinterherhängen, können leicht in eine Opferrolle geraten. Das ist extrem ungerecht.«

In der modernen Schule bekommen nicht alle Kinder, ihren Voraussetzungen entsprechend, die gleiche Chance. Stattdessen gibt es ideologisch geprägte Diskussionen darüber, dass alle gleich sein müssen. Auch im Unterricht wird darauf beharrt.

Eine Anpassung an die Möglichkeiten des Einzelnen könnte uns nach vorne führen. Das Ziel muss sein, die Kinder mit schlechteren Voraussetzungen aufzufangen, damit sie mithalten können, und *gleichzeitig* die Kinder, die das Gefühl haben, dass die Schule für sie zu leicht ist, zu stimulieren. Wenn man das Schulsystem nicht nach den Individuen ausrichtet, ist es »… so, als würde man das ganze Jahr die gleiche Kleidung tragen. Im Winter wird man schrecklich frieren, und im Sommer wird es zu heiß sein«, um es mit Martin Ingvars Worten zu sagen.

Sich langweilen

Viele Schüler finden die Schule nicht besonders cool. So war es wohl schon immer. Es ist auch nicht das primäre Anliegen der Schule, cool zu sein. Richtet man sich nach den verschiedenen pädagogischen Ideologen und »Kindererziehungsexperten«, sollte die unmittelbare Lösung der Probleme der heutigen Schule darin bestehen, dass man in jeder Hinsicht »den Kindern zu ihren Bedingungen begegnet«.

Selbstverständlich kann man den Unterricht so anpassen, dass die Kinder ihn annehmen können. So weit haben die sogenannten Experten Recht. Aber wenn man ständig kapituliert und auf die Vorstellungen und Wünsche der Kinder eingeht, wirkt dies eher destruktiv, und außerdem sind wir Erwachsenen diesen Weg schon viel zu lange gegangen.

2007 nahm ich an einer Fernsehdebatte teil. Einer der geladenen Gäste war ein Dichter, der der Meinung war, dass man in der Schule auch Wissen über das Computerspiel *World of Warcraft* vermitteln sollte, weil dieses Spiel ein Bestandteil ihrer Wirklichkeit sei. Dies wäre ja ein leichter und bequemer Ausweg. Aber die Kinder gehen nun mal nicht zur Schule, damit die Gesellschaft sich nach ihnen richtet, sondern weil sie lernen sollen, sich in der Erwachsenenwelt zurechtzufinden.

Die Gefahr eines infantilen Lernansatzes ist, dass es den Kindern schwerfallen wird, wenn sie später plötzlich Leistung erbringen müssen. Sie werden bei einem Bewerbungsgespräch in einem modernen Betrieb keinen Nutzen von ihren Fähigkeiten und ihrem Wissen über *World of Warcraft* haben. Das heißt nicht, dass sie nicht lernen sollen, mit moderner Technik umzugehen oder dass solche Neuerungen nicht auch in der Schulwelt von Nutzen sein können – ganz im Gegenteil. Es gibt wunderbare, entwicklungsfördernde PC-Spiele. Man sollte sie nutzen – zu einem pädagogischen Zweck – und nicht, um vor den Kindern zu kapitulieren.

Die Kinder lernen heute viele Dinge, die ihnen nützlich sein werden. Dinge, von denen die Erwachsenen keine Ahnung haben. Schon 1985 meinte der Hauptdarsteller Chevy Chase in dem amerikanischen Film *Fletch* im Angesicht eines Computers: »Jetzt muss ich nur noch einen Zehnjährigen finden, der mir beibringen kann, wie dieses Ding funktioniert.«

Dieser Trend ist heute noch viel verbreiteter als vor fast 30 Jahren. Ein generelles Manko in der heutigen Erziehung ist die Angst der Erwachsenen davor, dass ihre Kinder sich langweilen könnten. In Scheidungsfamilien wird dieses Phänomen besonders deutlich, weil hier das schlechte Gewissen noch ausgeprägter ist. Man möchte zum Ausgleich das Kind unterhalten. Streitigkeiten möchte man möglichst ganz vermeiden, da das Kind ja nur die Hälfte der Zeit da ist. Die Kinder werden ständig stimuliert und sitzen niemals einfach in der Ecke herum und langweilen sich. Handelt es sich auch noch um das erste Kind einer fast vierzigjährigen Mutter, schleicht sich die Ängstlichkeit überall ein. Das wiederum hat zur Folge, dass das Kind nie etwas alleine machen darf, es muss immer überwacht werden und darf außerdem niemals länger als 15 Sekunden am Stück schreien.

Wie wir schon verschiedentlich festgestellt haben, sind die Kinder anderer das beste Werkzeug zur Beeinflussung der eigenen Kinder. Wenn die überfürsorglichen Eltern mit dem schlechten Gewissen nur dafür sorgen, dass ihre Kinder in eine Schule gehen, in der die anderen Kinder noch auf Bäume klettern, Schneeballschlachten organisieren und andere Freizeitaktivitäten ausüben können, ohne dass ihre Eltern oder auch Computerspiele dazwischengeraten, werden sie sich diesen Kindern anpassen. Das Problem ist nur, dass man eine solche Schule nicht mehr finden wird, weil es heutzutage eine solche Alternative nicht mehr gibt. Überängstliche Eltern bestimmen den Standard, was die Kinder dürfen oder was sie nicht dürfen. Denn gerade wenn es um solche Fragen geht, hat die Demokratie anscheinend nur noch wenig Gewicht. Stattdessen hört man nur zu gerne auf vereinzelte Eltern, die ihre Kinder überbehüten. Alle anderen halten es für übertrieben, trauen sich aber nicht, dagegen zu stimmen, weil sie selbst sonst als schlechte Eltern dastehen könnten. Also setzen alle Eltern ihren Kindern beim Rodeln Helme auf, auch wenn der Hügel nur fünf Meter hoch ist. Auch wenn sie eigentlich nicht der Meinung sind, dass es notwendig sei. Man möchte aber nicht schlechter als die anderen Eltern dastehen. Auch wenn es um Erwachsene geht, lassen sich ähnliche Tendenzen beobachten. In unserer Wohnungsgesellschaft beispielsweise gibt es einen einzigen Menschen, der es nicht gerne sieht, dass immer und überall gegrillt wird. Dementsprechend müssen sich die Menschen in den 197 anderen Wohnungen der Gesellschaft diesem Menschen, der geklagt hatte, anpassen.

Eine Erklärung für diese Entwicklung könnte sein, dass man kein Außenseiter werden möchte. Man möchte keine Unannehmlichkeiten verursachen. Auch wenn es paradox ist. In unserer westlichen Welt ist das bevorzugte Ideal doch der Individualismus. Es ist nicht nur ein klares Jugendideal (auch wenn wir alle wissen, dass echte Originale selten jünger als 50 Jahre alt sind). Davon, dass die Eltern heute Teil der Jugendkultur sind, war schon die Rede. Erwachsene wollen durch ihre Jugendlichkeit auffallen. Dabei entsteht ein vollkommen individueller Konformismus. Alle versuchen, sich als Individuen zu definieren. Um diesem Ideal zu entsprechen, muss man ein origineller und freidenkender Mensch sein. Genau wie alle anderen originellen und freidenkenden Individualisten, die zum Klan der Westeuropäer gehören. Die Tigermutter Amy Chua hat für diese Eltern nicht viel übrig:

> »Wirklich, diese westlichen Eltern, die immer so ganz genau wissen, was gut für die Kinder ist und was nicht – ich bezweifle sehr, dass diese Eltern überhaupt Entscheidungen treffen. Sie tun einfach nur, was alle tun. Sie hinterfragen auch nichts – dabei sollte das doch genau das sein, worin man im Westen angeblich so gut ist. Sie wiederholen einfach Lehrsätze wie: ›Man muss den Kindern die Freiheit lassen, ihren *Leidenschaften* nachzugehen‹, wenn sonnenklar ist, dass die ›Leidenschaft‹ dazu führt, dass man zehn Stunden am Tag in Facebook rumhängt, was eine totale Zeitverschwendung ist, und sich mit widerlichem Junkfood vollstopft – ich sage euch, mit diesem Land geht es *geradewegs steil bergab*!«[157]

Sind psychische Störungen ein westliches Phänomen?

Amy Chua ist in ihrer Kritik sehr direkt und von sich überzeugt. Es gelingt ihr, ein wenig an unserem Selbstbild als Eltern zu kratzen. Ich bin mir aber nicht sicher, dass sie ganz richtig liegt, wenn sie behauptet, dass es in der westlichen Welt alle möglichen, psychischen Störungen gibt, die in Asien nicht vorkommen. Immerhin ist es sehr schwierig, psychische Beschwerden überhaupt zu messen. Vieles gibt ihr jedoch Recht. Die Statistik über selbstverletzendes Verhalten spricht dafür, dass es in der westlichen Welt deutlich häufiger vorkommt als anderswo. Dasselbe gilt für unspezifische Essstörungen, Angstsyndrome und ADHS, um nur ein paar Beispiele zu nennen.

Und das, obwohl wir 24 Stunden am Tag unsere Samthandschuhe tragen. Die meisten westlichen Mütter würden sich davor in Acht nehmen, ihrer Tochter so etwas wie »Hör mal, Dickerchen! Iss nicht so viele Süßigkeiten! Du solltest ein paar Kilo abnehmen!« an den Kopf zu werfen. Ein solcher Kommentar ist ja in den Augen westlicher Eltern der sichere Weg zu einer Anorexie. Nichtsdestotrotz ist es in anderen Teilen der Welt ganz normal, solch harte Urteile über die eigenen Kinder zu fällen, und die Zahl der Essstörungen ist dort nicht höher.

Sie ist eben etwas rätselhaft, die menschliche Psyche.

Wer sind die besten Eltern?

Die Angst davor, etwas falsch zu machen, ist bei uns Eltern sehr groß. Gleichzeitig ist man auch sehr besorgt, ob das Kind sich wirklich normal entwickelt. In dieser Hinsicht kann ich Sie beruhigen. Wenn mein Schwiegervater (der zehn Enkelkinder hat) einem kleinen Kind begegnet, sagt er mit seiner beruhigenden Doktorstimme immer zu den Eltern: »Das Kind ist ja für sein Alter außerordentlich weit.« Und die Eltern reagieren alle mit Stolz. Er hat zugegeben, dass er diesen Satz tatsächlich immer wieder benutzte, als er vor mehreren Jahrzehnten in der Kinderchirurgie begann. Er funktioniert ganz einfach wunderbar.

Eine andere Geschichte stammt aus der Zeit, als er noch Medizin studierte. Ein Professor der Pädiatrie (wir nennen ihn mal Andersson) berichtete den interessierten Studenten ausführlich über die Entwicklungsstadien des Kindes. Er schloss mit den Worten: »Die meisten Kinder sagen ihre ersten Worte kurz nach ihrem ersten Geburtstag. Außer Professor Andersson natürlich, er lernte erst mit drei Jahren sprechen ...«

Er meinte damit, dass die Kinder, die nicht so früh sprechen lernen, trotzdem im Leben recht erfolgreich sein können. Außerdem betonte er, dass Lernen nicht homogen verläuft. Natürlich kann es vorkommen, dass ein Kind, das erst spät sprechen lernt, dauerhaft Probleme haben wird. Man sollte sich jedoch nicht unnötig Sorgen machen. Die allermeisten Kinder werden sprechen lernen! Sollte bei einem Kind etwas nicht in Ordnung sein, werden die meisten Eltern das spüren, weil es auf andere, diffusere Weise nicht so reagiert, wie man es erwarten würde.

Auch über jede Menge andere Dinge machen wir uns Sorgen. Die große Mehrheit der Kinder entwickelt sich aber im Normbereich. Natürlich sollte es untersucht werden, wenn ein Kind stark davon abweicht. Aber die Behörden und auch wir, die in der medizinischen Versorgung tätig sind, sollten die Unruhe der Eltern nicht noch verstärken. Die institutionalisierte Panik, die es sowieso überall gibt, ist schon belastend genug.

Und wie soll man nun damit umgehen, dass so viele Köche auf einmal in dem Topf der Kindererziehung rühren wollen? Ich habe sie schon alle erwähnt, die Leute, die sich immer und überall einmischen wollen. Andere Eltern. Die Großeltern. Die Erzieherinnen und Erzieher sowie andere »Experten«, denen man im Alltag mit Kindern begegnet: Von der Hebamme über Kinderärzte bis hin zu den Pädagogen in Schule und Hort. Darüber hinaus gibt es in unserem medienbeherrschten, globalen Leben eine Unzahl an Experten, die Bücher schreiben, an Talkshows teilnehmen oder in Zeitungen und Internetforen Fragen beantworten. Es gibt einfach ein paar Köche zu viel. Deshalb möchte ich mit dem vorliegenden Buch nicht noch mehr Ratschläge geben. Ich hoffe, dass es Ihnen etwas bringt. Betrachten Sie es als gut gemeinten Rat eines sechsfachen Vaters, der erst während der Arbeit an diesem Buch begonnen hat, Erziehungsratgeber zu lesen. Jetzt habe ich mehr oder weniger alles gelesen. Und ich bin nicht schlauer geworden. Deshalb verzichte ich darauf, weitere Ratschläge zu geben.

Aber eine Sache weiß ich mit Sicherheit. Ich begann dieses Buch mit der Frage: Wer sind die besten Eltern? Die Antwort haben Sie bekommen. Alle haben eine Meinung zum Thema Kindererziehung, aber die perfekten Eltern sind wohl diejenigen, die selbst keine Kinder haben …

Anhang

Literaturverzeichnis

Das Buch, das Sie gerade gelesen haben, wurde von mehreren Büchern inspiriert. Wenn Sie Interesse daran haben, mehr darüber zu erfahren, wie Kinder biologisch funktionieren, möchte ich Ihnen vor allem folgende Bücher empfehlen:

Judith Rich Harris, *Ist Erziehung sinnlos?* Rowohlt Verlag 2000. Originaltitel: *The Nurture Assumption*, The Free Press 1998, überarbeitet 2009

Steven Pinker, *Das unbeschriebene Blatt. Die moderne Leugnung der menschlichen Natur*, Berlin Verlag 2003. Originaltitel: *The Blank Slate: The Modern Denial of Human Nature*, Penguin Putnam 2002

Frank Furedi, *Warum Kinder mutige Eltern brauchen*, dtv 2004. Originaltitel: *Paranoid Parenting – Why Ignoring the Experts May Be Best For Your Child*. Allen Lane 2001

Dank

Ein Buch zu schreiben macht wunderbar viel Freude und ist sehr stimulierend, es ist aber auch anstrengend. Ohne die Hilfe einer ganzen Reihe von Menschen wäre dieses Buch nicht zustande gekommen. Zuerst möchte ich meiner Schwägerin, Erika Edh, danken: Du warst es, die überhaupt auf die Idee kam, dass ich ein Buch über Kindererziehung schreiben sollte. Außerdem warst du mir auch beim Überarbeiten behilflich.

Dir, Pysse Holmberg, möchte ich danken, dass du von meinem Sohn, Otto, so tolle Fotos gemacht hast. Danke auch an dich, Otto, dass du ein so geduldiges Fotomodell warst (sogar bei zwei verschiedenen Gelegenheiten). Meine anderen fünf Kinder – Arvid, Cornelia, Ella, Ludvig und Nils: Ihr habt alle auf unterschiedliche Weise zum Buch beigetragen, und dafür danke ich euch.

Dann möchte ich mich bei meinen Schwiegereltern, Annica und Lars Vedin, für ihre wertvollen Tipps bedanken. Dasselbe gilt für meine lieben Eltern, Marie-Louise und Göran Eberhard.

Auch außerhalb der Familie haben viele Menschen dazu beigetragen, dass dieses Buch entstanden ist: Anders Sandberg, Maria Utterbäck, Katerina Janouch, Mattias Ribbing, Jan Söderquist, Martin Ingvar und Torkel Klingberg: Ihr alle habt mich mit euren Informationen, Kommentaren und Interviews unterstützt.

Außerdem möchte ich meinem besten Kindheitsfreund, Martin Lewerentz, Dank sagen: Weil du mich zu dem Menschen gemacht hast, der ich heute bin. Ohne dich hätte es dieses Buch vermutlich nie gegeben. An dieser Stelle möchte ich mich auch noch bei all meinen Freunden, die mich weiterhin prägen, bedanken. Und da meine Geschwister auch meine Freunde sind, sage ich auch ihnen Danke.

Und dann darf ich auf keinen Fall meine fantastische Verlegerin, Annika Bladh, vergessen. Ich hätte gar kein Buch geschrieben, wenn du es mir nicht schon vor über fünf Jahren mal vorgeschlagen hättest.

Zuletzt und am allermeisten möchte ich mich bei meiner Frau, Charlotte Eberhard, bedanken. Ohne dich wäre dieses Buch wesentlich schlechter geworden. Vor allem weil du beim Überarbeiten ein fantastisches Talent hast. Du hast mich unermüdlich unterstützt. Du bist liebevoll und trotzdem nicht erwartungslos. Du bist hilfsbereit, lässt dir aber von niemandem deinen Weg vorschreiben. Du bist ganz einfach wunderbar.

David Eberhard im Internet

www.davideberhard.se
eberharddavid@hotmail.com
Twitter: @eberharddavid

Anmerkungen

1. *Svenska Dagbladet*, »Ondskan sitter i pannloben«, 4. Mai 2013
2. Francesca Naish & Janette Roberts, *Healthy Parents, Better Babies: A Couples Guide to Natural Preconception Care*, Random House Australien 1999
3. Unter anderem in *Aftonbladet*, »Ny svensk studie: Kaffet påverkar barnets hälsa«, 20. Februar 2013
4. *Svenska Dagbladet*, »Modernt liv kräver inte så mycket matematik«, Stellan Melin, 19. Februar 2013
5. TV-Sendung www.svt.se, Ny Varning: »Massor av bajsparasiter i sandlådor«, 11. Juli 2013
6. Jessica Balksjö, »Barnen får alltmer makt över inköpen«, *Svenska Dagbladet*, 2. Dezember 2011
7. Doktor Gormander (Pseudonym), *Als die Kinder die Macht ergriffen*, März Verlag 1970. Originaltitel: *När barnen tog makten*, Gidlund 1969
8. Judith Rich Harris (geboren 1938), amerikanische Psychologin und Buchautorin; Judith Rich Harris: *Ist Erziehung sinnlos?*, Rowohlt Verlag 2000. Originaltitel: *The Nurture Assumption*, 1998 (überarbeitete Ausgabe Free Press 2009)
9. *Dagens Nyheter*, »68-vinden blåste bort lärarnas auktoritet, status och löner«, 24. März 2013
10. *Dagens Nyheter*, 22. Oktober 2012
11. www.socialstyrelsen.se
12. www.skolverket.se/statistik-och-utvardering
13. Statistiska centralbyråns årliga undersökning ULF 15. Mattriciani, Lisa et al 2012
14. Vgl. Steven Pinker, *Das unbeschriebene Blatt. Die moderne Leugnung der menschlichen Natur*, Berlin Verlag 2003. Originaltitel: *The Blank Slate: The Modern Denial of Human Nature*, Penguin Putnam 2002, und Judith Rich Harris: *Ist Erziehung sinnlos?*, Rowohlt Verlag 2000. Originaltitel: *The Nurture Assumption*, 1998 (überarbeitete Ausgabe Free Press 2009)
15. Caspi et al 2003 & SOU 2010:52
16. Vgl. u. a. die empirische Studie von Ernst & Angst, 1983
17. *Dagens Nyheter*, 13. März 2013
18. *Dagens Nyheter*, 27. März 2013
19. Torkel Klingberg, *Den lärande hjärnan*, Natur & Kultur Verlag 2011. Auf Englisch: *The Learning Brain: Memory and Brain Development in Children*, Oxford University Press 2012
20. Torkel Klingberg, *Den lärande hjärnan*, Natur & Kultur Verlag 2011. Auf Englisch: *The Learning Brain: Memory and Brain Development in Children*, Oxford University Press 2012
21. *Svenska Dagbladet*, »Genetiskt lika hjärnor kan utvecklas olika«, 22. Mai 2013

22 Vgl. Luella & Winthrop Kellogg 1931
23 Unter anderem Judith Rich Harris, *Ist Erziehung sinnlos?*, Rowohlt Verlag 2000. Originaltitel: *The Nurture Assumption*, The Free Press 1998 (überarbeitet 2009)
24 Ebenda
25 M. A. Sheridan et al 2012
26 Judith Rich Harris, *Ist Erziehung sinnlos?*, Rowohlt Verlag 2000. Originaltitel: *The Nurture Assumption*, The Free Press 1998 (überarbeitet 2009)
27 Carolyn & Muzafer Sherif 1954
28 Charles Darwin, *Die Abstammung des Menschen und die geschlechtliche Zuchtwahl*, Stuttgart 1982, S. 78. Originaltitel: *The Descent of Man, and Selection in Relation to Sex*, 1871.
29 Steven Pinker, *Das unbeschriebene Blatt. Die moderne Leugnung der menschlichen Natur*, Berlin Verlag 2003. Orginaltitel: *The Blank Slate: The Modern Denial of Human Nature*, Penguin Putnam 2002
30 Vgl. u. a. Torkel Klingberg, *Multitasking: Wie man die Informationsflut bewältigt, ohne den Verstand zu verlieren*, Verlag C.H. Beck 2008. Originaltitel: *Den översvämmade hjärnan*, Natur & Kultur 2007
31 Auf diesem Gebiet wird weiterhin viel geforscht. Solche Veränderungen haben sich auf die sogenannte Epigenetik zurückführen lassen. Damit sind Variationen in der Funktion der Gene in verschiedenen Zellen gemeint, die nichts mit dem Gen an sich zu tun haben, sondern darauf zurückzuführen sind, dass das Gen sich verändert hat, sodass auch sein Einfluss auf den Körper verändert ist. Es scheint, als würden solche Veränderungen auch an die nächste Generation weitergegeben. Eine Auswirkung, die eine umweltbedingte Erblichkeit nachweisen würde.
32 Originaltitel: *La vita è bella*, 1997. Regie: Roberto Benigni. Er spielte auch die Hauptrolle.
33 Anders Broberg: *Anknytningsteori – betydelsen av nära känslomässiga relationer*, Natur & Kultur 2006
34 Bei einer ADHS-Diagnose muss das Kind verschiedene Symptome aufweisen, die als Defizite bei der Impulskontrolle und Aufmerksamkeit klassifiziert werden können, sowie ein hyperaktives Verhalten.
35 Gordon Neufeld, *Våga ta plats i ditt barns liv: så stärker du relationen till ditt barn och undviker att jämnåriga tar över*, Brain Books 2009
36 Torkel Klingberg, *Multitasking: Wie man die Informationsflut bewältigt, ohne den Verstand zu verlieren*, Verlag C.H. Beck 2008. Originaltitel: *Den översvämmade hjärnan*, Natur & Kultur 2007
37 Benannt nach dem neuseeländischen Politikwissenschaftler James R. Flynn (geboren 1934), der das Phänomen entdeckte.

38 Die Definitionen zu»Trygghetsnarkomani« und»Det nationella paniksyndromet« finden sich in meinem Buch *I trygghetsnarkomanernas land*, Prisma 2006
39 Originaltitel: *2012:52 Biologiska faktorer och könsskillnader i skolresultat*
40 *2012:52 Biologiska faktorer och könsskillnader i skolresultat*
41 *2012:52 Biologiska faktorer och könsskillnader i skolresultat*
42 *WHO Inequalities in young people's health HBSC*, internationaler Bericht der Untersuchung 2005/2006
43 Mattriciani, Lisa et al 2012
44 Judith Rich Harris, *Ist Erziehung sinnlos?*, Rowohlt Verlag 2000. Originaltitel: *The Nurture Assumption*, The Free Press 1998 (überarbeitet 2009)
45 Ebenda
46 Ebenda
47 Unter anderem Antonio Pereira, 2007
48 Z.B. Torkel Klingberg, *Den lärande hjärnan*, Natur & Kultur Verlag 2011. Auf Englisch: *The Learning Brain: Memory and Brain Development in Children*, Oxford University Press 2012
49 Walter Kempler, amerikanischer Familientherapeut, inspiriert von der Gestalttherapie. Die Gestalttherapie ist ein Zweig der Psychotherapie, der von Fritz und Laura Perls und auch Paul Goodman in den Vierzigern und Fünfzigern des vergangenen Jahrhunderts entwickelt wurde.
50 Jesper Juul, *Das kompetente Kind*, Rowohlt Verlag 2003. Originaltitel: *Dit kompentente barn*, Schønberg 1996
51 Jesper Juul, *Das kompetente Kind*, Rowohlt Verlag 2003. Originaltitel: *Dit kompentente barn*, Schønberg 1996
52 David Eberhard, *Ingen tar skit i de lättkränktas land*, Prisma Verlag 2009
53 Vgl. u. a. Judith Rich Harris, *Ist Erziehung sinnlos?*, Rowohlt Verlag 2000. Originaltitel: *The Nurture Assumption*, The Free Press 1998 (überarbeitet 2009)
54 John Hattie, *Lernen sichtbar machen*, Schneider Verlag, überarbeitete Ausgabe 2013. Originaltitel: *Visible Learning*, Routledge 2008
55 Unter anderem E. A. Gundersen 2013
56 Jesper Juul, »Beröm ditt barn på rätt sätt«, Artikel auf www.family-lab.se
57 Jesper Juul, *Das kompetente Kind*, Rowohlt Verlag 2003. Originaltitel: *Dit kompentente barn*, Schønberg 1996
58 *Socialstyrelsen*, »Psykisk ohälsa bland unga«, Artikelnr. 2013–5-43
59 Judith Rich Harris, *Ist Erziehung sinnlos?* Rowohlt Verlag 2000. Originaltitel: *The Nurture Assumption*, The Free Press 1998 (überarbeitet 2009)
60 Anna Wahlgren, *Das KinderBuch. Wie kleine Menschen groß werden*, Beltz Verlag 2004. Originaltitel: *Barnaboken*, Bonnier Carlsen Bokförlag 1983 (überabeitet 2004)
61 Anna Wahlgren, *Das KinderBuch. Wie kleine Menschen groß werden*, Beltz Verlag 2004. Originaltitel: *Barnaboken*, Bonnier Carlsen Bokförlag 1983 (überabeitet 2004)
62 Frank Furedi, *Warum Kinder mutige Eltern brauchen*, dtv 2004. Originaltitel:

Paranoid Parenting – Why Ignoring the Experts May Be Best For Your Child, Allen Lane 2001
63 Felicia Feldt, *Felicia försvann*, Weyler Förlag 2012
64 Anna Wahlgren, *Das Durchschlafbuch. Die sanfte Schlafkur für dein Baby*, Beltz Verlag 2008. Originaltitel: *Internationella sova hela natten*, Förlag Anna Wahlgren 2008
65 Benjamin Spock, *Säuglings- und Kinderpflege*, Ullstein Verlag 1997. Originalausgabe: *The Common Sense Book of Baby and Child Care*, Duell, Sloan and Pearce 1946
66 Bent Hougaard, *Curlingföräldrar och servicebarn*, Prisma 2004 (auf Deutsch etwa *Curlingeltern und Servicekinder*)
67 *Dagens Nyheter*, »Barnet har ett budskap med vreden«, 13. Februar 2008
68 *Dagens Nyheter*, »Hård kritik mot föräldrakurser«, 12. Februar 2008
69 Bent Hougaard, *Curlingföräldrar och servicebarn*, Prisma 2004
70 Ebenda
71 Funktionelle Magnetresonanztomographie
72 Torkel Klingberg, *Multitasking: Wie man die Informationsflut bewältigt, ohne den Verstand zu verlieren*, Verlag C.H. Beck 2008. Originaltitel: *Den översvämmade hjärnan*, Natur & Kultur 2007
73 Bent Hougaard, *Curlingföräldrar och servicebarn*, Prisma 2004
74 Katerina Janouch, *Nya Barnliv – från graviditet till tonår*, Piratförlaget 2010 (auf Deutsch: *Neues Kinderleben – von der Schwangerschaft bis zum Teenageralter*)
75 *Dagens Nyheter*, 6. März 2013
76 *Svenska Dagbladet*, 5. März 2013
77 Bent Hougaard, *Curlingföräldrar och servicebarn*, Prisma 2004
78 Frank Furedi, *Warum Kinder mutige Eltern brauchen*, dtv 2004. Originaltitel: *Paranoid Parenting – Why Ignoring the Experts May Be Best For Your Child*, Allen Lane 2001
79 Bent Hougaard, *Curlingföräldrar och servicebarn*, Prisma 2004
80 Carl Hamilton, *Det Infantila Samhället*, Prisma 2005
81 Bent Hougaard, *Curlingföräldrar och servicebarn*, Prisma 2004
82 Stefan Einhorn, *Die Kunst, ein freundlicher Mensch zu sein*, Hoffmann und Campe 2007. Originaltitel: *Konsten att vara snäll*, Forum Förlag 2005
83 Steven Pinker, *Das unbeschriebene Blatt. Die moderne Leugnung der menschlichen Natur*, Berlin Verlag 2003. Originaltitel: *The Blank Slate: The Modern Denial of Human Nature*, Penguin Putnam 2002
84 Frank Furedi, *Warum Kinder mutige Eltern brauchen*, dtv 2004. Originaltitel: *Paranoid Parenting – Why Ignoring the Experts May Be Best For Your Child*, Allen Lane 2001
85 Ebenda
86 Unter anderem Frank Furedi, *Warum Kinder mutige Eltern brauchen*, dtv 2004. Originaltitel: *Paranoid Parenting – Why Ignoring the Experts May Be Best For Your Child*, Allen Lane 2001
87 Unter anderem Judith Rich Harris, *Ist Erziehung sinnlos?*, Rowohlt Verlag

2000. Originaltitel: *The Nurture Assumption*, The Free Press 1998 (überarbeitet 2009)
88 Jesper Juul, *Das kompetente Kind*, Rowohlt Verlag 2003. Originaltitel: *Dit kompentente barn*, Schønberg 1996
89 *Svenska Dagbladet*, »Staten ska läsa sagor för barnen«, 11. Februar 2013
90 Roland Huntford, *Wohlfahrtsdiktatur – Das schwedische Modell*, Ullstein Verlag 1973. Originaltitel: *The New Totalitarians*, Allen Lane 1971
91 www.worldvaluessurvey.org
92 Gunnar Myrdal gewann den Nobelpreis für Wirtschaftswissenschaften 1974. Alva Myrdal bekam 1982 den Friedensnobelpreis.
93 *Socialstyrelsen*, »Barn och unga – insatser år 2011«
94 *Dagens Nyheter*, Erik Helmersson, »Stanna i värmen och ta det lugnt«, 16. Juni 2013
95 Frank Furedi, *Warum Kinder mutige Eltern brauchen*, dtv 2004. Originaltitel: *Paranoid Parenting – Why Ignoring the Experts May Be Best For Your Child*, Allen Lane 2001
96 Jean Aylings ist das Pseudonym von Dorothy Wrinch (1894–1976), englische Mathematikerin und Philosophin
97 U.a. der Zeitungsartikel »Home alone Census« in Virginia Pilot, 2000
98 Amy Chua, *Die Mutter des Erfolgs. Wie ich meinen Kindern das Siegen beibrachte*, Nagel & Kimche Verlag 2011. Originaltitel: *Battle Hymn of the Tiger Mother*, Bloomsbury 2011
99 Ebenda
100 Ebenda
101 Torkel Klingberg, *Multitasking: Wie man die Informationsflut bewältigt, ohne den Verstand zu verlieren*, Verlag C.H. Beck 2008. Originaltitel: *Den översvämmade hjärnan*, Natur & Kultur 2007
102 John C. Raven (1902–1970), engl. Psychologe. Bei Ravens Matrizentests handelt es sich um Intelligenztests, die die kognitiven Fähigkeiten erfassen.
103 Der staatlichen Kriminalitätsprävention zufolge werden in Schweden knapp 100 Menschen pro Jahr umgebracht. Da 10 Millionen Menschen in Schweden leben, kommt ein Toter auf 100 000 Einwohner pro Jahr. Einfacher ausgedrückt heißt das: Bei einer Lebenserwartung von 100 Jahren liegt das Risiko, ermordet zu werden, bei 1 zu 1000. Nur ein Bruchteil der Tötungen betrifft Kinder, es handelt sich um circa zwei bis drei Fälle pro Jahr. Es kommt also ein getötetes Kind auf fünf Millionen Einwohner pro Jahr.
104 *Svenska Dagbladet*, 6. Februar 2013
105 Frank Furedi, *Warum Kinder mutige Eltern brauchen*, dtv 2004. Originaltitel: *Paranoid Parenting – Why Ignoring the Experts May Be Best For Your Child*, Allen Lane 2001
106 Strayer & Santor 1996
107 U.a. Brown 1991; Williams & Best 1986
108 www.skolverket.se
109 Statens Offentliga Utredningar 2010:52

110 Steven Pinker, *Das unbeschriebene Blatt. Die moderne Leugnung der menschlichen Natur*, Berlin Verlag 2003. Originaltitel: *The Blank Slate: The Modern Denial of Human Nature*, Penguin Putnam 2002
111 Annica Dahlström, *Könet sitter i hjärnan*, Corpus-Gullers Förlag 2007
112 Judith Rich Harris, *Ist Erziehung sinnlos?*, Rowohlt Verlag 2000. Originaltitel: *The Nurture Assumption*, The Free Press 1998 (überarbeitet 2009)
113 Statens Offentliga Utredningar 2012:52
114 Simon LeVay, *Keimzellen der Lust: Die Natur der menschlichen Sexualität*, Spektrum Verlag 1994. Originaltitel: *The Sexual Brain*, Cambridge MIT Press 1993
115 *Dagens Nyheter*, 25. Mai 2013
116 Steven Pinker, *Das unbeschriebene Blatt. Die moderne Leugnung der menschlichen Natur*, Berlin Verlag 2003. Originaltitel: *The Blank Slate: The Modern Denial of Human Nature*, Penguin Putnam 2002
117 Tanja Bergkvist (geb. 1974), schwedische Mathematikerin und Aktivistin in Geschlechterfragen
118 *Dagens Nyheter*, »Kære svenskere«, 4. Juni 2013
119 Statens Offentliga Utredningar 2010:52
120 Marie Söderqvist Tralau, *Status – Vägen till lycka*, Norstedts Förlag 2009
121 Frank Furedi, *Warum Kinder mutige Eltern brauchen*, dtv 2004. Originaltitel: *Paranoid Parenting – Why Ignoring the Experts May Be Best For Your Child*, Allen Lane 2001
122 Ebenda
123 Ebenda
124 Jesper Juul, *Das kompetente Kind*, Rowohlt Verlag 2003. Originaltitel: *Dit kompentente barn*, Schønberg 1996
125 Burrhus Frederic Skinner (1904–1990), amerikanischer Psychologe, war einer der Mitbegründer der Verhaltenstherapie. John Watson (1878–1958), ebenso amerikanischer Psychologe, war Gründer des Behaviorismus und der Verhaltenstherapie.
126 Aaron Beck (geb. 1921), amerikanischer Psychiater, Gründer der kognitiven Therapie
127 So die Übersetzung des englischen Titels von Hillary Rodham Clinton, *Eine Welt für Kinder*, Hoffmann & Campe 2008. Originaltitel: *It Takes a Village – And Other Lessons Children Teach Us*, Simon & Schuster 1996
128 Jerome Kagan, *Die drei Grundirrtümer der Psychologie*, Beltz Verlag 2000. Originaltitel: *Three Seductive Ideas*, Harvard University Press 1998
129 Judith Rich Harris, *Ist Erziehung sinnlos?*, Rowohlt Verlag 2000. Originaltitel: *The Nurture Assumption*, The Free Press 1998 (überarbeitet 2009)
130 Ventegodt 1999
131 Frank Furedi, *Warum Kinder mutige Eltern brauchen*, dtv 2004. Originaltitel: *Paranoid Parenting – Why Ignoring the Experts May Be Best For Your Child*, Allen Lane 2001
132 Ebenda

133 Ebenda
134 Ärztezeitschrift *Läkartidningen* Nr 1–2 20 131
135 Studien, auf die sich Lagercrantz bezieht: J. J. Johnson u. a. 2002
136 Frank Furedi, *Warum Kinder mutige Eltern brauchen*, dtv 2004. Originaltitel: *Paranoid Parenting – Why Ignoring the Experts May Be Best For Your Child*, Allen Lane 2001
137 Ebenda
138 Hillary Rodham Clinton, *Eine Welt für Kinder*, Hoffmann & Campe 2008. Originaltitel: *It Takes a Village – And Other Lessons Children Teach Us*, Simon & Schuster 1996
139 *American Beauty*, 1999; Regie: Sam Mendes. Hauptrolle: Kevin Spacey
140 Defizite bei der Aufmerksamkeit, der motorischen Kontrolle und der Wahrnehmung
141 Aufmerksamkeitsdefizit / Hyperaktives Verhalten
142 Dies sind psychoaktive Substanzen, die z. B. in *Concerta*, *Ritalin* und *Medikinet* enthalten sind.
143 http://timss.bc.edu/timss2011
144 George Klein, auf Englisch: *The Atheist and the Holy City: Encounters and Reflections*, MIT Press 1990
145 Bildungsministerium: www.skolverket.se
146 Pisastudie: www.oecd.org/pisa
147 John Hattie, *Lernen sichtbar machen*, Schneider Verlag, überarbeitete Ausgabe 2013. Originaltitel: *Visible Learning*, Routledge 2008
148 Matthew Ribbing, *Vägen till Mästarminne*, Forum 2011
149 Joshua Foer, *Alles im Kopf behalten: Mit lockerem Hirnjogging zur Gedächtnismeisterschaft*, Goldmann Verlag 2012. Originaltitel: *Moonwalking with Einstein: The Art and Science of Remembering Everything*, Penguin US 2011
150 Problembasiertes Lernen (PBL) basiert darauf, dass die Kinder am Anfang der Schulzeit keinen Frontalunterricht bekommen, sondern beim Wissenserwerb selbst aktiv werden sollen.
151 Torkel Klingberg, *Multitasking: Wie man die Informationsflut bewältigt, ohne den Verstand zu verlieren*, Verlag C.H. Beck 2008. Originaltitel: *Den översvämmade hjärnan*, Natur & Kultur 2007
152 www.teachadhd.ca
153 Christina Stielli (geboren 1963), schwedische Autorin von Inspirationsbüchern für Teenager, u. a. zum Thema Selbstwertgefühle
154 TT»Hundratals lärare utsatta för våld«, 4. Juni 2013
155 *How the World's Best-Performing School Systems Come Out On Top*; M Barber & M Mourshed, McKinsey 2007
156 Per Kornhall, *Barnexperimentet*, Leopard Förlag 2013
157 Amy Chua, *Die Mutter des Erfolgs. Wie ich meinen Kindern das Siegen beibrachte*, Nagel & Kimche Verlag 2011. Originaltitel: *Battle Hymn of the Tiger Mother*, Bloomsbury 2011

(R)Evolution im Kinderzimmer

Der renommierte Kinderarzt und vierfache Vater Dr. med. Herbert Renz-Polster erklärt die evolutionären Hintergründe kindlicher Entwicklung und ermöglicht so eine Erziehung, die Eltern UND Kindern gerecht wird.

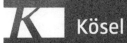

www.koesel.de

Macht Eltern Mut!

Gebunden mit SU | 192 Seiten
ISBN 978-3-466-30930-6

Immer neue Theorien erklären, was Kinder angeblich brauchen – und Eltern falsch machen. Das Problem: sie sind oft reine Spekulation. Dr. med. Herbert Renz-Polster zeigt, was wir alle tun können, damit Kinder sich entfalten können.

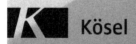

www.koesel.de

Anstiftung zum Wandel

Globalisierung, Veränderungsdruck, Informationsflut u.v.m. erfordern, Schule neu zu denken. *Schule im Aufbruch* setzt sich dafür ein, dass jede Schule zu einem Ort wird, an dem Kinder ihre Talente entdecken können.

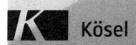 Kösel

www.koesel.de